広告チラシで作る
バスケット&雑貨

寺西恵里子
Eriko Teranishi

いちばん
わかりやすい!
収納や
インテリアに使える
おしゃれな小物
84点

PHP
ビジュアル
実用BOOKS

はじめに・・・

手作りには
優しさがあり・・・
暖かさがあります。

リメイクには
小さな工夫や思いつきがあり・・・
捨ててしまう物を
よみがえらせた充実感があります。

そして

作る楽しさ・・・
使う喜びがあります。

作っているのは
広告チラシのバスケット

でもそこにあるのは
「ゆとり」だったり・・・
「想い」だったり・・・

１つのバスケットが
作り出すものはいろいろです。

小さなきっかけから
生まれるものは無限大・・・

小さな作品に
そんな想いを込めて・・・

CONTENTS

1

CONTENTS

2

広告チラシのバスケット・・・

はじめて作ったときの
おもしろさが
いくつ作っても変わらない・・・

不思議な魅力・・・

編むことの・・・楽しさ
色を塗るとぐっとよく見える・・・うれしさ
作り上げる・・・達成感
人に見せたときの・・・驚き

そして
捨ててしまえばゴミだけど
よみがえらせることができた・・・
ちょっと・・・いい想い

作りながら感じたこと
使って感じたこと・・・

小さな想いが魅力・・・

そんな魅力を伝えたい・・・

広告チラシのバスケット

はじめてでも簡単！

丸い底から作る

タテ芯にアミ芯をぐるぐる巻いて
底を作り・・・

タテ芯を立ち上げて、アミ芯で
側面を編んで・・・

タテ芯で縁をかごどめして、
できあがり！

基本の小さなバスケット

基本を大きくしたバスケット

隙間をあけたバスケット

斜めに立ち上げたバスケット

丸く立ち上げたバスケット

丸い底から作る

基本の小さなバスケット

はじめて作ったのが
この形・・・

あっという間にできる
驚くほど簡単で・・・
驚くほど楽しい・・・

使ってみると
小さいのに思いがけず便利！

小さいけれど・・・
手作りのあたたかさが
お部屋に広がる

小さなバスケット

ブルーの小さなバスケット

１時間で編めたの！
色は好きなブルーにしたの
意外と簡単よ！

伝えたい楽しさがいっぱい
基本のバスケット

how to make P014-015

ブルーの小さなバスケット

PAGE013

基本の小さなバスケット

材料　チラシ：10cm×55cm 24枚(クルクル棒 中 24本)
リボン用チラシ 適量
ワイヤー：#22　17本
ラッカー：ブルー

用具　巻棒：中(直径4.4mm)
ボンド　のり

1 底を組みます
ワイヤー入りクルクル棒を縦に4本置きます。

2 1の上に新たなワイヤー入りクルクル棒を横に4本置きます。

3 根じめをします
タテ芯のうち右上1本を根本で折り、アミ芯にします。

4 3のアミ芯を十字に組んだ根本を上、下とくぐらせます。

5 1周して根本を固定します。

6 同様に2周し、タテ芯の根本を固定し、根じめをします。

7 底を編みます
タテ芯を1本ずつ放射状に広げます。

8 ザル編みで編み進めます。

9 直径13.5cmまでザル編みをします。底ができたところです。

10 側面を編みます
底を裏返して、タテ芯を立ち上げます。

11 ザル編みで編み進めます。

12 高さ6.5cmまでザル編みをし、余分なアミ芯を切り、内側にボンドでとめます。

13 タテ芯を11.5cmで切ります。

14 縁を始末します
かごどめで始末します。タテ芯の1本を隣のタテ芯に内側から外側にかけます。

15 さらに隣のタテ芯に外側から内側にかけます。同様に全てのタテ芯を内、外、内とかけます。

16 最後から2本目のタテ芯は、隣のタテ芯にかけ、最初のタテ芯の編み目に通します。

17 最後のタテ芯は、最初のタテ芯と2本目のタテ芯の編み目に通します。

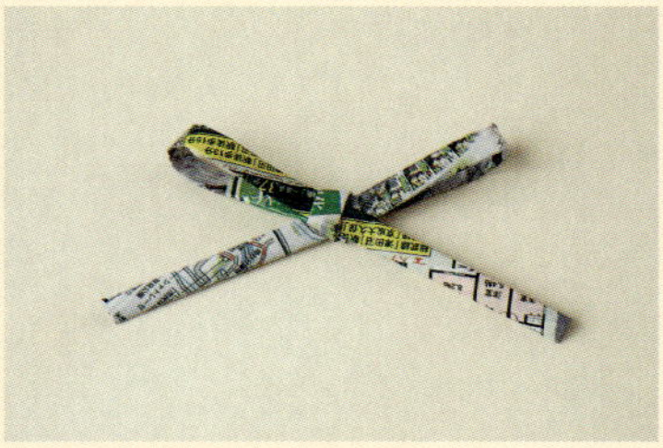

18 リボンを作ります
クルクル棒をリボン結びをし、余分な端を切ります。

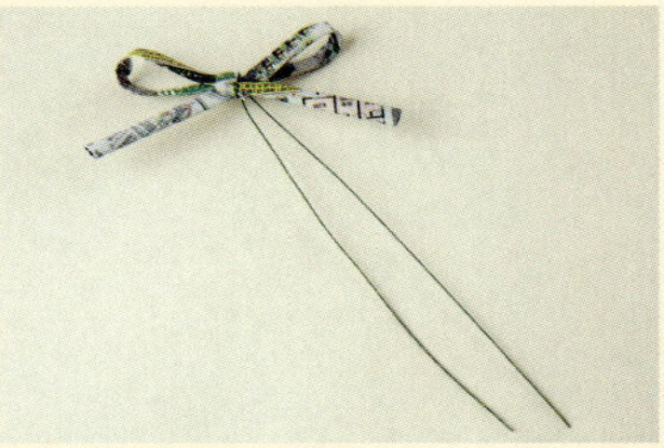

19 リボンにワイヤーを付けます。

20 リボンのワイヤーを本体の上から1cmのところに刺し、裏でねじってとめます。

21 できあがりです。

基本の小さなバスケット

白い小さなバスケット

1つできあがると
もう1つ作りたくなる

せっかくだから・・・色を変えて

色が違うと、雰囲気が違って
また、楽しい

how to make P019

持ち手付きミニバスケット

ちょっと一工夫して
持ち手を付けて・・・

1つ覚えると
アレンジも楽しい

how to make P019

スカラップの小さなバスケット

縁のとめかたを
変えただけ・・・
とってもかわいいスカラップ

子どものおやつ入れに

how to make P018

スカラップの小さなバスケット

PAGE017

基本の小さなバスケット

材料 チラシ：10cm×55cm 24枚(クルクル棒 中 24本)
ワイヤー：#22　17本
ラッカー：赤

用具 巻棒：中(直径4.4mm)
ボンド　のり

1 底を組みます

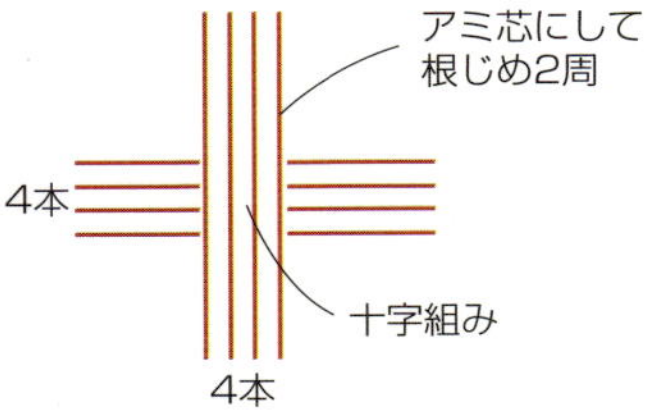
アミ芯にして
根じめ2周
4本
十字組み
4本

2 底を編みます

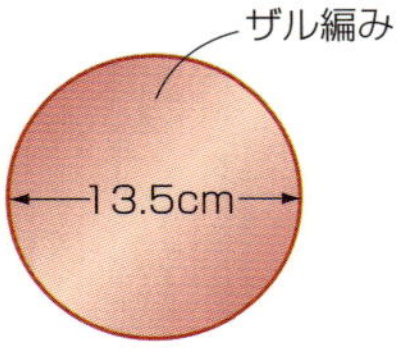
ザル編み
13.5cm

3 側面を編みます

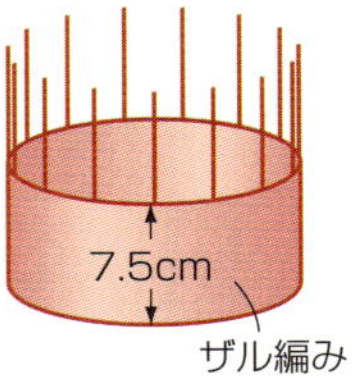
7.5cm
ザル編み

4 フリルどめをします

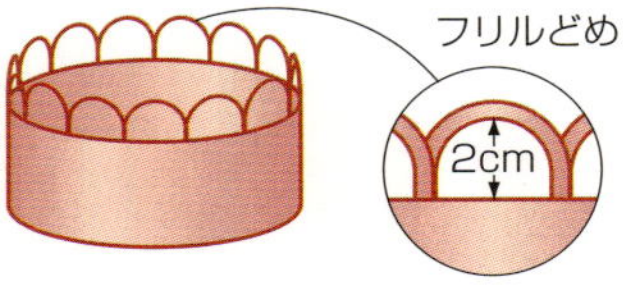
フリルどめ
2cm

5 リボンを付け、仕上げをします

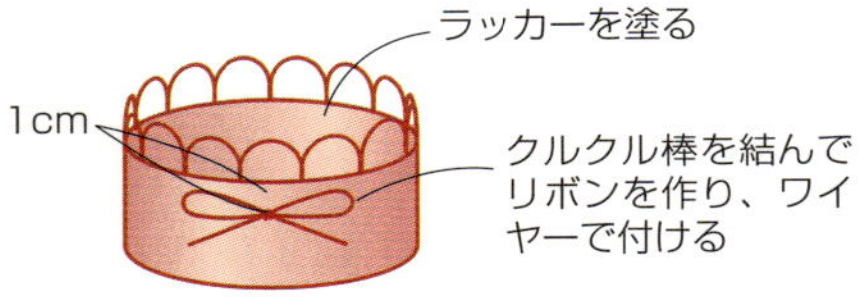
ラッカーを塗る
1cm
クルクル棒を結んで
リボンを作り、ワイ
ヤーで付ける

・ワンポイント アドバイス
フリルどめの仕方

かごどめより簡単にできます。カーブをきれいに作ると仕上がりがきれいです。

1 タテ芯を高さ8.5cmで切ります。

2 スティックのりなどの筒に巻き付けて、カーブを付けます。

3 タテ芯を隣のタテ芯の内側に編み込み、ボンドで貼ります。

4 フリルどめのできあがりです。

持ち手付きミニバスケット

PAGE017

基本の小さなバスケット

材料 チラシ：10cm×55cm 27枚(クルクル棒 中 27本)
ワイヤー：#22　19本
ラッカー：オレンジ(赤×黄)

用具 巻棒：中(直径4.4mm)
ボンド　のり
セロハンテープ

1 底を組みます

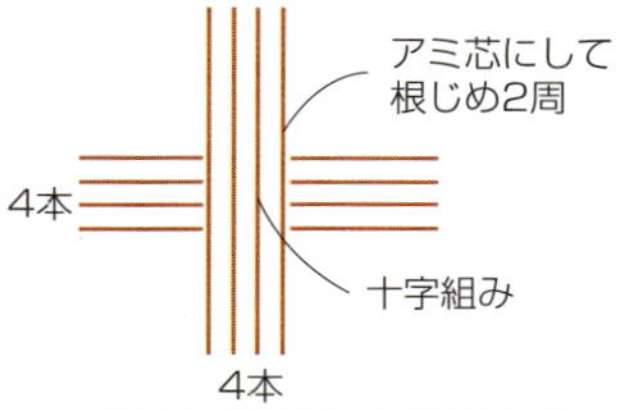
アミ芯にして
根じめ2周
4本
十字組み
4本

2 底を編みます

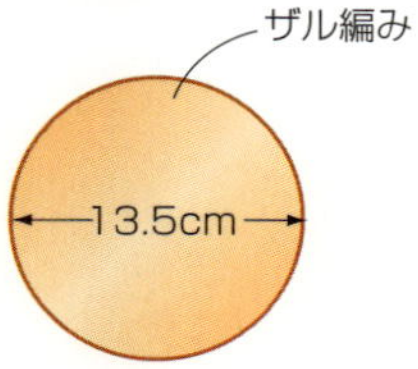
ザル編み
13.5cm

3 側面を編みます

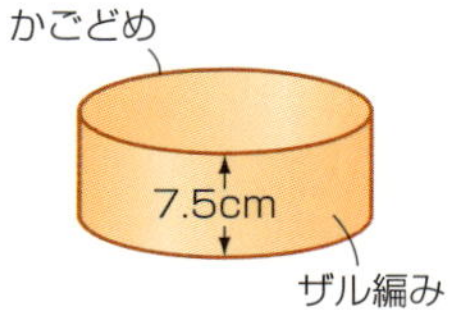
かごどめ
7.5cm
ザル編み

4 ワイヤー入りクルクル棒1本を縁(上から1cm)に通します。

5 31cmのアーチにして、反対側にも通し、折り返してセロハンテープでとめます。

6 新たなクルクル棒1本で、持ち手の根元から巻きます。

7 巻き終わりをボンドでとめ、持ち手のできあがりです。

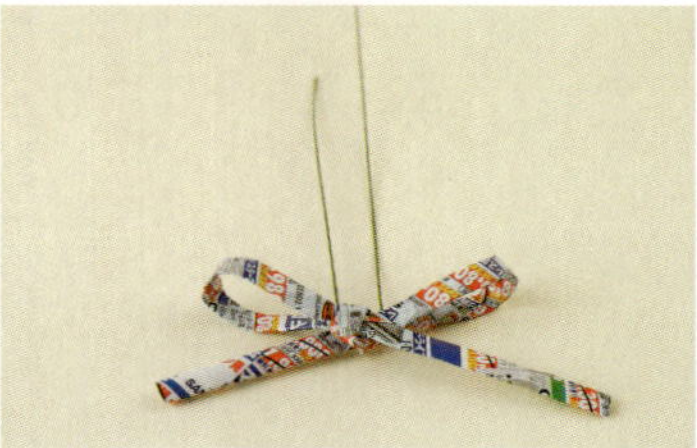

8 クルクル棒を結んでリボンを作り、ワイヤーを付けます。

9 本体の持ち手の中心に、リボンを付けて、できあがりです。

白い小さなバスケット

PAGE016

基本の小さなバスケット

材料 チラシ：10cm×55cm 24枚(クルクル棒 中 24本)
ワイヤー：#22　17本
カラースプレー：白

用具 巻棒：中(直径4.4mm)
ボンド　のり

作り方は14・15ページと同じです

仕上げ

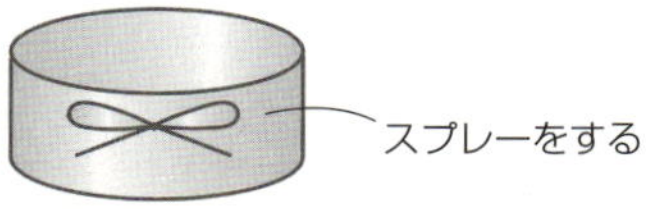
スプレーをする

お花のバスケット

まっすぐ編むだけで
ストンとした形がかわいい
バスケット・・・

お花もつけて
好きな色で仕上げましょう

how to make P022-023

丸い底から作る

・・・

基本を大きくしたバスケット

太いクルクル棒で作れば
大きなバスケットが作れます。

きちっとできてなくても
色を塗るだけで、
ぐっとよくなるから不思議・・・

作っている自分が
感動するほどのできばえ！

手作りの楽しさ
そして手作りの感動を

バスケットから・・・

お花のバスケット

PAGE020

基本を大きくしたバスケット

材料	チラシ：15cm×55cm 48枚(クルクル棒 太 48本) ワイヤー：#22　39本　　#28　1本 スプレー：アイボリー
用具	巻棒：太(直径6mm) ボンド　のり

1 **底を組みます**
ワイヤー入りクルクル棒を横に3本、縦に3本置きます。

2 横に2本置きます。

3 さらに縦に2本、井桁に置き、タテ芯とします。

4 **根じめをします**
タテ芯のうち右上1本を折り、アミ芯にし、タテ芯の上下をくぐらせていきます。

5 1周して根元を固定します。

6 同様に2周し、タテ芯の根元を固定し、根じめをします。

7 **底を編みます**
タテ芯を1本ずつ放射状に広げながら、ザル編みをします。

8 ザル編みで編み進めます。

9 直径17cmまでザル編みをします。底ができたところです。

10 側面を編みます
底を裏返して、タテ芯を立ち上げます。

11 ザル編みをします。

12 高さ18cmまでザル編みをし、余分なアミ芯を切り、内側にボンドでとめます。

13 タテ芯を12cmで切ります。

14 縁を始末します
かごどめで始末します。タテ芯の1本を隣のタテ芯に、内側から外側にかけます。

15 さらに隣のタテ芯に外側から内側にかけます。同様に全てのタテ芯を内、外、内とかけます。

16 最後のタテ芯は、最初のタテ芯と2本目のタテ芯の編み目に通します。

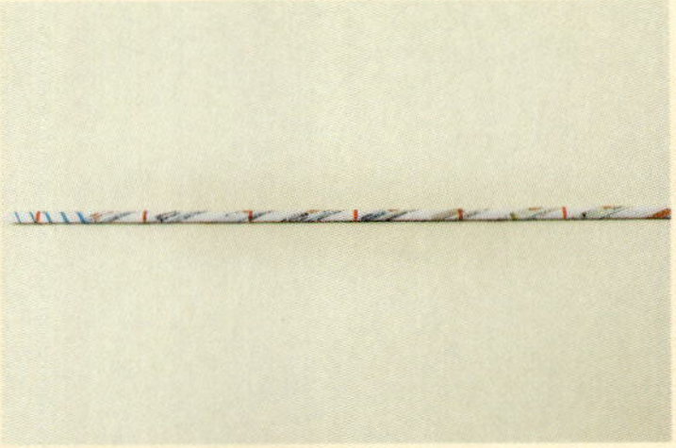

17 花を作ります
クルクル棒の最初2cm残し、7cmおきに印を付けます。

18 ワイヤー(＃28)で花びらを作りながら、ねじってとめていきます。

19 最初の2cmを最後の花びらの内側にボンドで貼り、花のできあがりです。

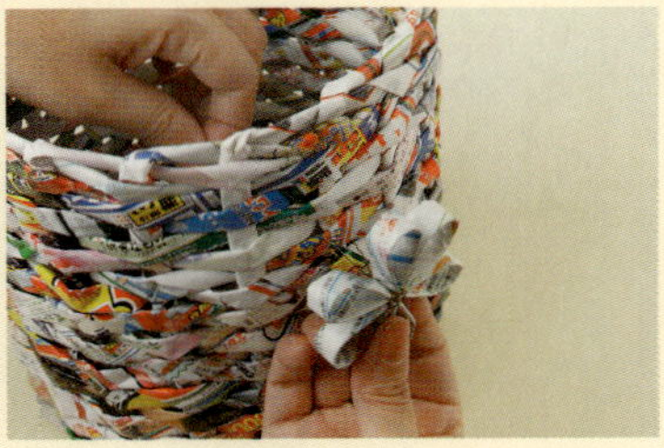

20 花のワイヤーを本体の上から5cmのところに刺して、裏でねじってとめます。

21 できあがりです。

花筒

ていねいにていねいに
編んでいく・・・

できたら、
中にペットボトルを入れて・・・

季節の花を飾りましょう

how to make P026

持ち手付きバスケット

持ち手を付けて
花を付けて・・・

それだけで
より愛着がわく
自分だけのバスケット

how to make P027

基本を大きくしたバスケット

how to make P026

リボンのバスケット

色を変えて
お花をリボンに・・・

ほんの少しのアイデアで楽しくなる
バスケット作り

花筒
PAGE024

基本を大きくしたバスケット

材料 チラシ：8cm×55cm 64枚(クルクル棒 細 64本)
ワイヤー：#22　39本
ラッカー：オーク

用具 巻棒：細(直径3mm)
ボンド　のり

1 底を組みます

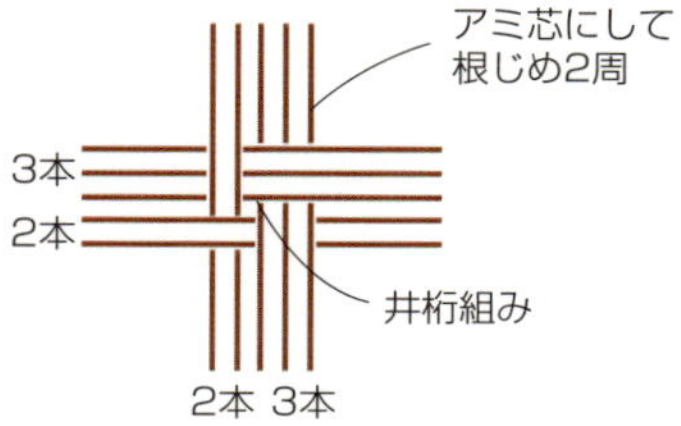
アミ芯にして
根じめ2周
3本
2本
井桁組み
2本 3本

2 底を編みます

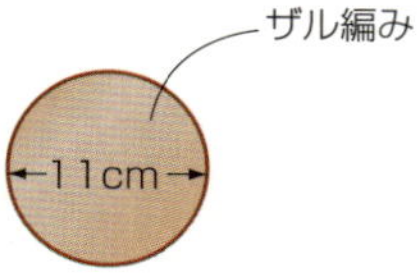
ザル編み
11cm

3 側面を編みます

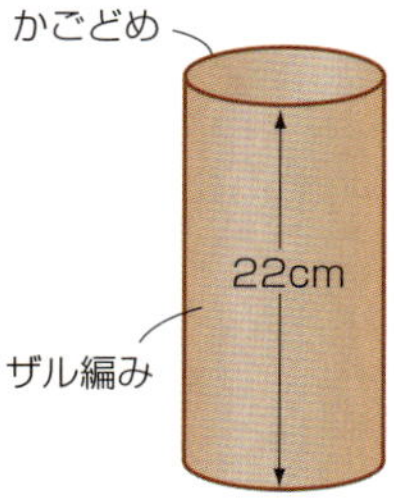
かごどめ
22cm
ザル編み

4 仕上げをします

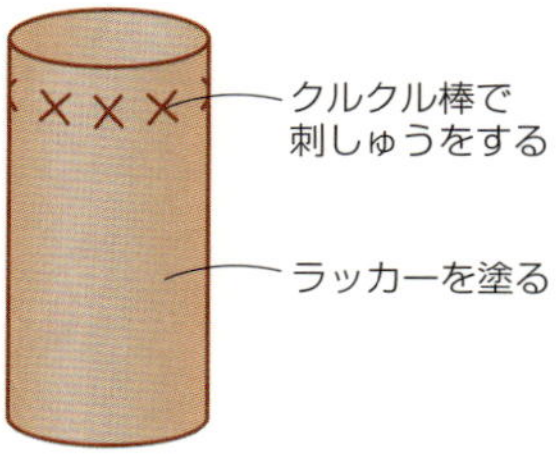
クルクル棒で
刺しゅうをする
ラッカーを塗る

刺しゅうの仕方

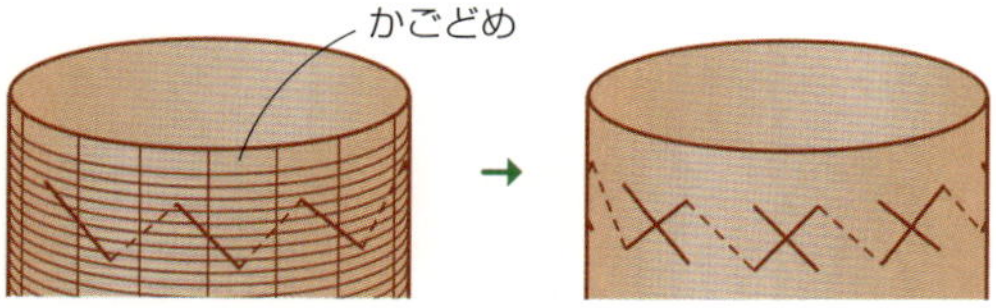
かごどめ

リボンのバスケット
PAGE025

基本を大きくしたバスケット

材料 チラシ：15cm×55cm 48枚(クルクル棒 太48本)
リボン用チラシ 適量
ワイヤー：#22　44本
ラッカー：ワインレッド

用具 巻棒：太(直径6mm)
ボンド　のり

作り方は22・23ページと同じです

仕上げ

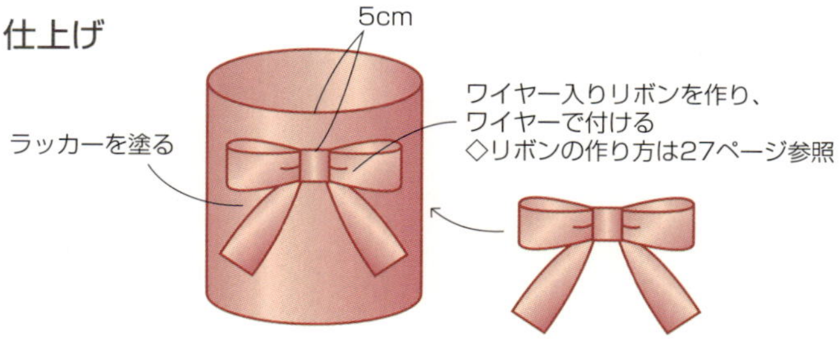
5cm
ラッカーを塗る
ワイヤー入りリボンを作り、
ワイヤーで付ける
◇リボンの作り方は27ページ参照

リボン

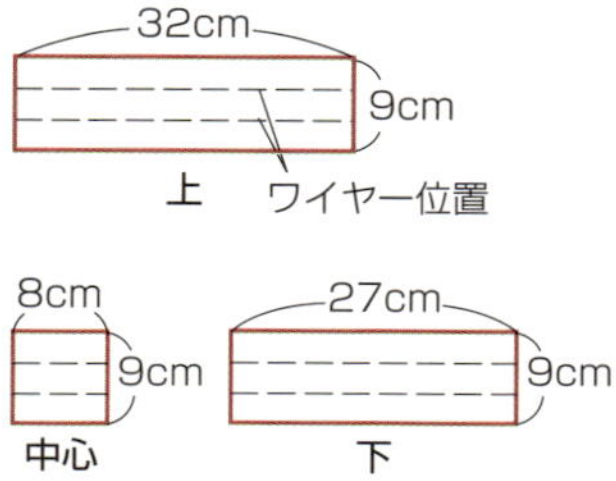

持ち手付きバスケット

PAGE024

基本を大きくしたバスケット

材料 チラシ：10cm×55cm 61枚(クルクル棒 中 61本)
ワイヤー：#22　28本　#28　1本
ラッカー：青

用具 巻棒：中(直径4.4mm)
ボンド　のり
セロハンテープ

1 底を組みます

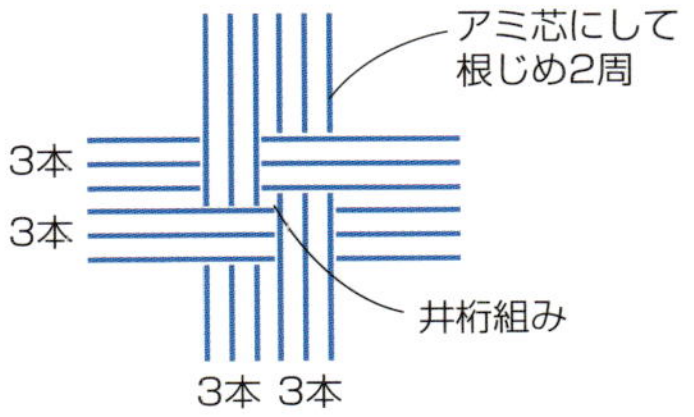
アミ芯にして
根じめ2周
3本
3本
井桁組み
3本 3本

2 底を編みます

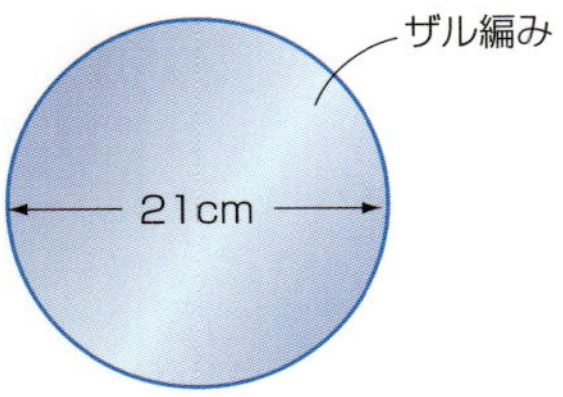
ザル編み
21cm

3 側面を編みます

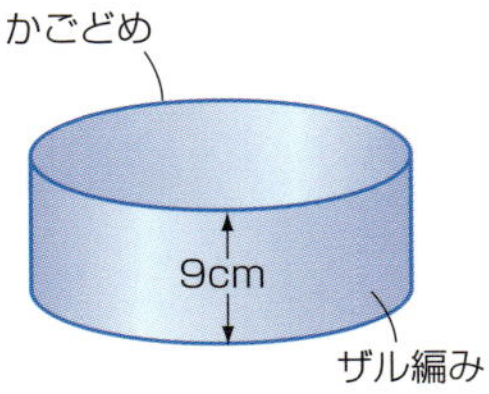
かごどめ
9cm
ザル編み

4 持ち手を付けます

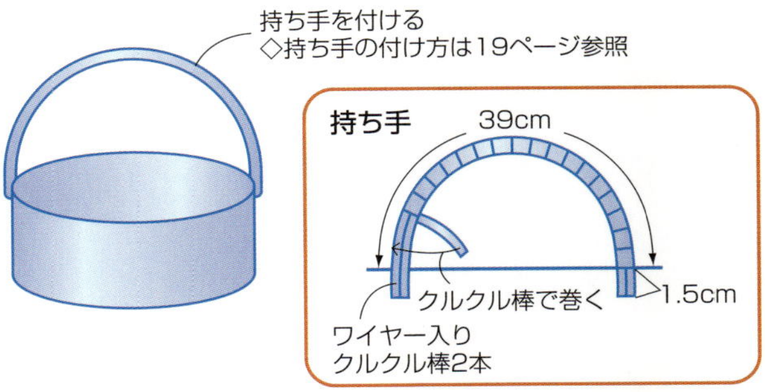
持ち手を付ける
◇持ち手の付け方は19ページ参照
持ち手
39cm
クルクル棒で巻く
1.5cm
ワイヤー入り
クルクル棒2本

5 花を付け、仕上げをします

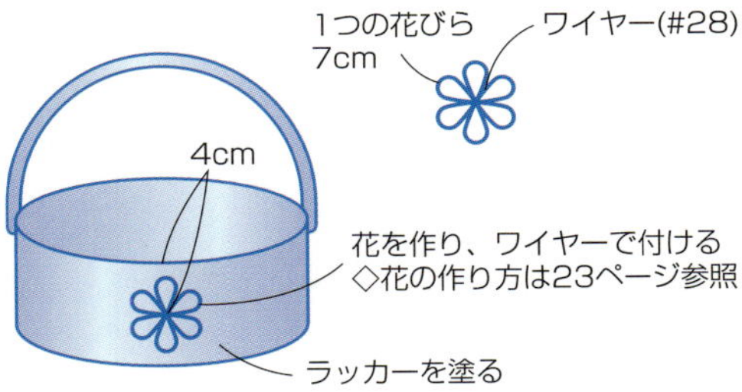
1つの花びら
7cm
ワイヤー(#28)
4cm
花を作り、ワイヤーで付ける
◇花の作り方は23ページ参照
ラッカーを塗る

・ワンポイントアドバイス・
ワイヤー入りリボンの作り方

リボンの端にワイヤーが入っているので、きれいな形にできます。

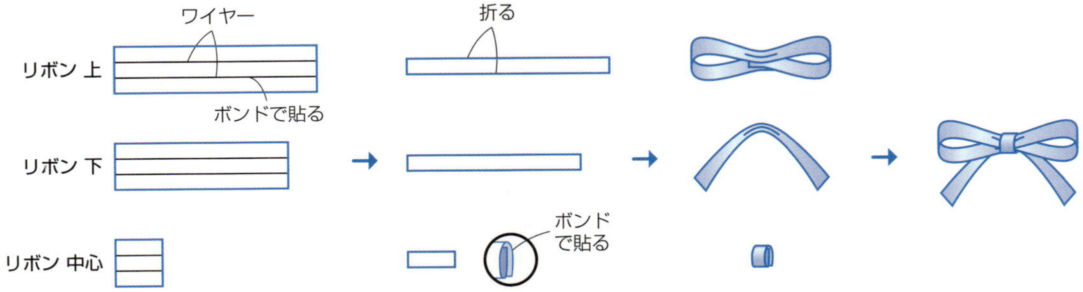
ワイヤー
リボン 上
ボンドで貼る
リボン 下
リボン 中心
折る
ボンド
で貼る

1 ワイヤーを貼ります　2 三つ折りします　3 形を作ります　4 合わせます

丸い底から作る

隙間をあけたバスケット

規則正しい
シンプルな編み方だから
工夫ができる

編まないところが
ステキな模様になる・・・

大きさはもちろん
柄もいろいろ・・・

単調なリズムの中で
編みながら考えるのも
楽しい・・・

透かし編みのバスケット

太いクルクル棒だから
大きいけれど
あっという間にできあがる

マガジンラックにしたり
鉢カバーにしたり・・・

how to make P030-031

透かし編みのバスケット

PAGE029

隙間をあけたバスケット

材料
- チラシ：15cm×55cm 82枚(クルクル棒 太82本)
- ワイヤー：#22　94本
- ラッカー：マホガニー

用具
- 巻棒：太(直径6mm)
- ボンド　のり

1 底を組みます
ワイヤー入りクルクル棒を縦横6本で、3本ずつの井桁組みにします。

2 根じめをします
タテ芯のうち右上1本を折ってアミ芯とし、タテ芯3本ずつの上下をくぐらせていきます。

3 2周して、タテ芯の根元を固定し、根じめをします。

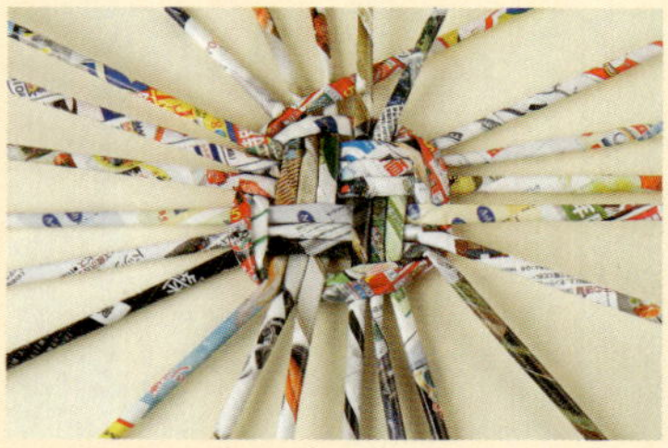

4 底を編みます
タテ芯を1本ずつ放射状に広げながら、ザル編みをします。

5 直径13cmまでザル編みで編み進めます。

6 タテ芯を増し芯します
ザル編みをしながら、タテ芯の根元に新たなワイヤー入りクルクル棒を1本差し込みます。

7 同様にして、すべてのタテ芯を2本組にします。

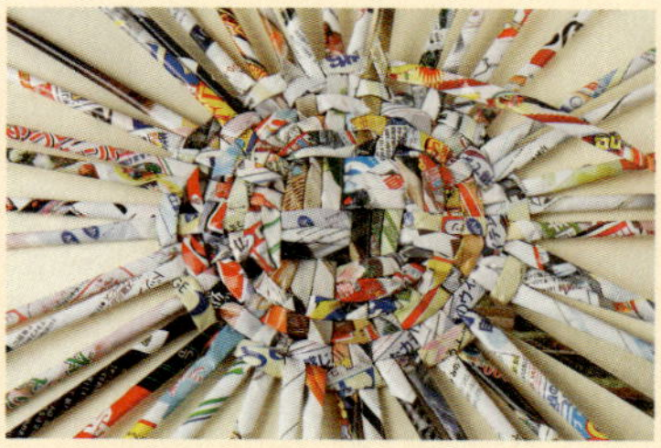

8 タテ芯を2本組のまま、ザル編みで編み進めます。

9 直径22cmまで編み、裏返して差し込んだタテ芯の余分な端を切り落とします。底ができたところです。

10 側面を編みます
底を裏返して、タテ芯を立ち上げます。

11 タテ芯は2本組のまま、新たなクルクル棒を1本足し、アミ芯2本で縄編みをします。

12 高さ6cmまで縄編みをし、余分なアミ芯を切り、内側にボンドでとめます。

13 2.5cmあけて新たなクルクル棒を2つ折りにして、タテ芯2本にかけ、アミ芯とします。

14 タテ芯2本ずつで縄編みをします。

15 縄編みを2周し、余分なアミ芯を切り、内側にボンドでとめます。

16 13〜15を同様に繰り返します。

17 もう一度13〜15を同様に繰り返します。

18 タテ芯を高さ17.5cmで切ります。

19 縁を始末します
かごどめで始末します。タテ芯の2本組を隣のタテ芯の2本組に内、外、内とかけます。

20 最後のタテ芯の2本組は、最初のタテ芯と2組目のタテ芯の2本組の編み目に通します。

21 できあがりです。

隙間をあけたバスケット

クロス柄のバスケット

タテ芯をクロスさせた
大きめのバスケット

透けているので
大きくても
優しい感じの仕上がりに・・・

how to make P034

how to make P035

隙間がきれいな鍋敷き

お鍋の底から見える
スカラップの隙間がきれい・・・

使うたびに味わえる
手作りの楽しさ・・・

クロス柄のバスケット

PAGE032

隙間をあけたバスケット

材料 チラシ：15cm×55cm 87枚(クルクル棒 太87本)
ワイヤー：#22　94本
ラッカー：青

用具 巻棒：太(直径6mm)
ボンド　のり

1 底を組みます

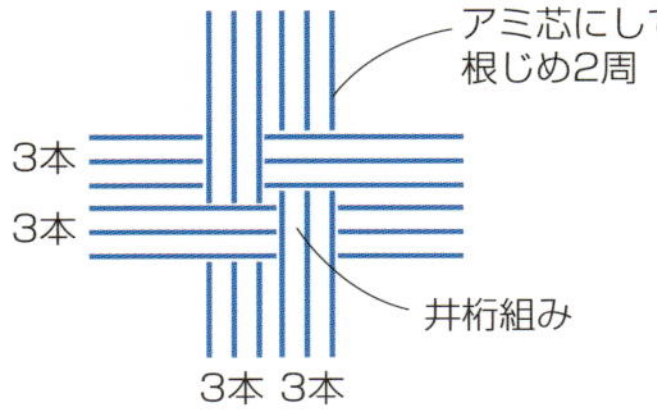

アミ芯にして
根じめ2周
3本
3本
井桁組み
3本 3本

2 底を編みます

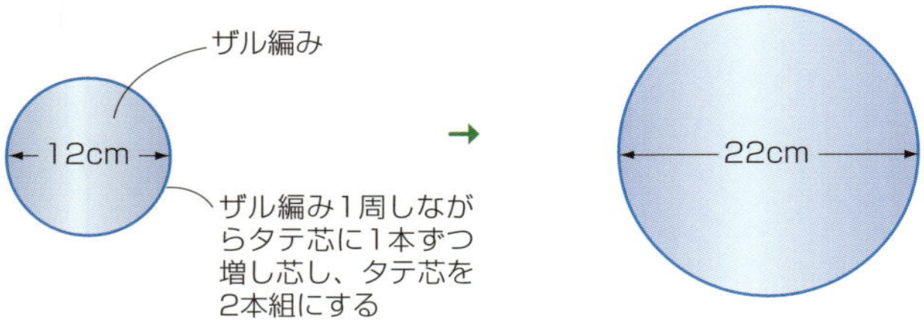

ザル編み
12cm
ザル編み1周しながらタテ芯に1本ずつ増し芯し、タテ芯を2本組にする
22cm

3 側面の下を編みます

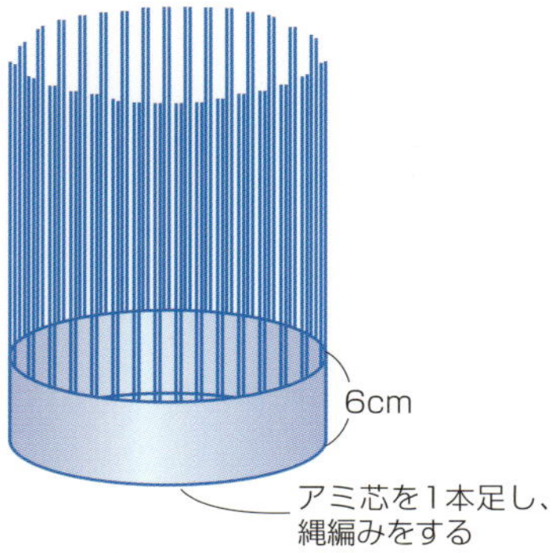

6cm
アミ芯を1本足し、
縄編みをする

4 クロス柄を作ります

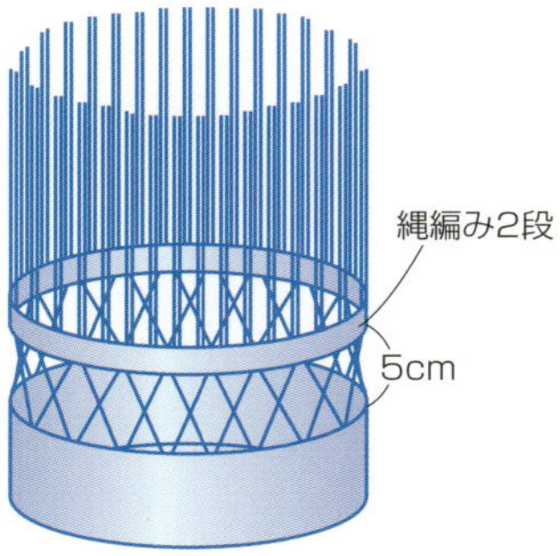

縄編み2段
5cm

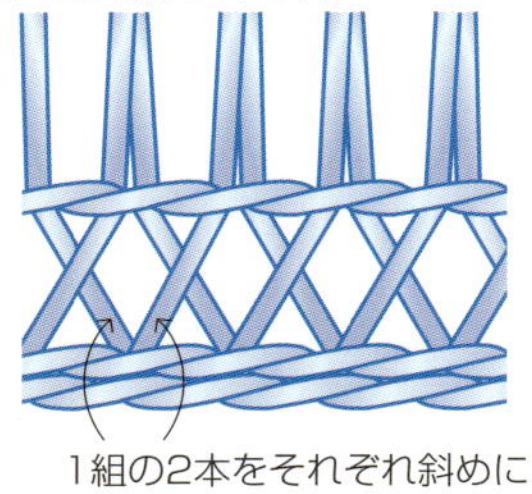

クロス柄の作り方
1組の2本をそれぞれ斜めに
隣に倒す。

5 側面の上を編みます

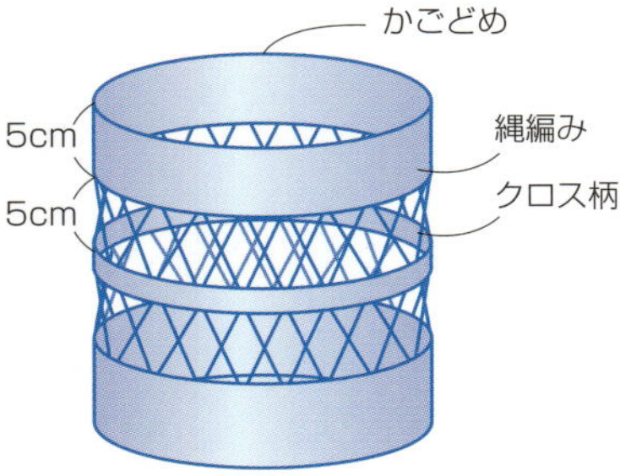

かごどめ
縄編み
クロス柄
5cm
5cm

6 仕上げをします

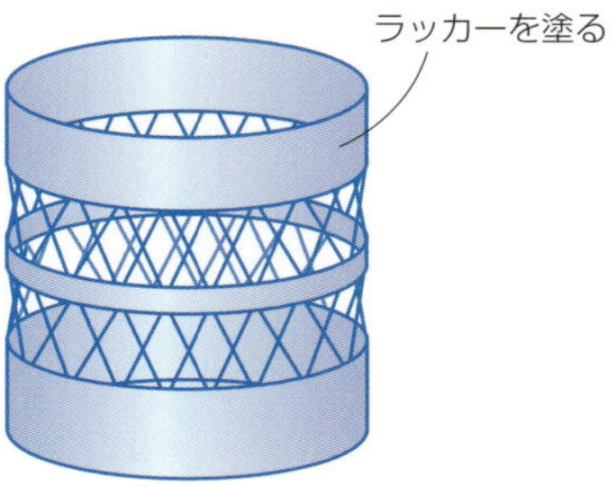

ラッカーを塗る

クロス柄のクロスは縄編みでしっかり固定するのがポイントです。

作り方は1～3は30・31ページと同じです

隙間がきれいな鍋敷き(大)

PAGE033

隙間をあけたバスケット

材料
- チラシ：8cm×55cm 22枚(クルクル棒 細 22本)
- ワイヤー：#22　24本
- ラッカー：オレンジ(赤×黄)

用具
- 巻棒：細(直径3mm)
- ボンド　のり

1 中心を組みます

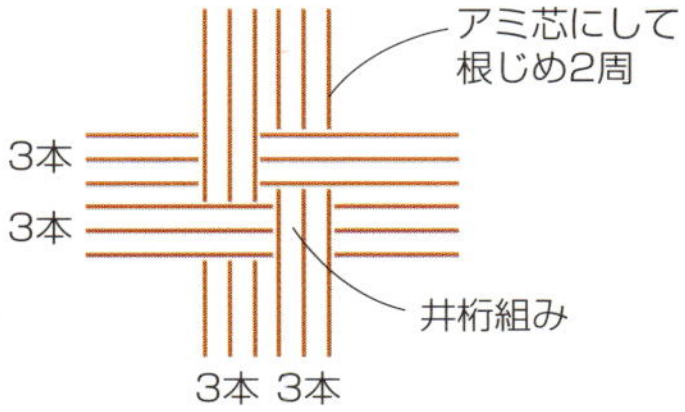

アミ芯にして
根じめ2周
3本
3本
井桁組み
3本 3本

2 本体を編みます

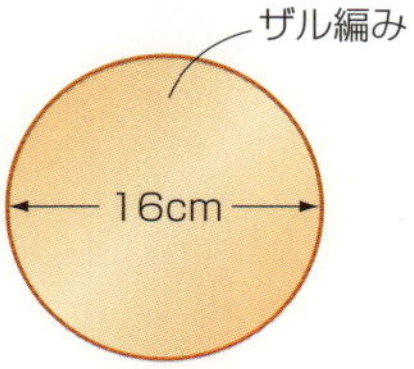

ザル編み
16cm

3 側面を編み、仕上げをします

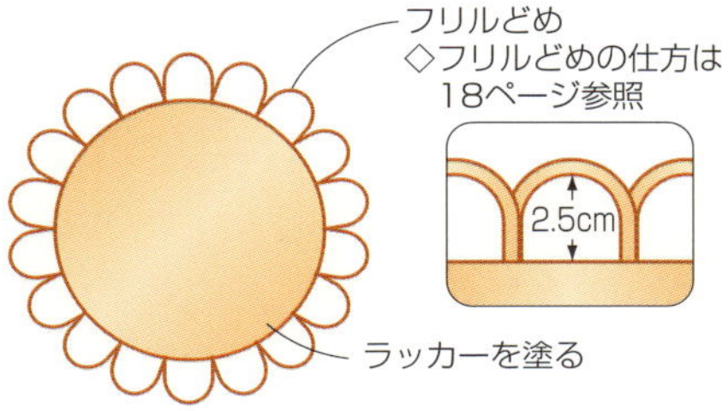

フリルどめ
◇フリルどめの仕方は
18ページ参照
2.5cm
ラッカーを塗る

隙間がきれいな鍋敷き(小)

PAGE033

隙間をあけたバスケット

材料
- チラシ：8cm×55cm 17枚(クルクル棒 細 17本)
- ワイヤー：#22　20本
- ラッカー：オーク

用具
- 巻棒：細(直径3mm)
- ボンド　のり

1 中心を組みます

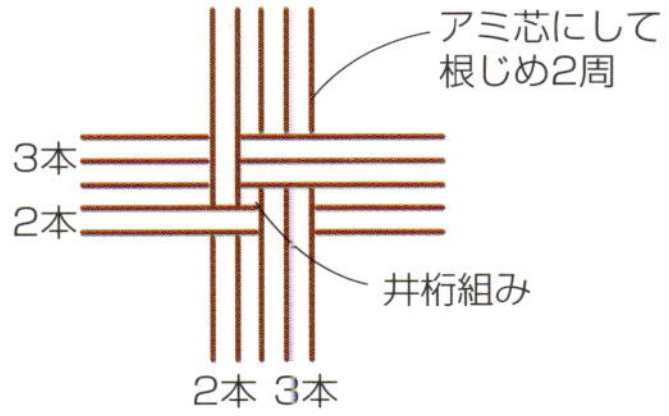

アミ芯にして
根じめ2周
3本
2本
井桁組み
2本 3本

2 本体を編みます

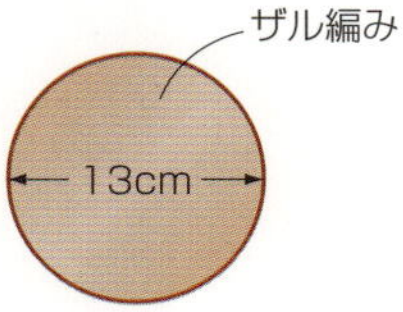

ザル編み
13cm

3 側面を編み、仕上げをします

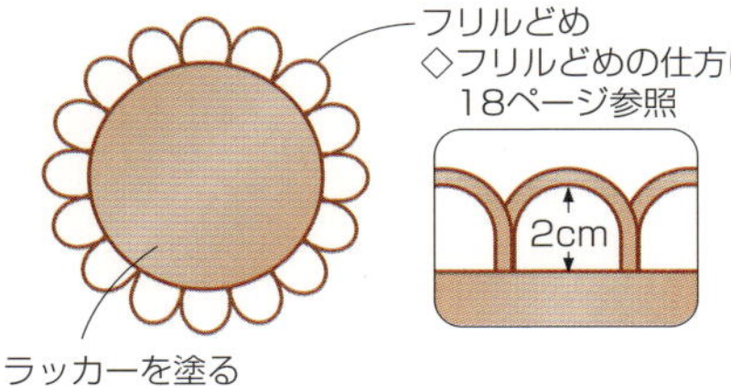

フリルどめ
◇フリルどめの仕方は
18ページ参照
2cm
ラッカーを塗る

・ワンポイントアドバイス・
洗濯ばさみが便利

アミ芯をボンドでとめる時

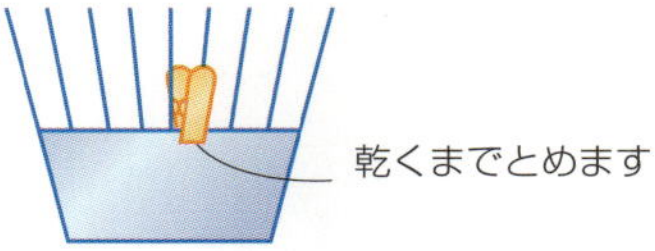

乾くまでとめます

編んでる途中で休む時

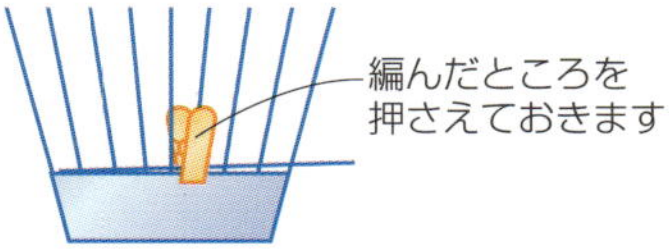

編んだところを
押さえておきます

花かご

大好きな花かご

大きく広げたり
ちょっとつぶしたり

小さなかごの中に
バスケット作りの
小さな技がいっぱい・・・

how to make P038-039

丸い底から作る

・・・

斜めに立ち上げたバスケット

少しずつ広げていく
サイドが斜めのバスケット

入れやすくて
便利な形・・・

ほんの少し広げるだけで
個性的

持ち手を付けたり
リボンを付けたり

手作りのおもしろさを
楽しみましょう

花かご

PAGE036

斜めに立ち上げたバスケット

材料
チラシ：10cm×55cm 50枚(クルクル棒 中 50本)
リボン用チラシ 適量
ワイヤー：#22　47本
カラースプレー：クリーム

用具
巻棒：中(直径4.4mm)
ボンド　のり　セロハンテープ

1 **底を組みます**
ワイヤー入りクルクル棒を縦に5本、横に5本の十字組みにし、タテ芯とします。

2 **根じめをします**
タテ芯のうち右上1本を折ってアミ芯とし、タテ芯の上下をくぐらせていきます。

3 **底を編みます**
2周してタテ芯を根じめした後、タテ芯を1本ずつ放射状に広げながら、ザル編みをします。

4 直径8cmまでザル編みをします。底ができたところです。

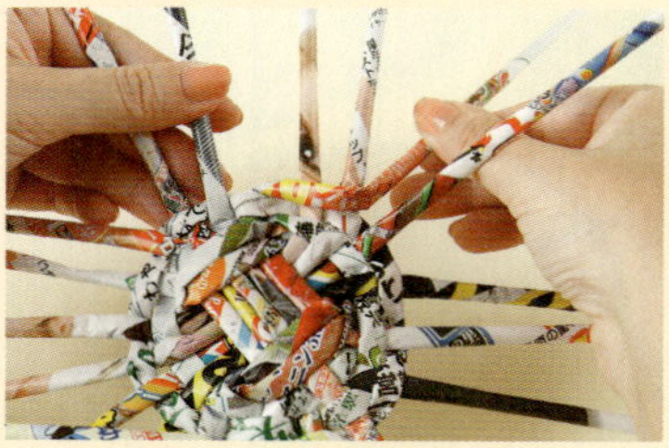

5 タテ芯を立ち上げます。タテ芯の1本を右隣のタテ芯2本目と3本目の間に、外から内に通して立ち上げます。

6 5と同様に繰り返し1周し、底の縁を盛り上げます。タテ芯が立ち上がったところです。

7 **側面を編む**
ザル編みをします。

8 高さ5cmまで編みます。

9 徐々に広げながらザル編みで編み進めます。

10 高さ17cm直径19cmまで編み、余分なアミ芯を切って、内側にボンドでとめます。

11 タテ芯を高さ15cmで切ります。

12 **緑を始末します**
かごどめで始末します。タテ芯の1本を、隣のタテ芯に内、外、内とかけます。

13 最後のタテ芯は、最初のタテ芯と2本目のタテ芯の編み目に通します。

14 上部をつぶして楕円形に形を整えます。

15 **持ち手を付けます**
ワイヤー入りクルクル棒2本を脇の中央の縁に通します。

16 長さ50cmのアーチにして、反対側にも通し、折り返してセロハンテープでとめます。

17 新たなクルクル棒を根元から巻きます。

18 巻き終わりをボンドでとめて、本体のできあがりです。

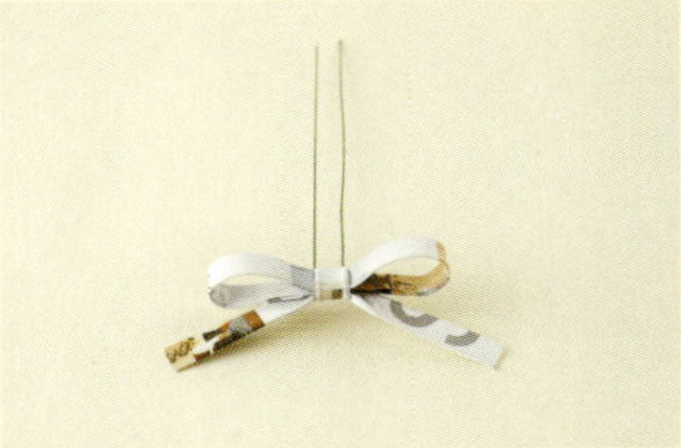

19 **リボンを作り、付けます**
リボンを作ります。
(リボンのサイズ181ページ、作り方27ページ)

20 リボンを付けます。

21 できあがりです。

how to make P042-043

高さが違うだけの鉢カバー

同じ角度の鉢カバー
高さが違うだけで雰囲気が違う・・・

1つ覚えて
3つ作りましょう

リボンの赤いバスケット

斜めにすっと広がっている
形がステキなバスケット・・・

リボンを付けて
赤く塗って
仕上げもステキに・・・

how to make P042

丸い底から作る ・・・ 斜めに立ち上げたバスケット

高さが違うだけの鉢カバー(小)

PAGE040

斜めに立ち上げたバスケット

材料
チラシ：10cm×55cm 41枚(クルクル棒 中 41本)
リボン用チラシ 適量
ワイヤー：#22　23本
カラースプレー：ベージュ

用具
巻棒：中(直径4.4mm)
ボンド　のり

1 底を組みます

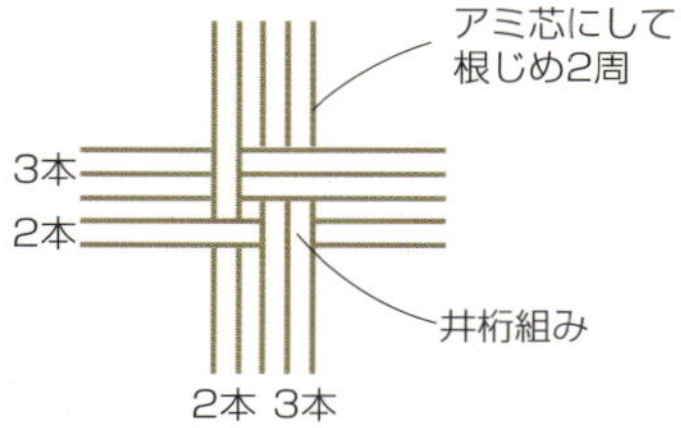
アミ芯にして
根じめ2周
3本
2本
井桁組み
2本 3本

2 底を編みます

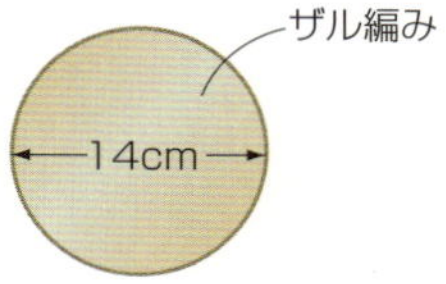
ザル編み
14cm

3 側面を編みます

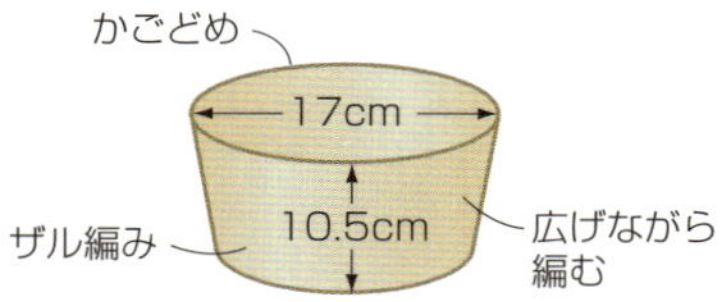
かごどめ
17cm
10.5cm
ザル編み
広げながら
編む

4 リボンを付け、仕上げをします

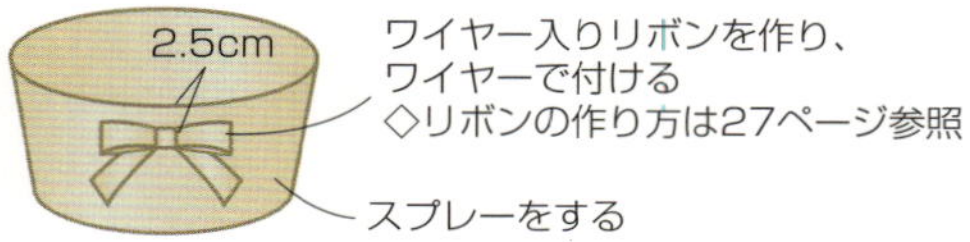
2.5cm
ワイヤー入りリボンを作り、
ワイヤーで付ける
◇リボンの作り方は27ページ参照
スプレーをする

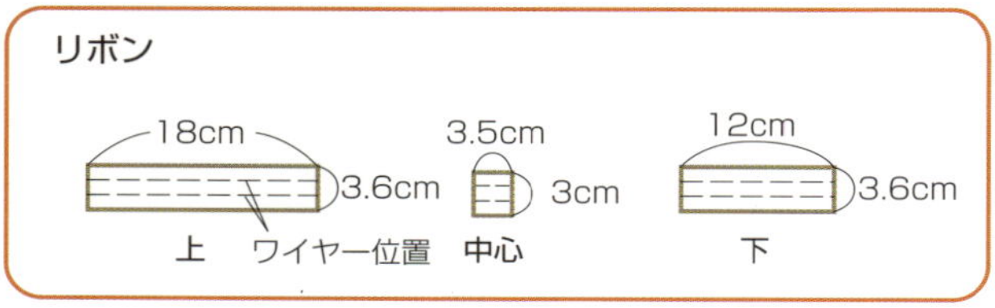
リボン
18cm
3.6cm
上
ワイヤー位置
3.5cm
3cm
中心
12cm
3.6cm
下

リボンの赤い鉢カバー

PAGE041

斜めに立ち上げたバスケット

材料
チラシ：10cm×55cm 63枚(クルクル棒 中 63本)
リボン用チラシ 適量
ワイヤー：#22　42本
ラッカー：赤

用具
巻棒：中(直径4.4mm)
ボンド　のり

1 底を組みます

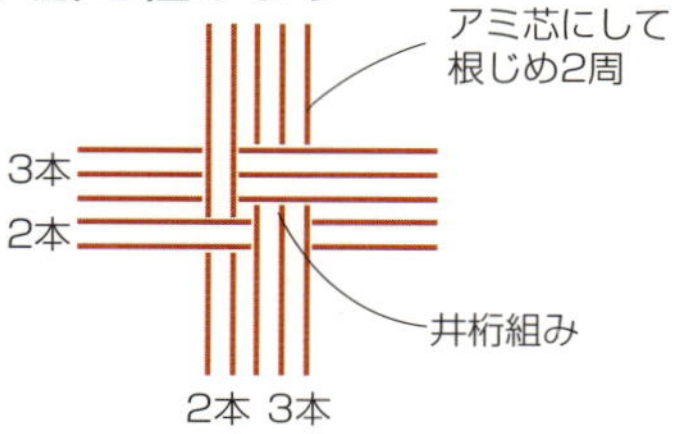
アミ芯にして
根じめ2周
3本
2本
井桁組み
2本 3本

2 底を編みます

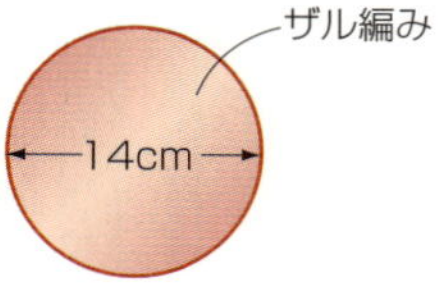
ザル編み
14cm

3 側面を編みます

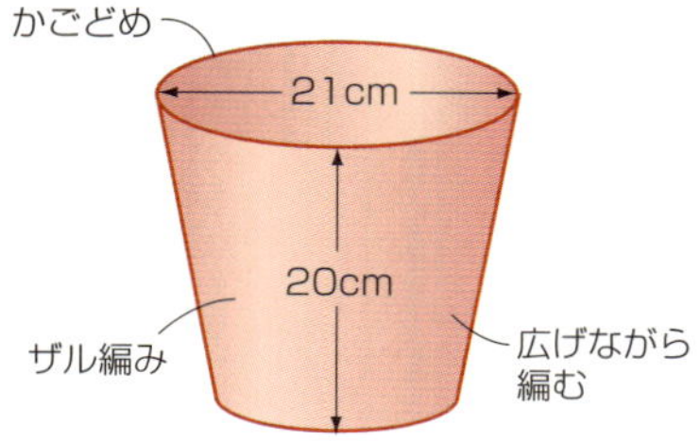
かごどめ
21cm
20cm
ザル編み
広げながら
編む

4 リボンを付け、仕上げをします

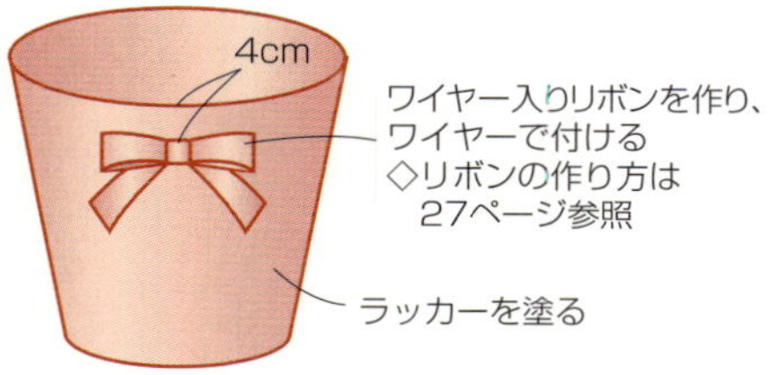
4cm
ワイヤー入りリボンを作り、
ワイヤーで付ける
◇リボンの作り方は
27ページ参照
ラッカーを塗る

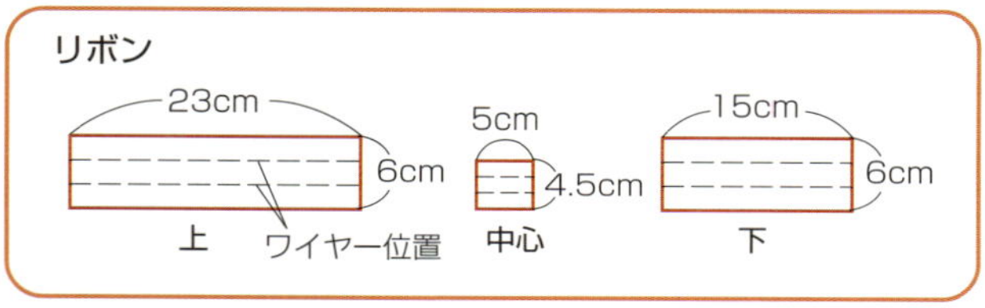
リボン
23cm
6cm
上
ワイヤー位置
5cm
4.5cm
中心
15cm
6cm
下

高さが違うだけの鉢カバー(中)

PAGE040

斜めに立ち上げたバスケット

材料
チラシ：10cm×55cm 57枚(クルクル棒 中 57本)
リボン用チラシ 適量
ワイヤー：#22　23本
カラースプレー：ピンク

用具
巻棒：中(直径4.4mm)
ボンド　のり

1 底を組みます

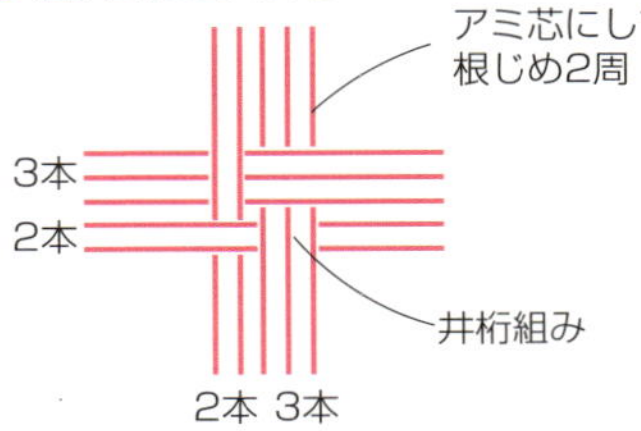

アミ芯にして
根じめ2周
3本
2本
井桁組み
2本 3本

2 底を編みます

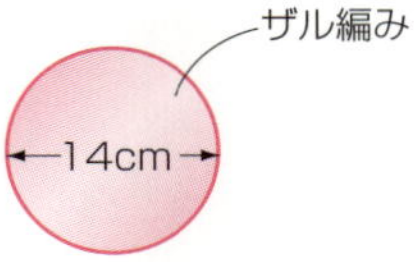

ザル編み
14cm

3 側面を編みます

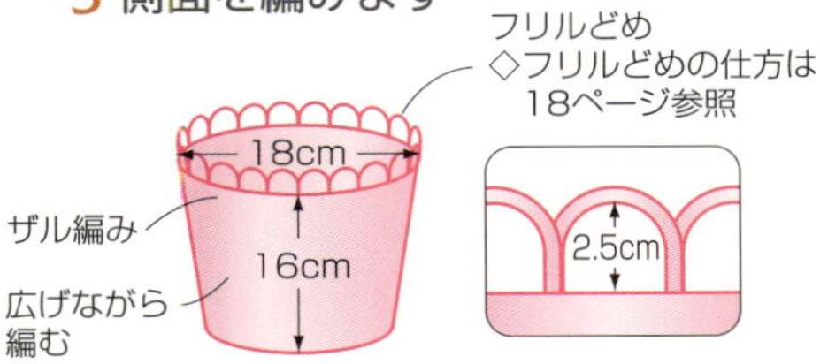

フリルどめ
◇フリルどめの仕方は
18ページ参照
18cm
ザル編み
16cm
広げながら
編む
2.5cm

4 リボンを付け、仕上げをします

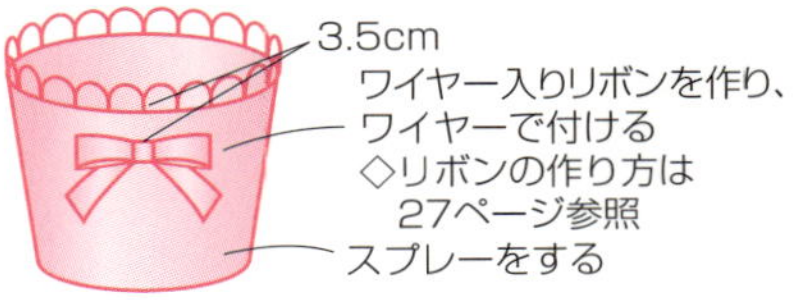

3.5cm
ワイヤー入りリボンを作り、
ワイヤーで付ける
◇リボンの作り方は
27ページ参照
スプレーをする

リボン

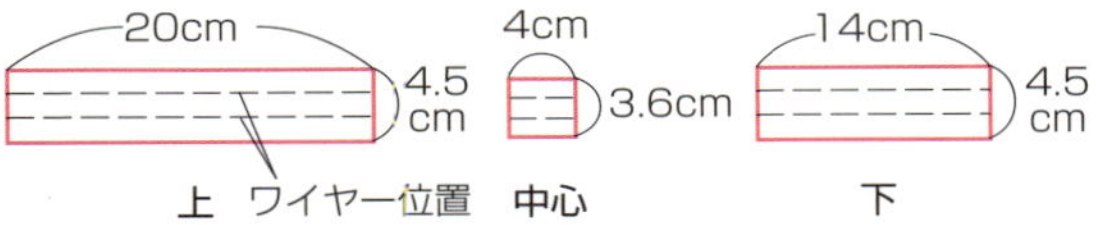

高さが違うだけの鉢カバー(大)

PAGE040

斜めに立ち上げたバスケット

材料
チラシ：10cm×55cm 75枚(クルクル棒 中 75本)
リボン用チラシ 適量
ワイヤー：#22　42本
カラースプレー：白

用具
巻棒：中(直径4.4mm)
ボンド　のり

1 底を組みます

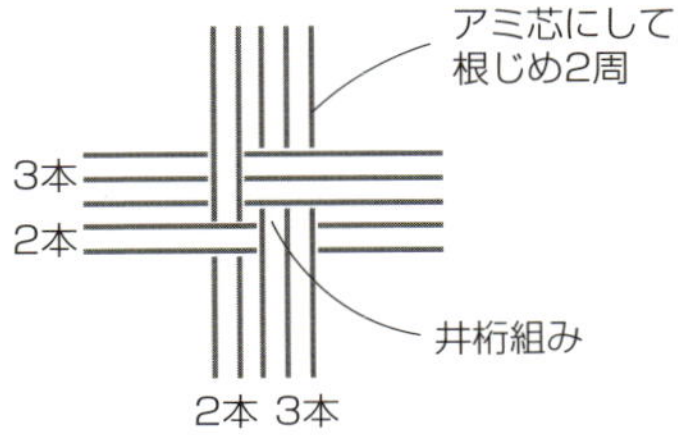

アミ芯にして
根じめ2周
3本
2本
井桁組み
2本 3本

2 底を編みます

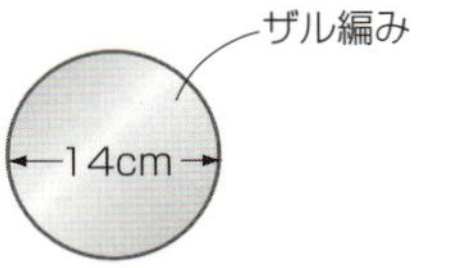

ザル編み
14cm

3 側面を編みます

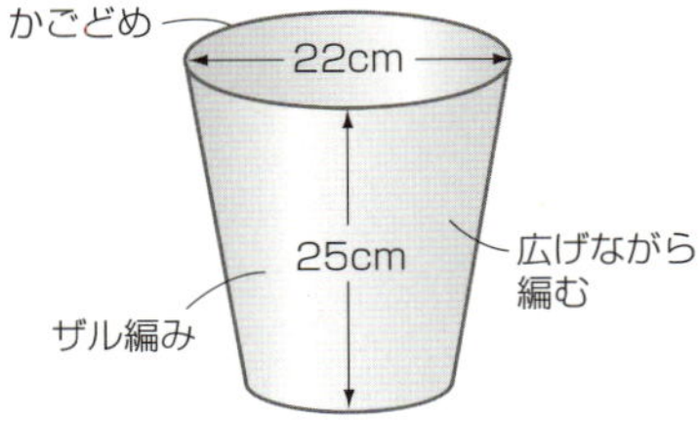

かごどめ
22cm
25cm
広げながら
編む
ザル編み

4 リボンを付け、仕上げをします

5cm
ワイヤー入りリボンを作り、
ワイヤーで付ける
◇リボンの作り方は
27ページ参照
スプレーをする

リボン

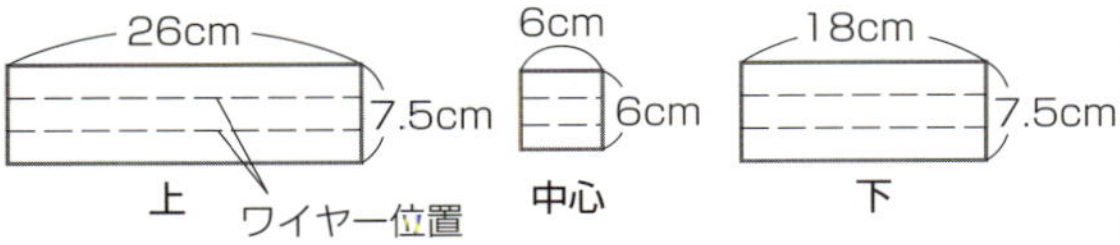

丸い底から作る

丸く立ち上げたバスケット

少しずつカーブを付けて
立ち上げていくと・・・

優しい雰囲気の
丸い籠ができあがる

丸く上手にできるか
気にしながら作るのも楽しい

そのくらいの
ゆる～い緊張感で
作れるのが

魅力の1つ・・・

how to make P046-047

りんご籠

思いっきり広げて
丸く立ち上げて

りんごのために作ったりんご籠
部屋中にりんごの香りがするように・・・

りんご籠

丸く立ち上げたバスケット

材料
チラシ：15cm×55cm 78枚(クルクル棒 太 78本)
ワイヤー：#22　82本
ラッカー：マホガニー

用具
巻棒：太(直径6mm)
ボンド　のり　セロハンテープ

1 組みます
ワイヤー入りクルクル棒を縦5本、横5本の井桁組みにし、タテ芯とします。

2 根じめをします
タテ芯のうち右上1本を折ってアミ芯とし、タテ芯の上下をくぐらせていきます。

3 2周して、タテ芯の根元を固定し、根じめをします。

4 底を編みます
タテ芯を1本ずつ放射状に広げながら、ザル編みをします。

5 直径15cmまでザル編みをします。

6 タテ芯を増し芯します
ザル編みしながら、タテ芯の根元に新たなワイヤー入りクルクル棒を1本差し込みます。

7 同様にして、全てのタテ芯を2本組にします。

8 タテ芯を2本組のまま、ザル編みで1周し、タテ芯を1本にして、ザル編みをします。

9 直径22cmまで編みます。底ができたところです。

10 **側面を編みます**
底を裏返して、タテ芯を丸く立ち上げます。

11 ザル編みで編み進みます。

12 タテ芯にカーブをつけながら広げ、ザル編みで高さ11cmまで編み、余分なアミ芯を切り、内側にボンドでとめます。

13 タテ芯を高さ15cmで切ります。

14 **縁を始末します**
かごどめで始末します。タテ芯1本を隣のタテ芯に内側から外側にかけます。

15 さらに隣のタテ芯に外側から内側にかけます。同様に全てのタテ芯を内、外、内とかけます。

16 最後から2本目のタテ芯は、隣のタテ芯にかけ、最初のタテ芯の編み目に通します。

17 最後のタテ芯は、最初のタテ芯と2本目のタテ芯の編み目に通します。

18 **持ち手を付けます**
ワイヤー入りクルクル棒2本を縁に通します。

19 長さ45cmのアーチにして反対側にも通し、折り返してセロハンテープでとめます。

20 持ち手に新たなクルクル棒を巻きます。

21 巻き終わりをボンドでとめて、できあがりです。

how to make P050

丸く立ち上げたバスケット

まん丸バスケット

広げて編んで・・・
また縮める

まん丸になるように
慎重に編みましょう・・・

how to make P051

フリルの丸いバスケット

縁のとめかたを
変えただけ・・・
かわいい丸いバスケット

お菓子を入れて
子ども部屋へ・・・

how to make P051

オレンジの浅いバスケット

浅いけど
丸い形がステキなバスケット

ティータイムの
おやつ入れに・・・

まん丸バスケット

PAGE048

丸く立ち上げたバスケット

材料 チラシ：10cm×55cm 58枚(クルクル棒 中 58本)
ワイヤー：#22　51本
ラッカー：ワインレッド

用具 巻棒：中(直径4.4mm)
ボンド　のり
セロハンテープ

1 底を組みます

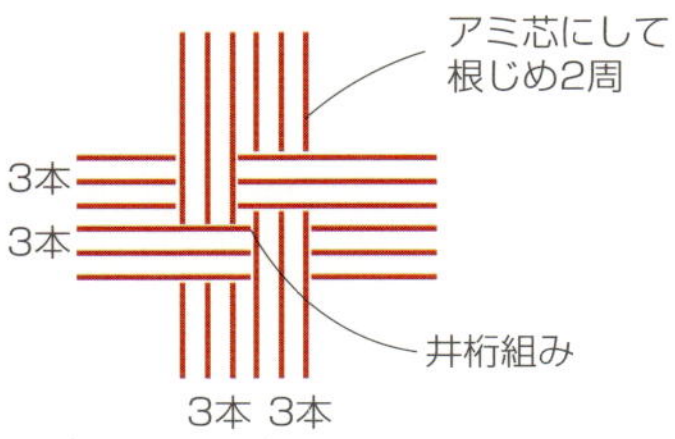

アミ芯にして
根じめ2周
3本
3本
井桁組み
3本 3本

2 底を編みます

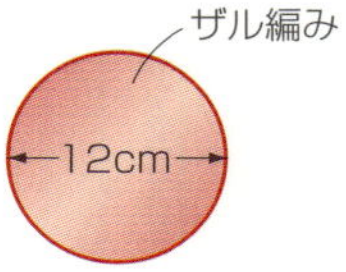

ザル編み
12cm

3 側面(下)を編みます

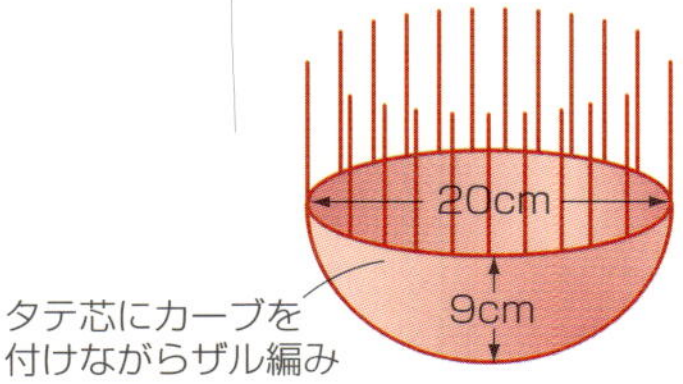

20cm
9cm
タテ芯にカーブを
付けながらザル編み

4 側面(上)を編みます

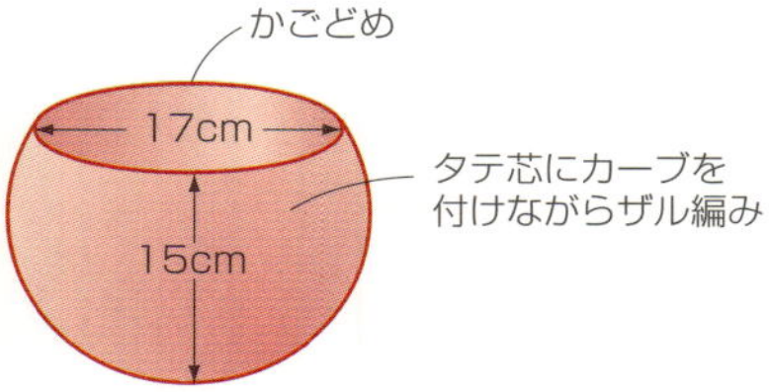

かごどめ
17cm
15cm
タテ芯にカーブを
付けながらザル編み

5 持ち手を付け、仕上げをします

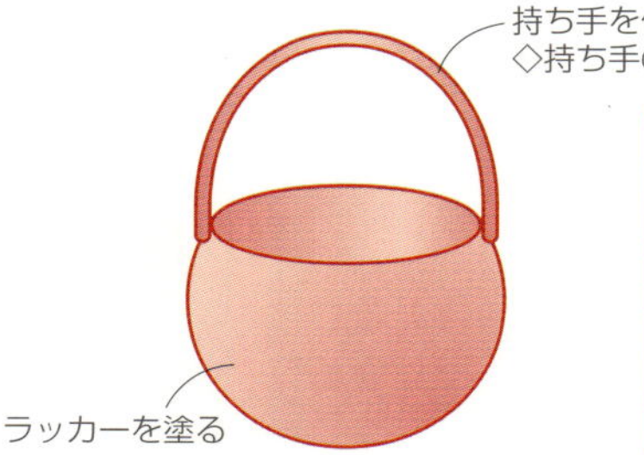

持ち手を付ける
◇持ち手の付け方は19ページ参照
ラッカーを塗る

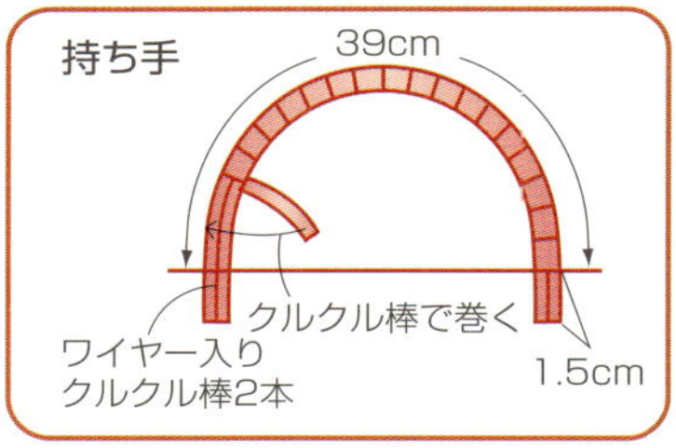

持ち手
39cm
クルクル棒で巻く
ワイヤー入り
クルクル棒2本
1.5cm

ワンポイント アドバイス
丸く立ち上げるコツ

1 立ち上げます。

2 正面から見て、左右の2本で形を決めます。

3 回転させながら同じように左右で決めて、曲げます。

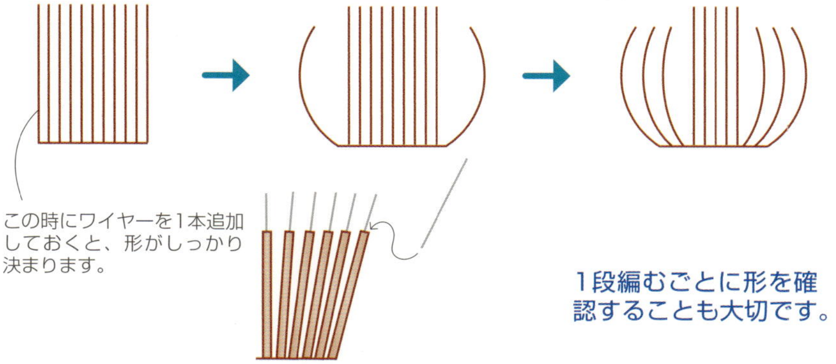

この時にワイヤーを1本追加
しておくと、形がしっかり
決まります。

1段編むごとに形を確認することも大切です。

フリルの丸いバスケット

PAGE049

丸く立ち上げたバスケット

材料
チラシ：10cm×55cm 44枚(クルクル棒 中 44本)
ワイヤー：#22　28本
ラッカー：青

用具
巻棒：中(直径4.4mm)
ボンド　のり
セロハンテープ

1 底を組みます

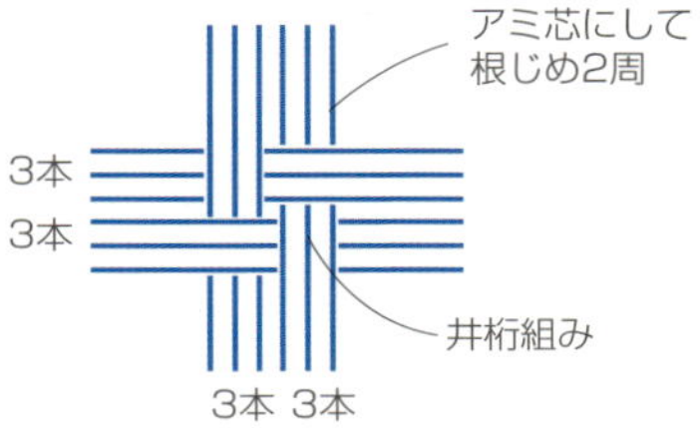
アミ芯にして
根じめ2周
3本
3本
井桁組み
3本 3本

2 底を編みます

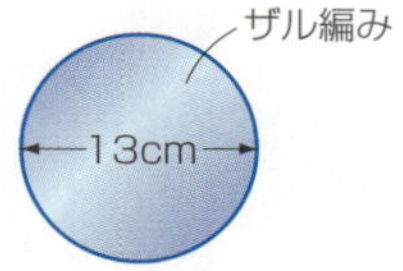
ザル編み
13cm

3 側面を編みます

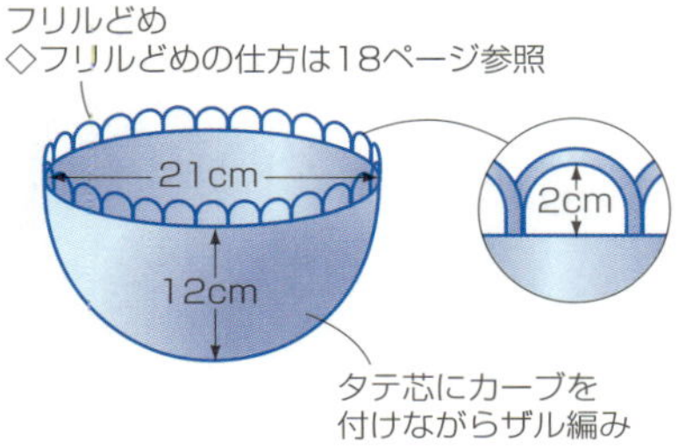
フリルどめ
◇フリルどめの仕方は18ページ参照
21cm
2cm
12cm
タテ芯にカーブを
付けながらザル編み

4 持ち手を付け、仕上げをします

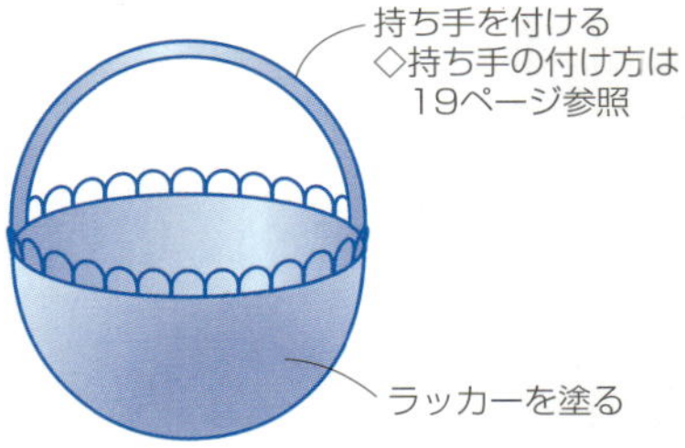
持ち手を付ける
◇持ち手の付け方は
19ページ参照
ラッカーを塗る

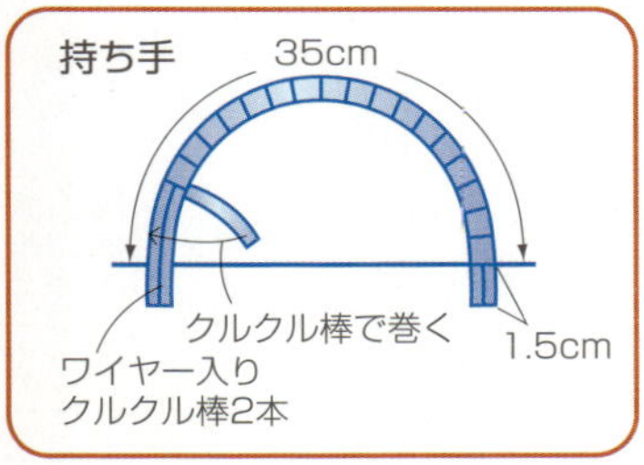
持ち手
35cm
クルクル棒で巻く
1.5cm
ワイヤー入り
クルクル棒2本

オレンジの浅いバスケット

PAGE049

丸く立ち上げたバスケット

材料
チラシ：8cm×55cm 33枚(クルクル棒 細 33本)
ワイヤー：#22　24本
ラッカー：オレンジ(赤×黄)

用具
巻棒：細(直径3mm)
ボンド　のり

1 底を組みます

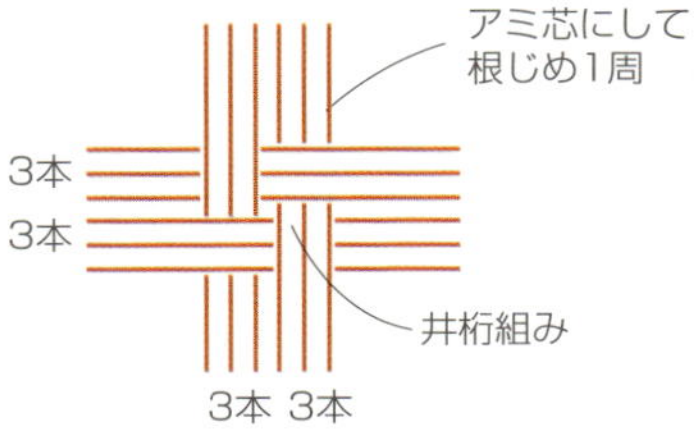
アミ芯にして
根じめ1周
3本
3本
井桁組み
3本 3本

2 底を編みます

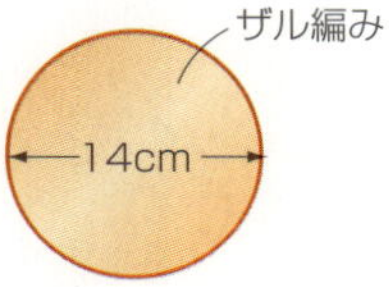
ザル編み
14cm

3 側面を編み、仕上げをします

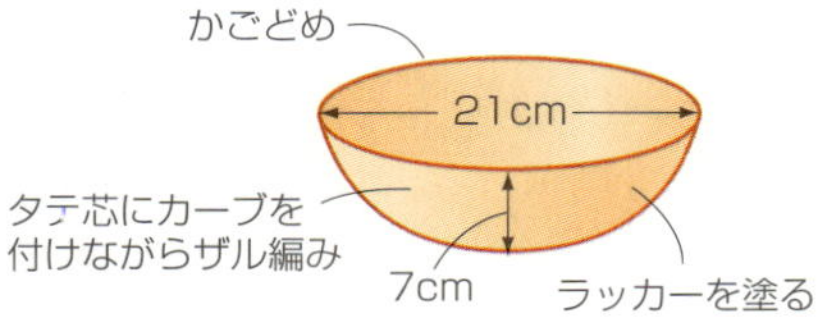
かごどめ
21cm
タテ芯にカーブを
付けながらザル編み
7cm
ラッカーを塗る

いろんな形にチャレンジ！

楕円の底から作る

タテ芯を組んで底の中心を作り・・・

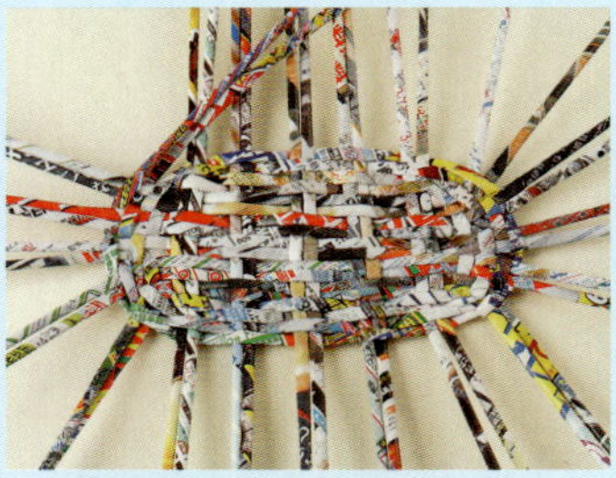

そのまわりをアミ芯で編んで
底を作り・・・

タテ芯を立ち上げて編めば、
できあがり！

基本の小さなバスケット

基本を大きくしたバスケット

楕円の底から作る

・・・

基本の小さなバスケット

生活にとけ込みやすい形
楕円のバスケット

ちょっと難しい
そう、思われるかも知れないけど
小さいのは簡単！

ここからはじめれば
楕円もクリア・・・

生活の中で欲しかった
バスケット

オリジナルのバスケットにも
チャレンジ・・・

小さなパンかご

朝食のパンが
きっちり入るサイズ

朝から手作りのかごって
ちょっとぜいたく・・・

how to make P056-057

小さなパンかご

PAGE055

基本の小さなバスケット

材料
チラシ：8cm×55cm 5枚(クルクル棒 細 5本)
10cm×55cm 47枚(クルクル棒 中 47本)
ワイヤー：#22　42本
カラースプレー：ベージュ

用具
巻棒：細(直径3mm)　中(直径4.4mm)
ボンド　のり　セロハンテープ

1 **底を組みます**
ワイヤー入りクルクル棒(中)を2本組で縦は3cm幅に2組並べ、横から交互に2本組で通します。

2 同様に2本組で縦は14cm幅に5組、交互に通します。

3 同様に横に交互に計4組通し、楕円組みにし、すべてのクルクル棒をタテ芯とします。

4 新たなクルクル棒(中)を2つ折りにして、タテ芯2本組にかけ、アミ芯とします。

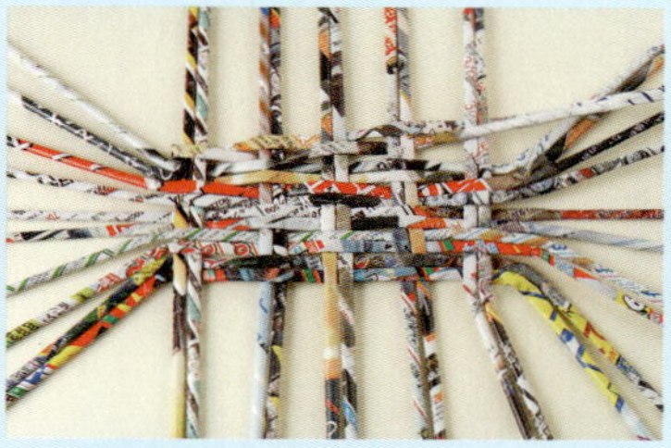

5 **底を編みます**
タテ芯を2本組のまま、サイドのタテ芯を放射状に広げながら、追いかけ編みをします。

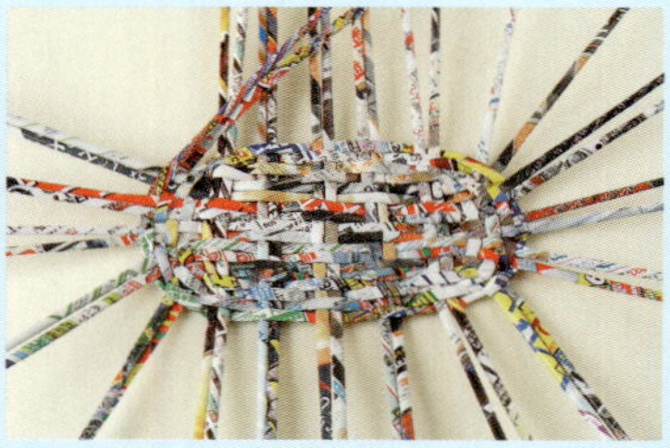

6 左右22cm幅11cmまで追いかけ編みをします。底ができたところです。

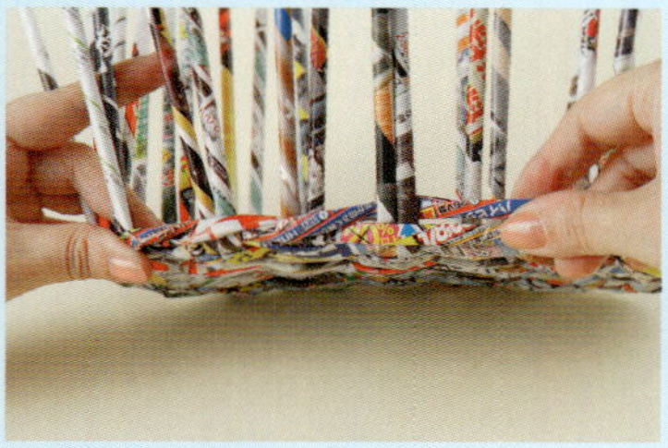

7 **側面を編みます**
裏返してタテ芯を立ち上げ、縄編みをします。

8 高さ6cmまで縄編みをし、余分なアミ芯を切り、内側にボンドでとめます。

9 タテ芯を高さ12cmで切ります。

10 縁を始末します
かごどめで始末します。タテ芯の2本組を隣のタテ芯の2本組に内側から外側にかけます。

11 さらに隣のタテ芯2本組に外側から内側にかけます。同様に全てのタテ芯を内、外、内とかけます。

12 最後から2組目のタテ芯2本組は、隣のタテ芯の2本組にかけ、最初のタテ芯の2本組の編み目に通します。

13 最後のタテ芯2本組は、最初のタテ芯2本組と2本目のタテ芯2本組の編み目に通します。

14 取っ手を付けます
ワイヤー入りクルクル棒(中)を脇の中央に7cmの間隔をあけて縁に通します。

15 長さ14cmのアーチにして余分を切り、セロハンテープでとめます。

16 新たなクルクル棒(中)で根元から巻きます。

17 巻き終わりをボンドでとめます。

18 同様にして、反対側にも取っ手を付けます。

19 うずまきを作ります
クルクル棒(細)を端から巻いていき、最後はボンドでとめます。

20 できあがったうずまきを、ボンドで付けます。

21 できあがりです。

楕円の底から作る ● ● ● 基本の小さなバスケット

how to make P060

ブルーのミニバスケット

バランスがかわいいバスケット
プレゼントしても喜ばれるサイズ

プレゼントするときは
お菓子を入れて・・・

お花のカトラリーケース

夕食の時間になったら
テーブルへ

手作りのお料理と
手作りのカトラリーケースが

あたたかい・・・

how to make P060-061

リボンのこもの入れ

リボンがかわいくて
白い色がさわやかで・・・

楕円で
ちょっと深めが
便利なこもの入れ

コスメティックケースに・・・

how to make P061

ブルーのミニバスケット

PAGE058

基本の小さなバスケット

材料 チラシ：8cm×55cm 82枚(クルクル棒 細 82本)
ワイヤー：#22　40本　#28　1本
ラッカー：青

用具 巻棒：細(直径3mm)
ボンド　のり
セロハンテープ

1 底を組みます

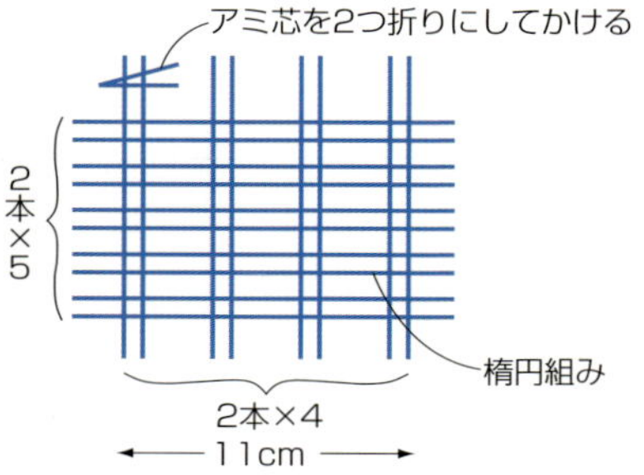

アミ芯を2つ折りにしてかける
2本×5
楕円組み
2本×4
11cm

2 底を編みます

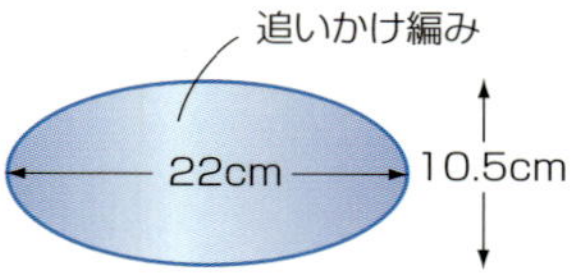

追いかけ編み
22cm
10.5cm

3 側面を編みます

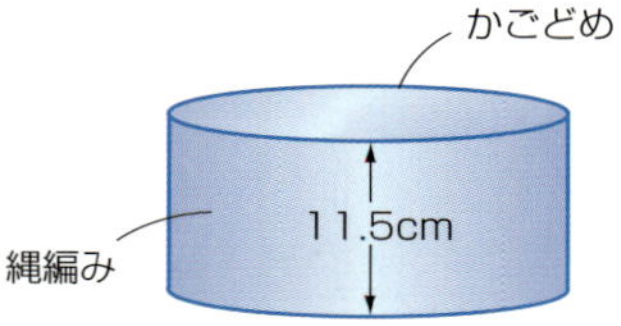

4 取っ手を付けます

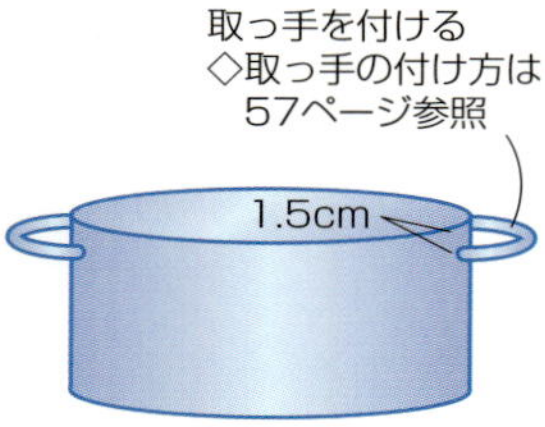

取っ手を付ける
◇取っ手の付け方は
57ページ参照
1.5cm

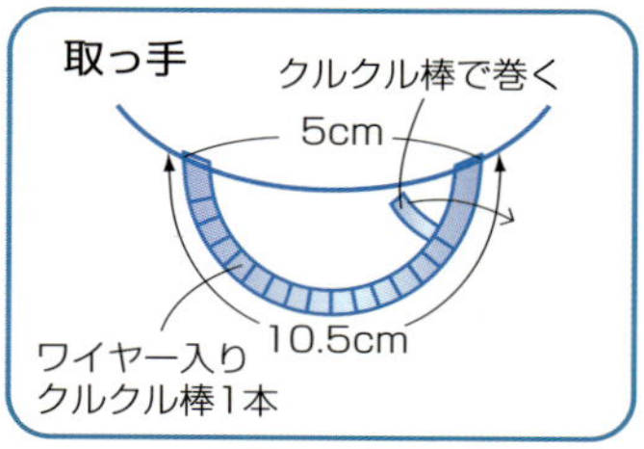

取っ手
クルクル棒で巻く
5cm
10.5cm
ワイヤー入り
クルクル棒1本

5 花を付け、仕上げをします

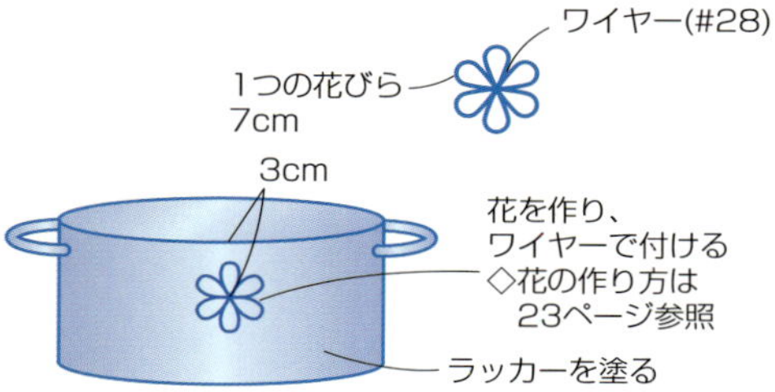

ワイヤー(#28)
1つの花びら
7cm
3cm
花を作り、
ワイヤーで付ける
◇花の作り方は
23ページ参照
ラッカーを塗る

お花のカトラリーケース

PAGE059

基本の小さなバスケット

材料 チラシ：8cm×55cm 62枚(クルクル棒 細 62本)
ワイヤー：#22　28本　#28　2本
ラッカー：赤

用具 巻棒：細(直径3mm)
ボンド　のり
セロハンテープ

1 底を組みます

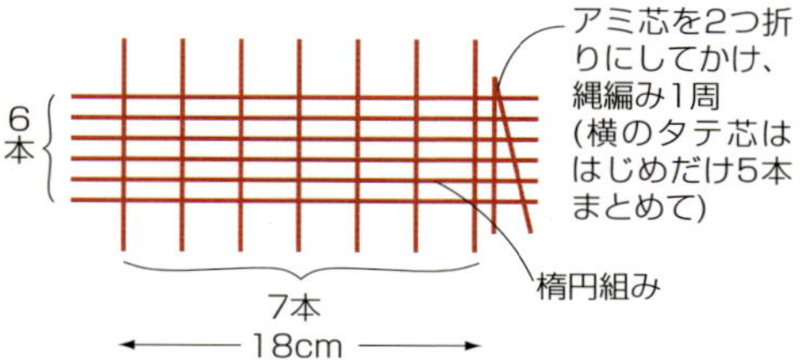

アミ芯を2つ折りにしてかけ、縄編み1周(横のタテ芯ははじめだけ5本まとめて)
6本
楕円組み
7本
18cm

2 底を編みます

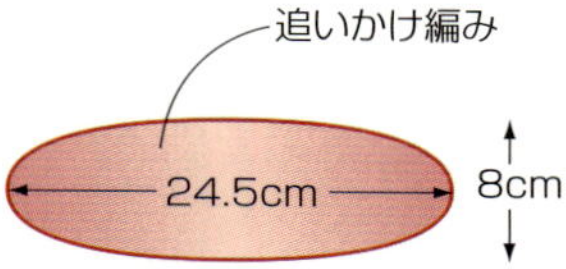

追いかけ編み
24.5cm
8cm

3 側面を編みます

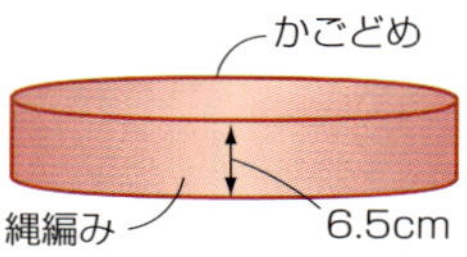

かごどめ
縄編み
6.5cm

リボンのこもの入れ

基本の小さなバスケット

PAGE059

材料
チラシ：8cm×55cm 72枚(クルクル棒 中 72本)
リボン用チラシ 適量
ワイヤー：#22　47本
カラースプレー：白

用具
巻棒：中(直径4.4mm)
ボンド　のり
セロハンテープ

1 底を組みます

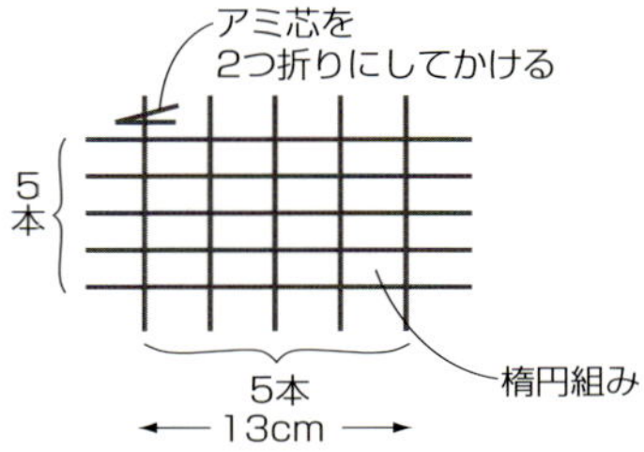
アミ芯を
2つ折りにしてかける
5本
5本
13cm
楕円組み

2 底を編みます

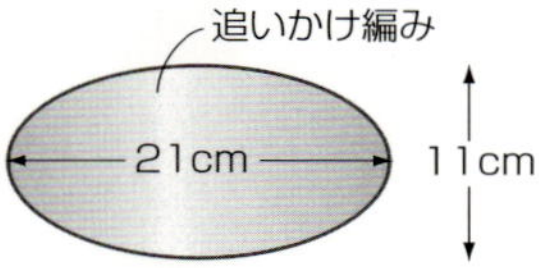
追いかけ編み
21cm
11cm

3 側面を編みます

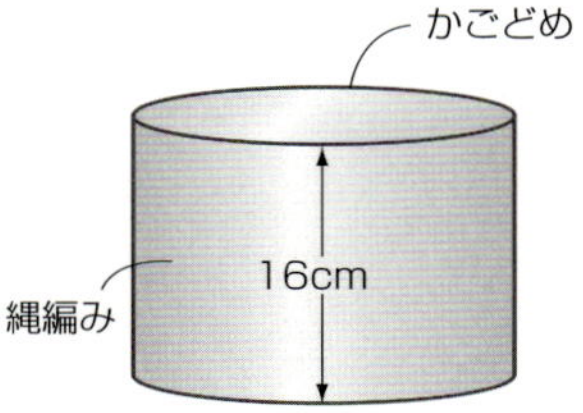

4 持ち手を付けます

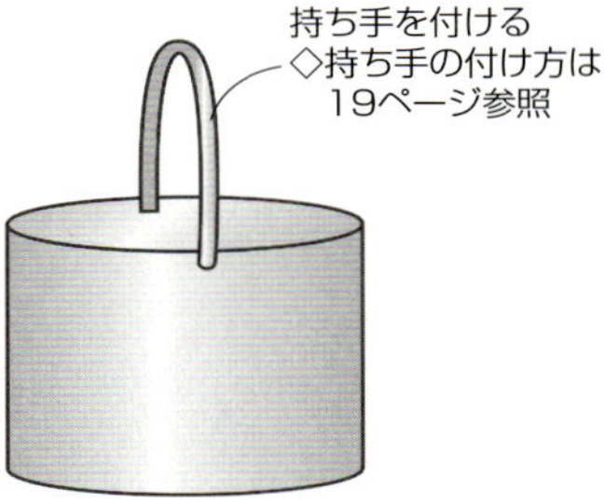
持ち手を付ける
◇持ち手の付け方は
19ページ参照

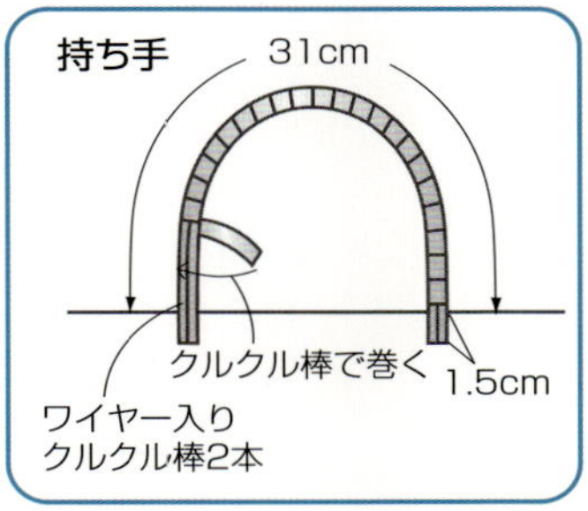
持ち手
31cm
クルクル棒で巻く
1.5cm
ワイヤー入り
クルクル棒2本

5 リボンを付け、仕上げをします

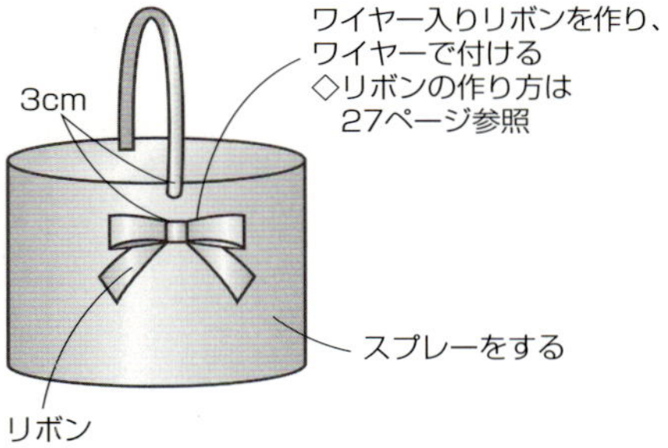
3cm
ワイヤー入りリボンを作り、
ワイヤーで付ける
◇リボンの作り方は
27ページ参照
スプレーをする
リボン

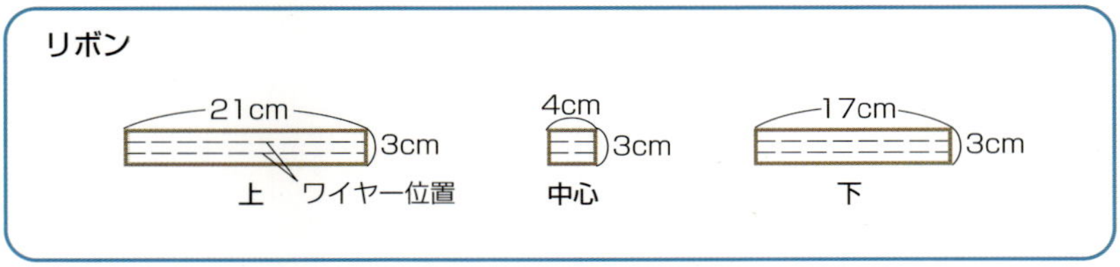

4 持ち手を付けます

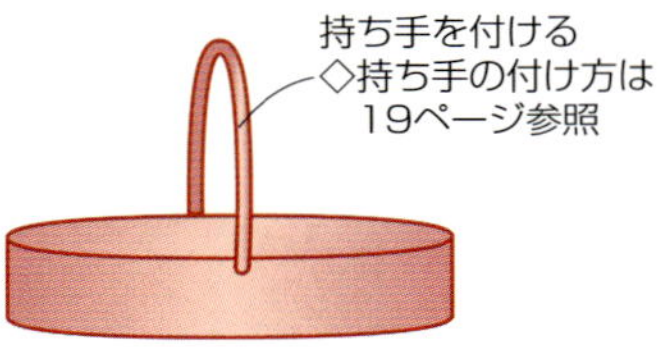
持ち手を付ける
◇持ち手の付け方は
19ページ参照

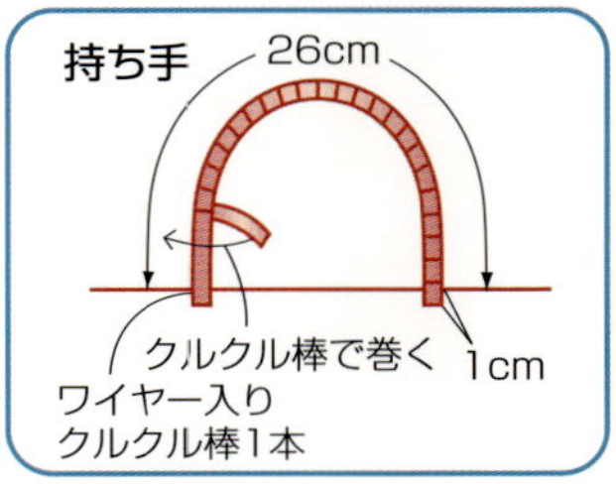
持ち手
26cm
クルクル棒で巻く
1cm
ワイヤー入り
クルクル棒1本

5 花を付け、仕上げをします

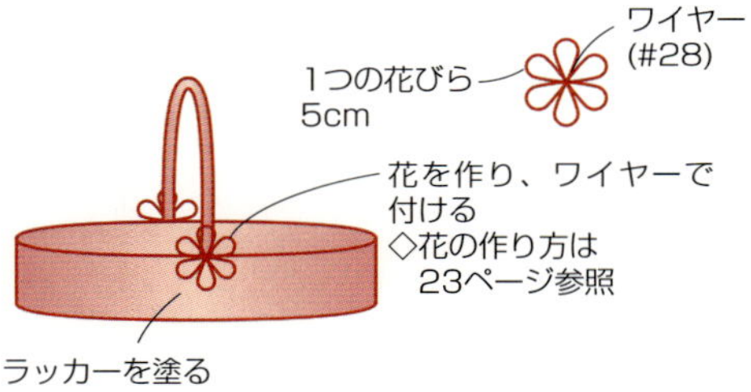
ワイヤー
(#28)
1つの花びら
5cm
花を作り、ワイヤーで
付ける
◇花の作り方は
23ページ参照
ラッカーを塗る

持ち手付きマガジンラック

お気に入りの画集
子ども達の絵本・・・

リビングの
インテリアにもなる

あたたかい存在感・・・

how to make P064-065

楕円の底から作る

• • •

基本を大きくしたバスケット

音楽を聴きながら
クルクル棒を作る・・・

朝日の中で
バスケットを編む・・・

家族の声を聞きながら
できあがったバスケットに
目をやる・・・

どの時間も満足

バスケット1つで
生まれてくる時間
いろいろ・・・

持ち手付きマガジンラック

PAGE062

基本を大きくしたバスケット

材料
チラシ：10cm×55cm 128枚(クルクル棒 中128本)
ワイヤー：#22　86本
ラッカー：イエロー(イエロー×マホガニー)

用具
巻棒：中(直径4.4mm)
ボンド　のり　セロハンテープ

1 底を組みます
ワイヤー入りクルクル棒を2本組で縦は3cm幅に2組並べ、横から交互に2本組で通します。

2 同様に2本組で縦は17cm幅に6組交互に通します。

3 同様に交互に計4組通し、楕円組みにし、すべてのクルクル棒をタテ芯とします。

4 新たなクルクル棒を2つ折りにして、タテ芯2本組にかけ、アミ芯とします。

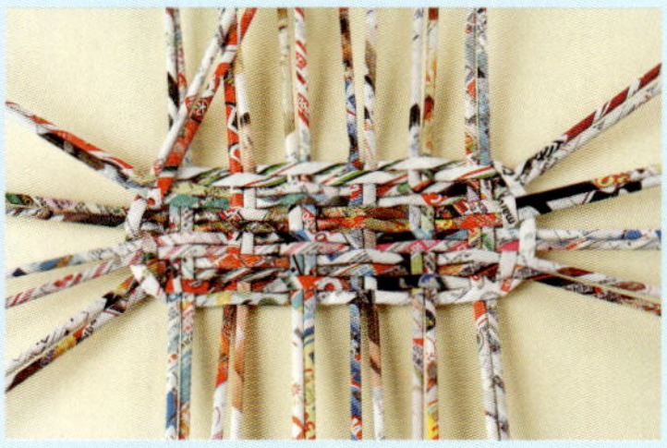

5 底を編みます
タテ芯を2本組のまま、サイドのタテ芯を放射状に広げながら、追いかけ編みをします。

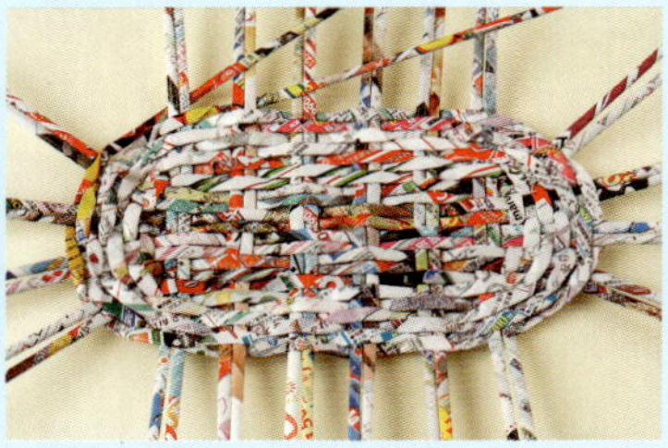

6 左右27cm幅14cmまで追いかけ編みをします。底ができたところです。

7 側面を編みます
底を裏返して、タテ芯を立ち上げます。

8 縄編みをします。

9 高さ18cmまで縄編みをし、余分なアミ芯を切り、内側にボンドでとめます。

10 2本組のタテ芯のうち、隣り合う1本ずつをとって交差させ、アミ芯を2つ折りしてかけます。

11 縄編みで2周し、余分なアミ芯を切って、内側にボンドでとめます。

12 交差しているタテ芯2本をとり、新たなクルクル棒を2つ折りしてかけ、アミ芯とします。

13 11と同様に、5cm縄編みし、余分なアミ芯を切って、内側にボンドでとめます。

14 タテ芯を高さ15.5cmで切ります。

15 **縁を始末します**
かごどめで始末します。タテ芯の2本組を隣のタテ芯の2本組に内側から外側にかけます。

16 さらに隣のタテ芯の2本組の外側から内側にかけます。同様に全てのタテ芯を内、外、内とかけます。

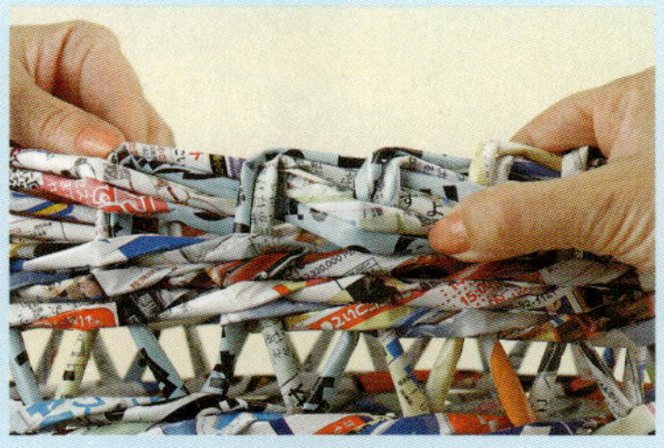

17 最後から2組目のタテ芯の2本組は、隣のタテ芯の2本組にかけ、最初のタテ芯の2本組の編み目に通します。

18 最後のタテ芯2本組は、最初のタテ芯2本組と2本目のタテ芯の2本組の編み目に通します。

19 **持ち手を付けます**
ワイヤー入りクルクル棒3本を、脇の中央の縁に通して折り返します。

20 長さ46cmのアーチにして反対側にも通し、折り返してセロハンテープでとめます。

21 新たなクルクル棒を根元から巻き、巻き終わりをボンドでとめて、できあがりです。

ベージュのパンかご

底が大きなバスケット
小さな持ち手もキュート

作ったの……
と言いたいから

今日もパン！

how to make P068

楕円の底から作る

基本を大きくしたバスケット

フルーツバスケット

食事の後は
フルーツタイム

バスケットには
いつもフルーツを・・・

how to make P069

ニュースペーパーラック

新聞好きの父の為に作った
専用のラック・・・

散らかることもないし
探すこともないし・・・

how to make P068

ベージュのパンかご

PAGE066

基本を大きくしたバスケット

材料 チラシ：10cm×55cm 87枚(クルクル棒 中 87本)
ワイヤー：#22　52本
カラースプレー：ベージュ

用具 巻棒：中(直径4.4mm)
ボンド　のり
セロハンテープ

1 底を組みます

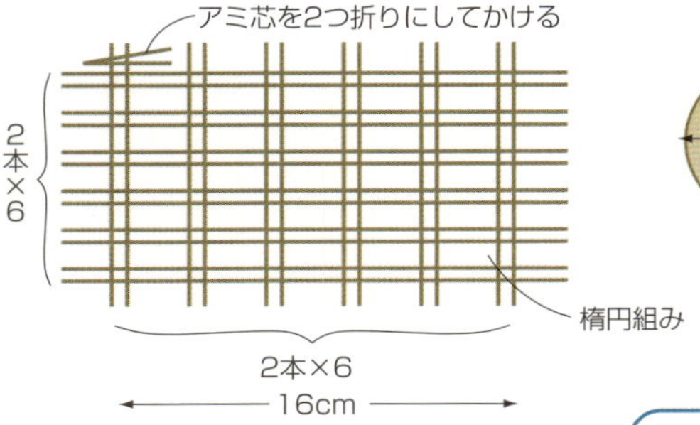

アミ芯を2つ折りにしてかける
2本×6
楕円組み
2本×6
16cm

2 底を編みます

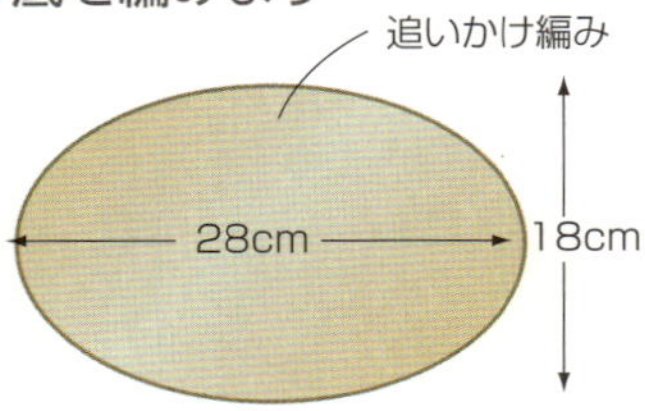

追いかけ編み
28cm
18cm

3 側面を編みます

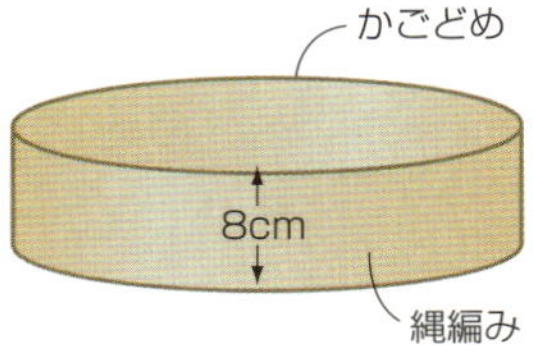

かごどめ
8cm
縄編み

4 持ち手を付けます

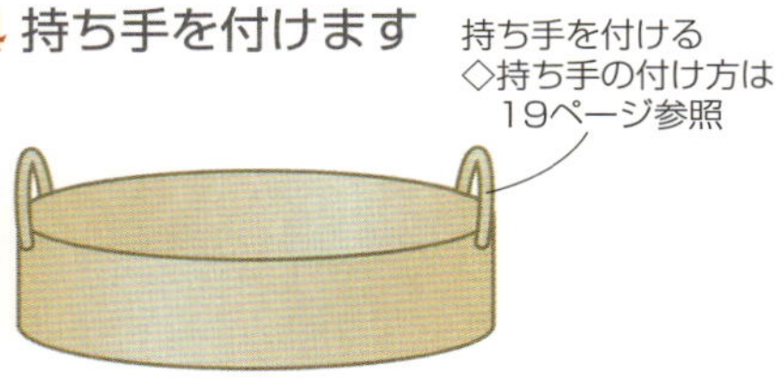

持ち手を付ける
◇持ち手の付け方は
19ページ参照

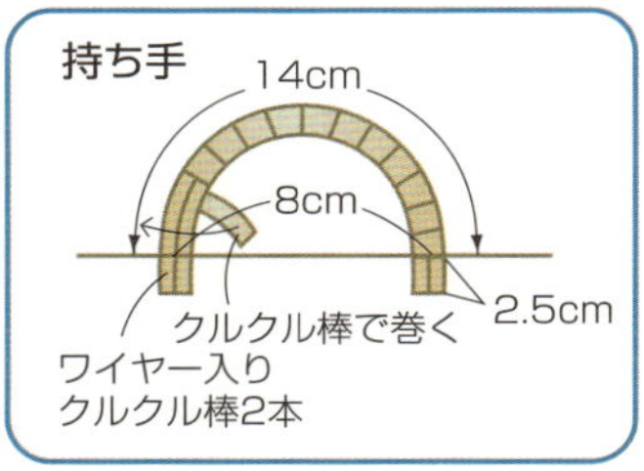

持ち手
14cm
8cm
2.5cm
クルクル棒で巻く
ワイヤー入り
クルクル棒2本

5 仕上げをします

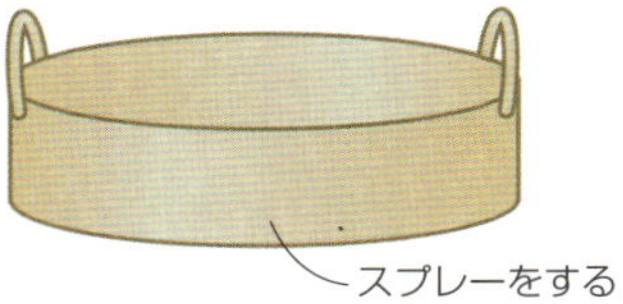

スプレーをする

ニュースペーパーラック

PAGE067

基本を大きくしたバスケット

材料 チラシ：15cm×55cm 115枚(クルクル棒 太 115本)
ワイヤー：#22　72本
ラッカー：青

用具 巻棒：太(直径6mm)
ボンド　のり

1 底を組みます

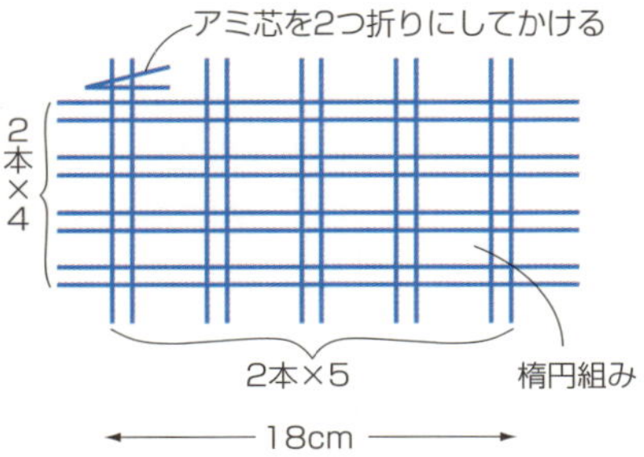

アミ芯を2つ折りにしてかける
2本×4
楕円組み
2本×5
18cm

2 底を編みます

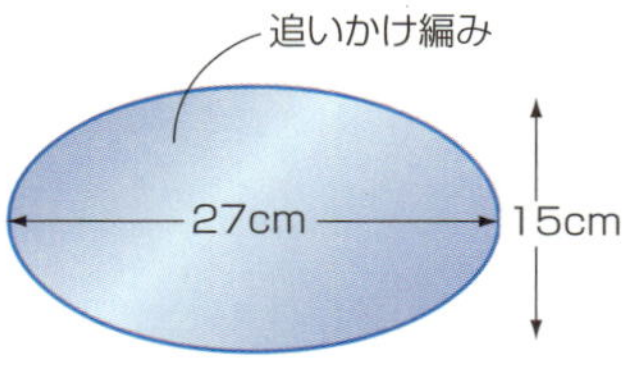

追いかけ編み
27cm
15cm

3 側面を編み、仕上げをします

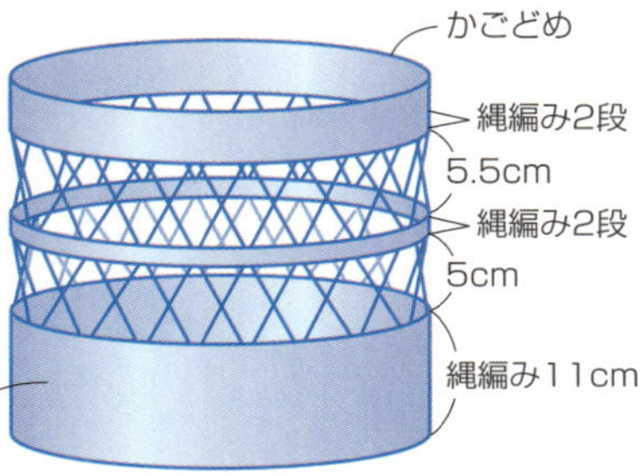

かごどめ
縄編み2段
5.5cm
縄編み2段
5cm
縄編み11cm
ラッカーを塗る

◇クロス柄の作り方は34ページ参照

フルーツバスケット

PAGE066

基本を大きくしたバスケット

材料
チラシ：10cm×55cm 110枚(クルクル棒 中 110本)
リボン用チラシ 適量
ワイヤー：#22 92本
ラッカー：マホガニー

用具
巻棒：中(直径4.4mm)
ボンド のり
セロハンテープ

1 底を組みます

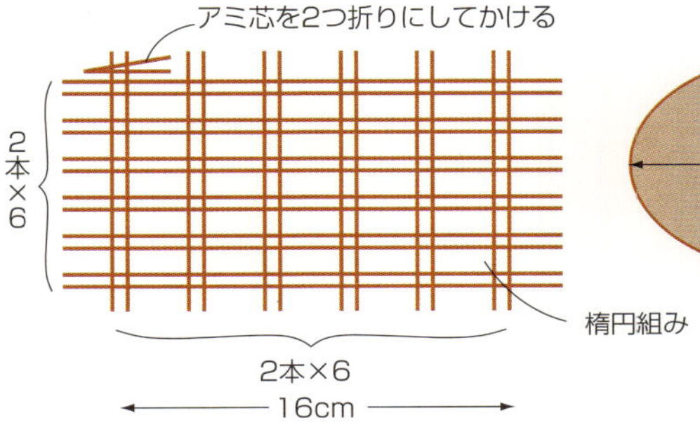

アミ芯を2つ折りにしてかける
2本×6
楕円組み
2本×6
16cm

2 底を編みます

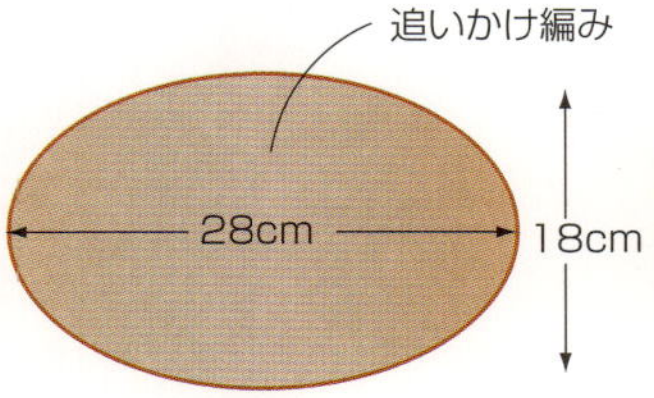

追いかけ編み
28cm
18cm

3 側面を編みます

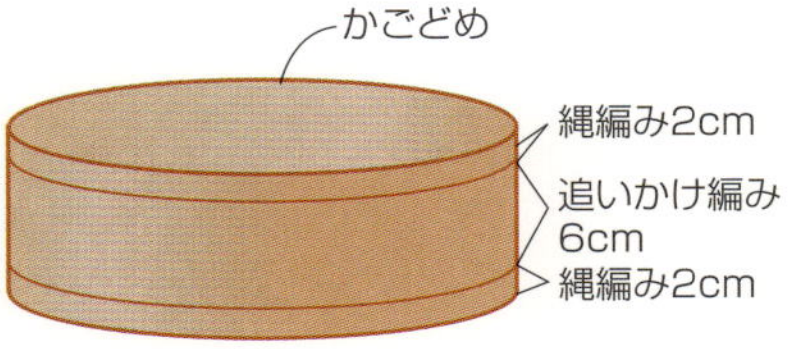

かごどめ
縄編み2cm
追いかけ編み
6cm
縄編み2cm

4 持ち手を付けます

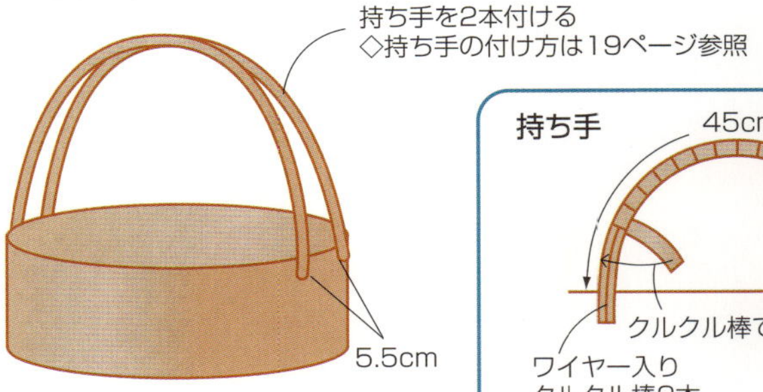

持ち手を2本付ける
◇持ち手の付け方は19ページ参照
5.5cm

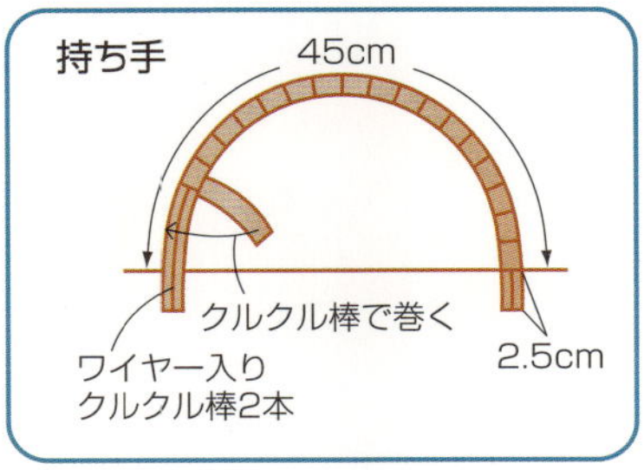

持ち手
45cm
クルクル棒で巻く
ワイヤー入り
クルクル棒2本
2.5cm

5 リボンを付け、仕上げをします

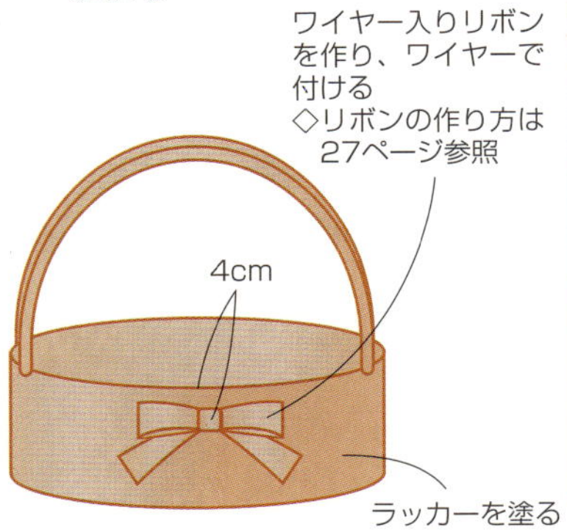

ワイヤー入りリボン
を作り、ワイヤーで
付ける
◇リボンの作り方は
27ページ参照
4cm
ラッカーを塗る

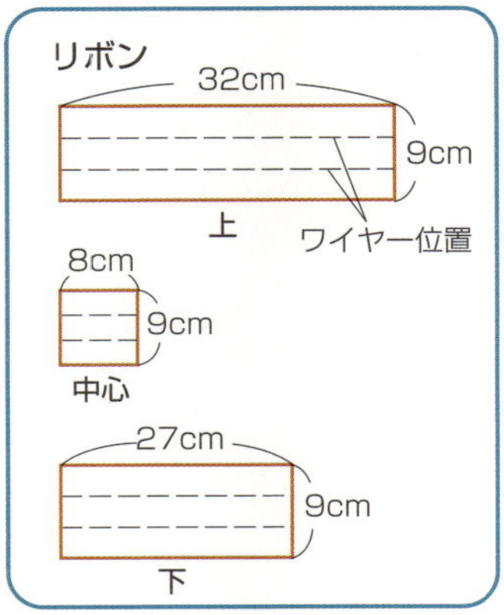

ワンポイントアドバイス

広告チラシの厚さ

広告チラシの厚さによってクルクル棒の固さが違ってきます。厚さでちょうどよいものがない時は、使い分けるとよいでしょう。

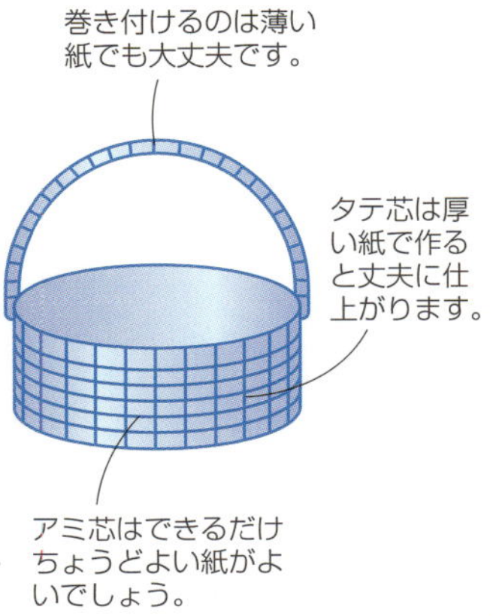

巻き付けるのは薄い
紙でも大丈夫です。
タテ芯は厚
い紙で作る
と丈夫に仕
上がります。
アミ芯はできるだけ
ちょうどよい紙がよ
いでしょう。

これができれば、完璧！

四角い底から作る

タテ芯を編みながら組んで
底を作り・・・

タテ芯を立ち上げて、アミ芯で
側面を編んで・・・

タテ芯で縁をかごどめして、
できあがり！

基本の小さなバスケット

基本を大きくしたバスケット

ふた付きバスケット

四角い底から作る

基本の小さなバスケット

組み上げるように編む
四角い底

きちっとできる
気持ちよさがある

1段編んでは
眺めて、満足・・・

小さいかごから
チャレンジ

流れが解ったら
大きいかごに
チャレンジ・・・

お花の小さなバスケット

せっかく作るなら
思いっきりデザイン！

作る楽しさ
その前に
考える楽しさ・・・

how to make P074-075

お花の小さなバスケット

PAGE073

基本の小さなバスケット

材料
チラシ：10cm×55cm 53枚(クルクル棒 中 53本)
花用チラシ　適量
ワイヤー：#22　47本
カラースプレー：白

用具
巻棒：中(直径4.4mm)
ボンド　のり　セロハンテープ

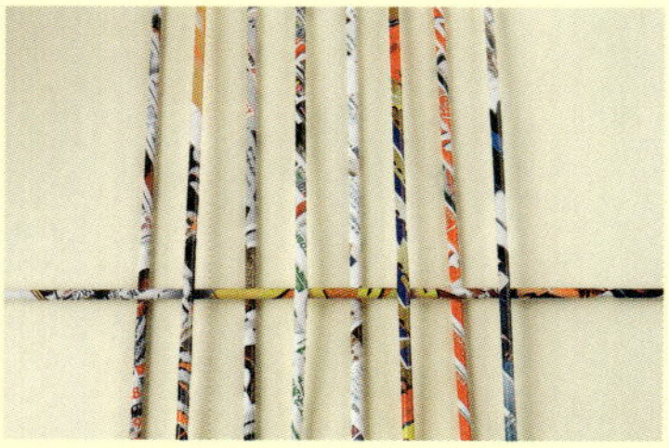

1 底を組みます
折り返し組みをします。ワイヤー入りクルクル棒横1本に、縦は18cm幅に8本を交互に入れ、タテ芯とします。

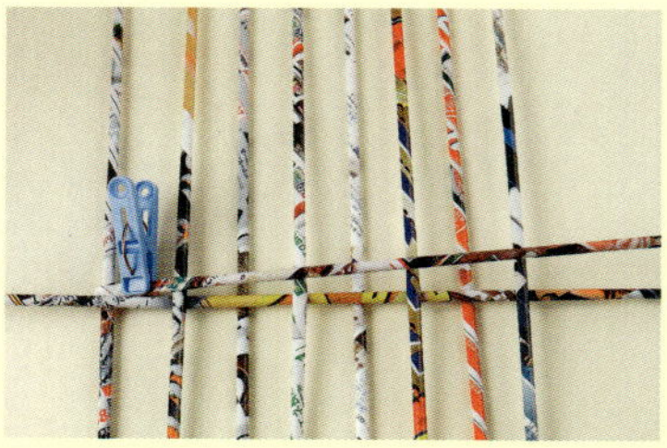

2 新たなクルクル棒をタテ芯にかけてボンドでとめ、アミ芯とします。

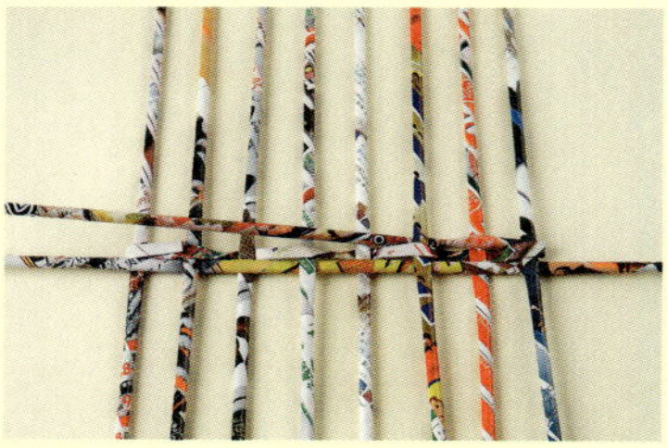

3 底を編みます
折り返しながらザル編みをします。

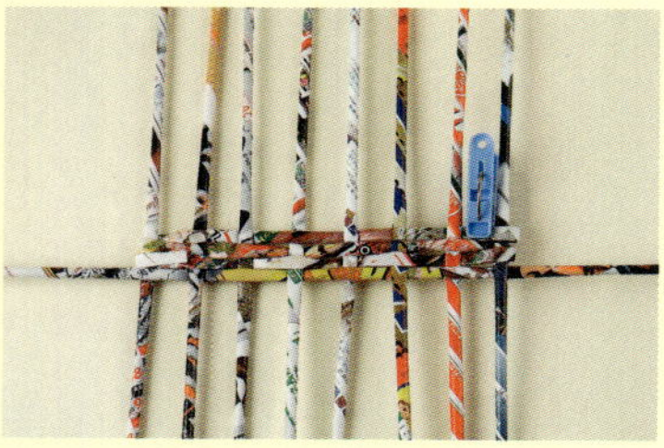

4 1往復半ザル編みをし、余分なアミ芯を切り、ボンドでとめます。

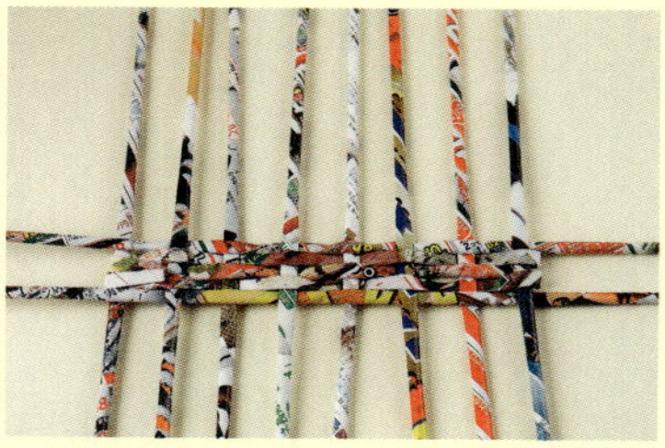

5 新たなワイヤー入りクルクル棒を1本入れます。これもタテ芯になります。

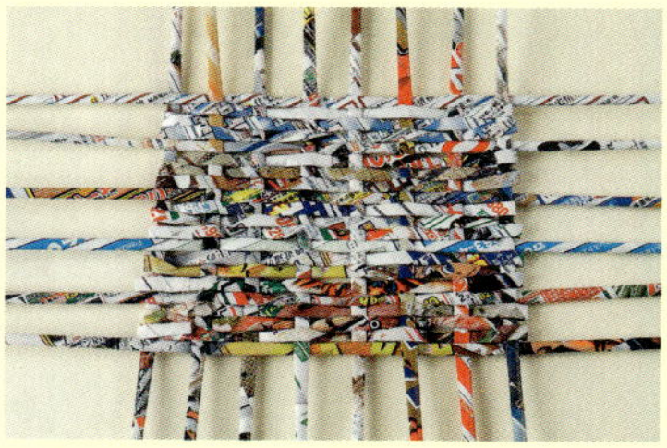

6 2〜5を繰り返し、14cm幅に計6本のタテ芯を編み込み、底を作ります。

7 側面を編みます
タテ芯を立ち上げ、新たなクルクル棒を2つ折りしてかけ、アミ芯とします。(角は2本組にします)

8 縄編みをします。

9 縄編み1周の後、追いかけ編みをします。

10 高さ7cmまで追いかけ編みでみ編み、余計なアミ芯を切り、内側にボンドでとめます。

11 タテ芯を高さ12.5cmで切ります。

12 **縁を始末します**
かごどめで始末します。すべてのタテ芯を隣に内、外、内とかけます。

13 **持ち手を付けます**
ワイヤー入りクルクル棒2本を脇の中央から2cm離して縁に通し、折り返します。

14 長さ42cmのアーチにして反対側にも通し、折り返してセロハンテープでとめます。

15 持ち手1本を、新たなクルクル棒で根元から巻きます。

16 残りの1本も巻きます。端から10cmのところから、持ち手を2本合わせてクルクル棒で巻きます。

17 最後の10cmは、1本だけ巻き、巻き終わりをボンドでとめます。

18 本体のできあがりです。

19 **花を作り、付けます**
花を3個作ります。
(花の型紙181ページ、作り方168ページ)

20 花を付けます。

21 できあがりです。

基本の小さなバスケット

ブルーの四角いバスケット

1つ作ると、もう1つ
作りたくなる・・・

色違いで作ったり
お友達にプレゼントしたり・・・

使い易い大きさのバスケット

how to make P078

how to make P079

ブックボックス

小説・・・
ファンタジー・・・

読みかけの本はここへ

夢がいっぱい詰まった
ブックボックス・・・

レターラック

お友達からの手紙
個展の案内状・・・

大切な手紙は
手作りのラックに・・・

how to make P078-079

ブルーの四角いバスケット

PAGE076

基本の小さなバスケット

材料 チラシ：10cm×55cm 86枚(クルクル棒 中 86本)
ワイヤー：#22　60本
ラッカー：青

用具 巻棒：中(直径4.4mm)
ボンド　のり
セロハンテープ

1 底を組みます

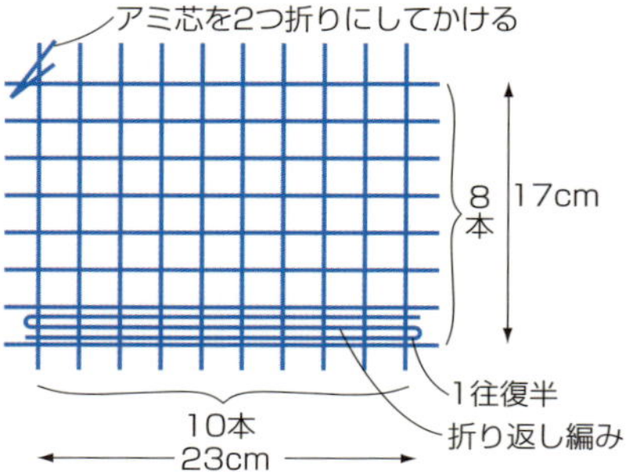

アミ芯を2つ折りにしてかける
8本
17cm
1往復半
折り返し編み
10本
23cm

2 側面を編みます

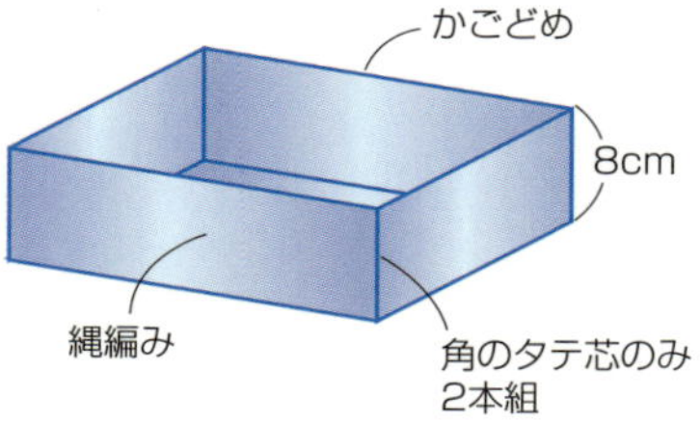

かごどめ
8cm
縄編み
角のタテ芯のみ
2本組

3 持ち手を付けます

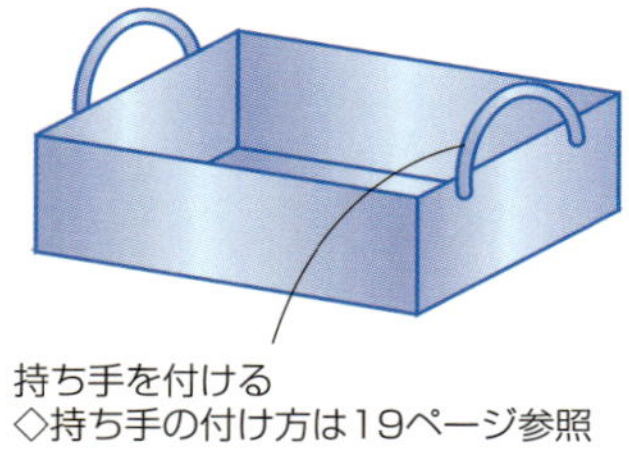

持ち手を付ける
◇持ち手の付け方は19ページ参照

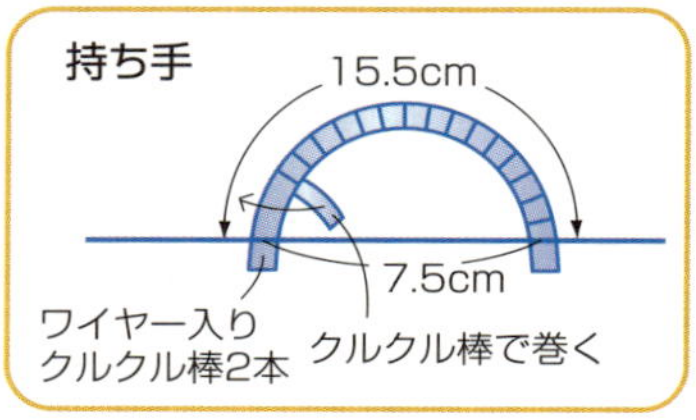

持ち手
15.5cm
7.5cm
ワイヤー入り
クルクル棒2本
クルクル棒で巻く

4 仕上げをします

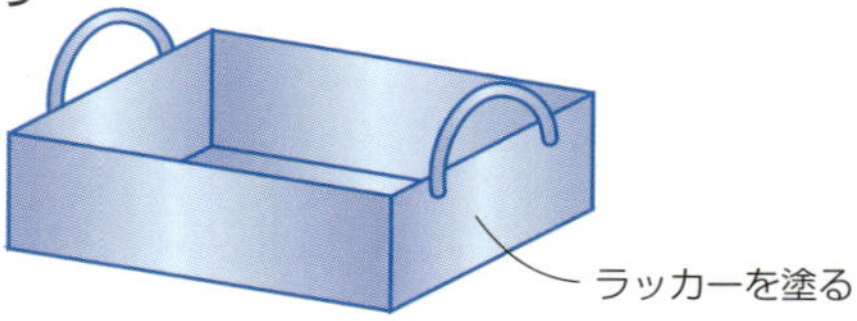

ラッカーを塗る

レターラック

PAGE077

基本の小さなバスケット

材料 チラシ：8cm×55cm 74枚(クルクル棒 細 74本)
リボン用チラシ　適量
ワイヤー：#22　35本
カラースプレー：ベージュ

用具 巻棒：細(直径3mm)
ボンド　のり
セロハンテープ

1 底を組みます

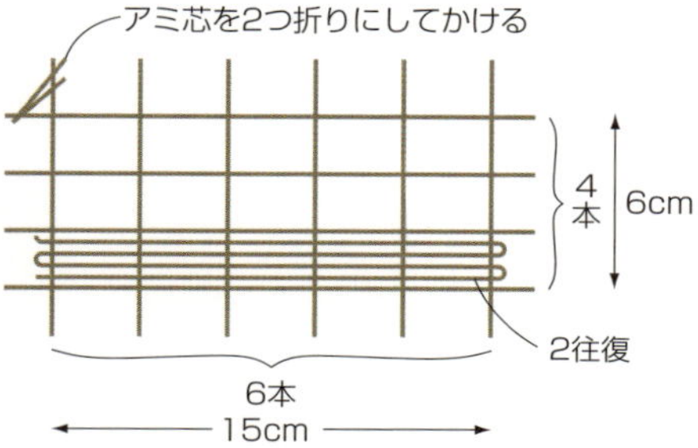

アミ芯を2つ折りにしてかける
4本
6cm
2往復
6本
15cm

2 側面を編みます

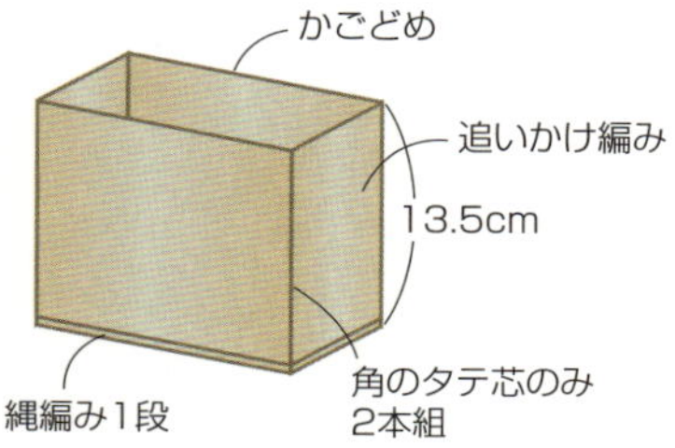

かごどめ
追いかけ編み
13.5cm
縄編み1段
角のタテ芯のみ
2本組

ブックボックス

PAGE077

基本の小さなバスケット

材料 チラシ：10cm×55cm 73枚(クルクル棒 中 73本)
ワイヤー：#22　40本
ラッカー：マホガニー

用具 巻棒：中(直径4.4mm)
ボンド　のり

1 底を組みます

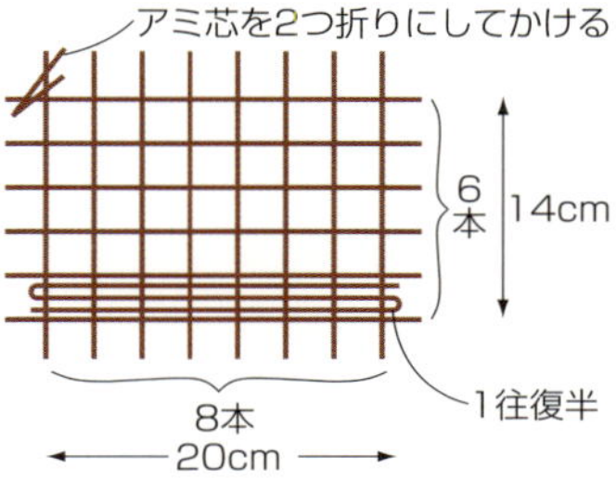

アミ芯を2つ折りにしてかける
6本
14cm
1往復半
8本
20cm

2 側面を編みます

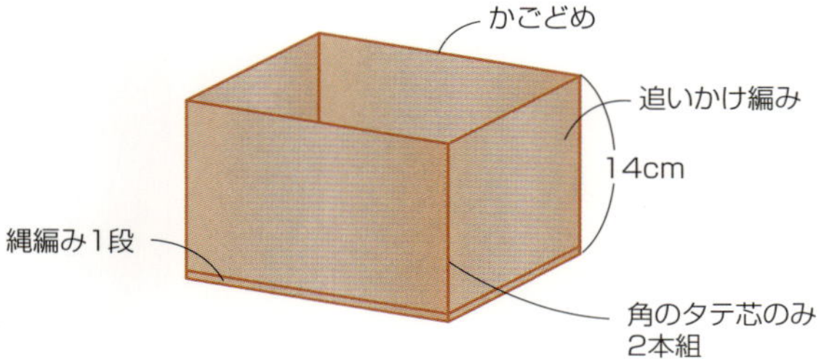

かごどめ
追いかけ編み
14cm
縄編み1段
角のタテ芯のみ
2本組

3 模様を付け、仕上げをします

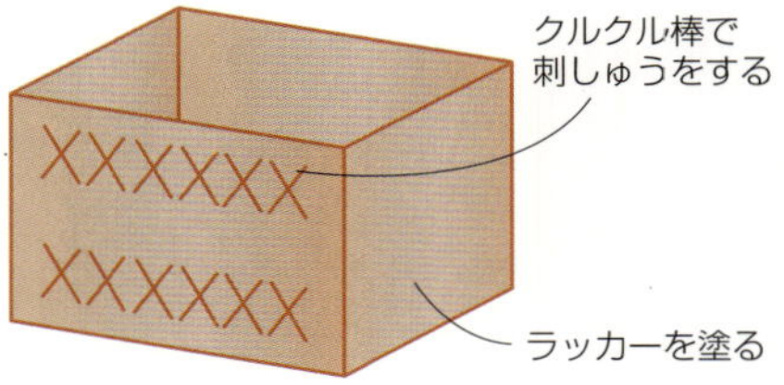

クルクル棒で
刺しゅうをする
ラッカーを塗る

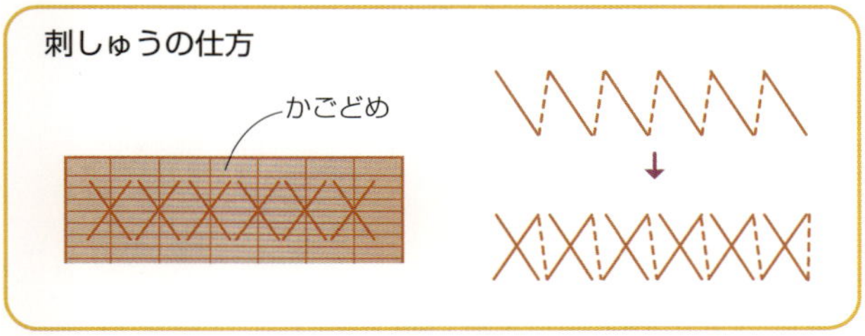

刺しゅうの仕方
かごどめ

3 持ち手を付けます

持ち手を付ける
◇持ち手の付け方は
19ページ参照

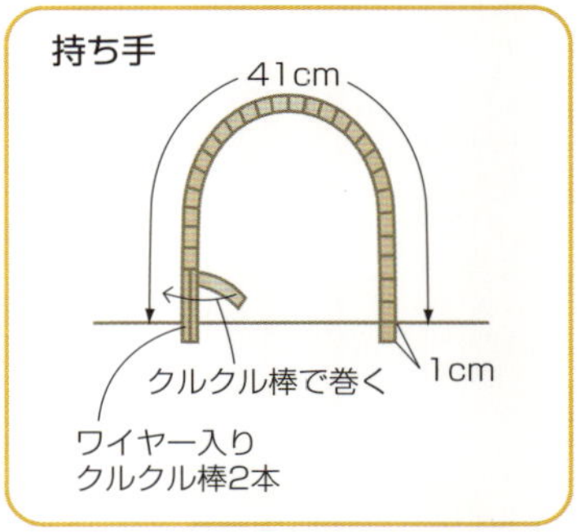

持ち手
41cm
クルクル棒で巻く
1cm
ワイヤー入り
クルクル棒2本

4 リボンを付け、仕上げをします

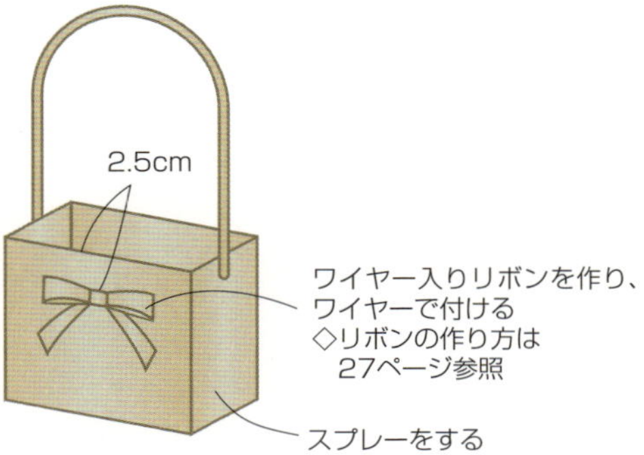

2.5cm
ワイヤー入りリボンを作り、
ワイヤーで付ける
◇リボンの作り方は
27ページ参照
スプレーをする

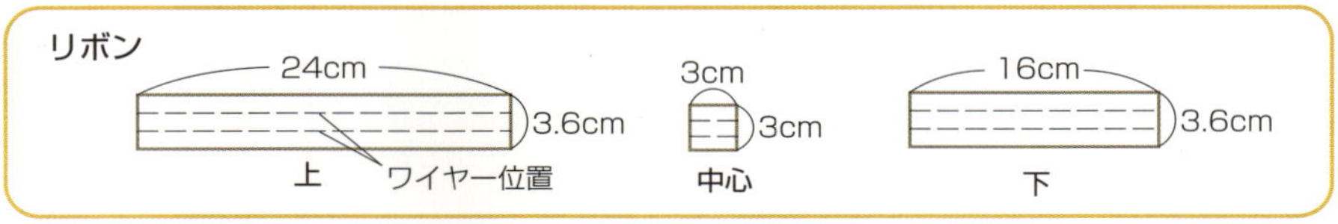

野菜ストッカーのバスケット

キッチンに
大きなバスケット

お料理も楽しくなる
手作りのオーラ・・・

how to make P082-083

四角い底から作る

基本を大きくしたバスケット

作りながら
なんとなく・・・の
大きさ

作ってから
何を入れようって・・・
考えるのもおもしろい

チラシのバスケットの
ルールは
楽しんで作ること！

大きいバスケットは
楽しみも大きい・・・

野菜ストッカーのバスケット

PAGE080

基本を大きくしたバスケット

材料 チラシ：10cm×55cm130枚(クルクル棒 中130本)
15cm×55cm 80枚(クルクル棒 太80本)
ワイヤー：#22　136本
ラッカー：マホガニー

用具 巻棒：中(直径4.4mm)　太(直径6mm)
ボンド　のり　セロハンテープ

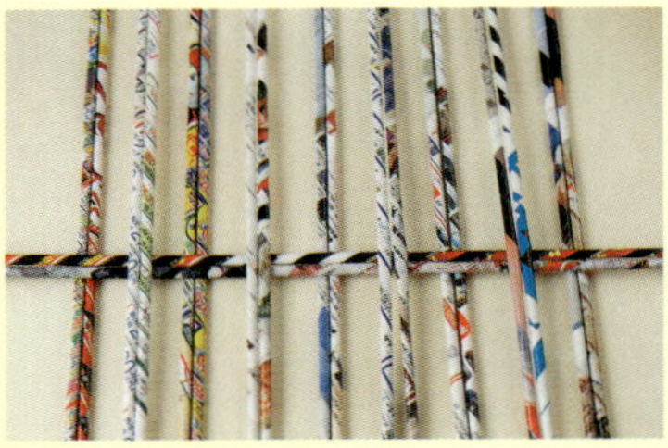

1 **底を組みます**
折り返し組みをします。ワイヤー入りクルクル棒(中)を横に2本1組に、縦は30cm幅に9組を交互に入れ、タテ芯とします。

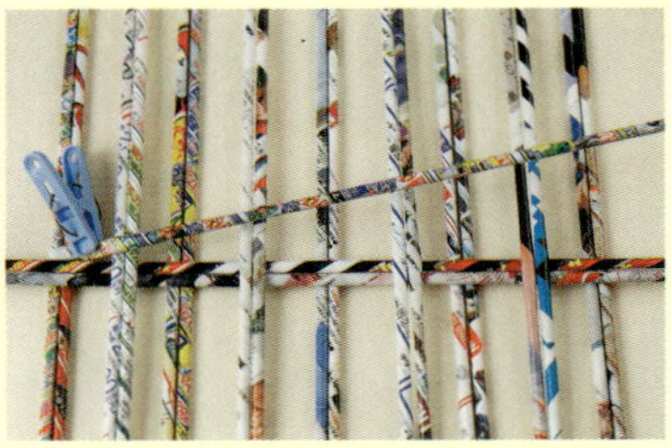

2 新たなクルクル棒(中)を2つ折りにし、タテ芯にかけてボンドでとめ、アミ芯とします。

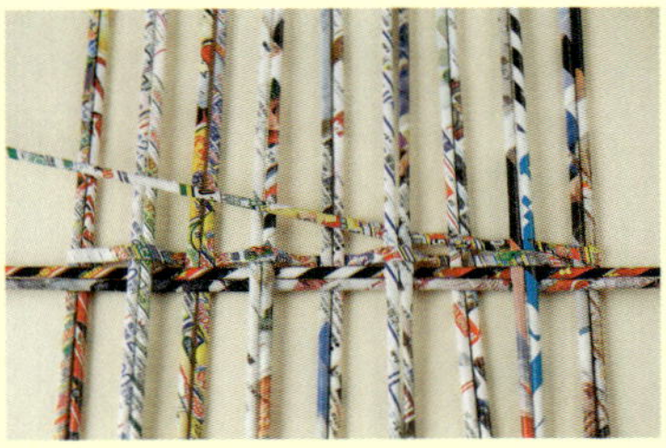

3 **底を編みます**
ザル編みをします。

4 ザル編みを2往復し、余分なアミ芯を切り、ボンドでとめます。

5 新たなワイヤー入りクルクル棒(中)を2本1組を入れます。これもタテ芯になります。

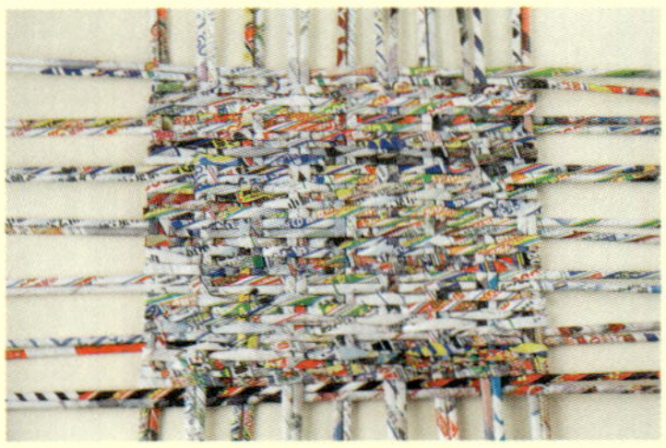

6 2〜5を繰り返し、23cm幅に計7組のタテ芯を編み込み、底を作ります。

7 **側面を編みます**
タテ芯を立ち上げます。

8 新たなクルクル棒(太)を2つ折りにしてかけ、アミ芯とし、縄編みします。(角は2本組にします)

9 高さ5cmまで縄編みで編みます。

10 高さ17cmまで追いかけ編みで編みます。

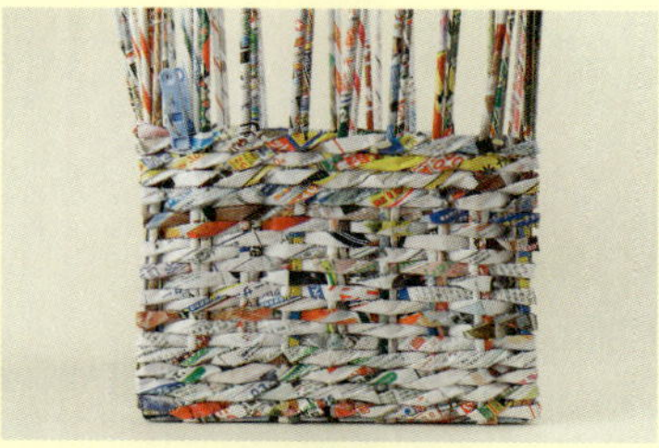

11 高さ22cmまで縄編みで編み、余分なアミ芯を切り、内側にボンドでとめます。

12 タテ芯を高さ15cmで切ります。

13 **縁を始末します**
角の4本のタテ芯のうち、両端の2本のタテ芯を切ります

14 縁をかごどめで始末します。タテ芯の2本組を隣のタテ芯の2本組に内、外、内とかけます。

15 最後のタテ芯2本組は、最初のタテ芯2本組と2番目のタテ芯2本組の編み目に通します。

16 **持ち手を付けます**
ワイヤー入りクルクル棒2本を脇の中央に10cmの間隔をあけて縁に通します。

17 長さ15cmのアーチにして、折り返してセロハンテープでとめます。

18 新たなクルクル棒で根元から巻き、巻き終わりをボンドでとめます。

19 **模様を付けます**
写真のように、クルクル棒(中)を下から9段目から出し、タテ芯2本1組をはさんで、5段下に斜めに刺します。

20 繰り返して6個斜めに刺したら、反対側からクロスに刺します。

21 できあがりです。

基本を大きくしたバスケット

how to make P086

白い持ち手付きバスケット

四角いバスケットだから
持ち手も四角くしてみる・・・

新しいデザインのきっかけは
簡単なこと・・・

how to make P087

四角い持ち手付きパンかご

焼きたてのパンを
飾るように入れたくて・・・
大きめのバスケット

持ち手も2本で
おしゃれに・・・

白い持ち手付きバスケット

PAGE084

基本を大きくしたバスケット

材料 チラシ：15cm×55cm 126枚(クルクル棒 太 126本)
ワイヤー：#22　80本　#28　4本
カラースプレー：白

用具 巻棒：太(直径6mm)
ボンド　のり
セロハンテープ

1 底を組みます

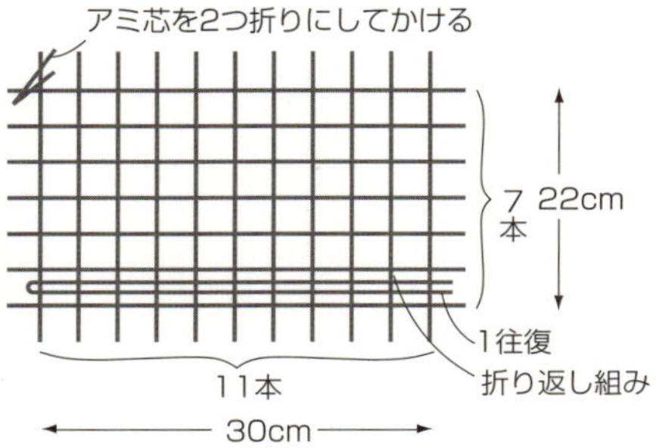
アミ芯を2つ折りにしてかける
7本
22cm
1往復
折り返し組み
11本
30cm

2 側面を編みます

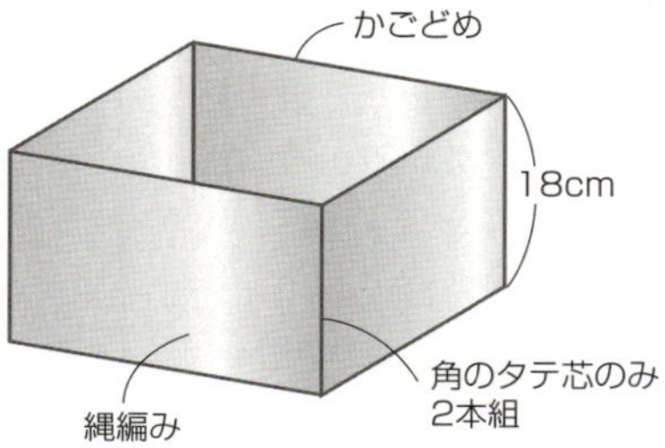
かごどめ
18cm
角のタテ芯のみ
2本組
縄編み

3 持ち手を付けます

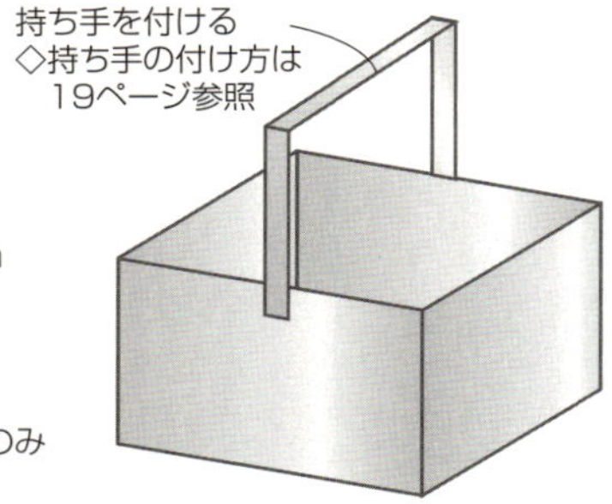
持ち手を付ける
◇持ち手の付け方は
19ページ参照

4 花を付け、仕上げをします

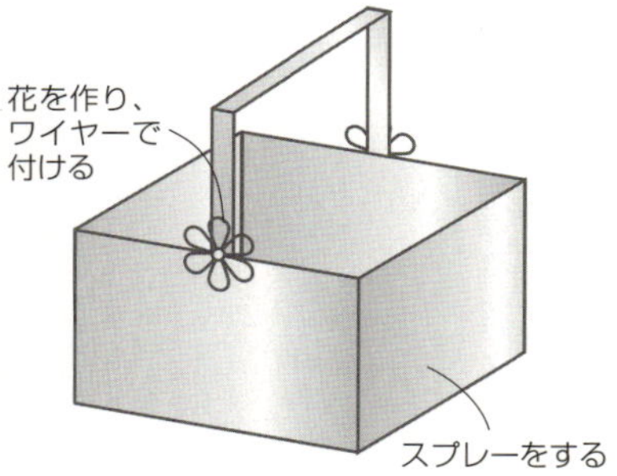
花を作り、
ワイヤーで
付ける
スプレーをする

花の作り方

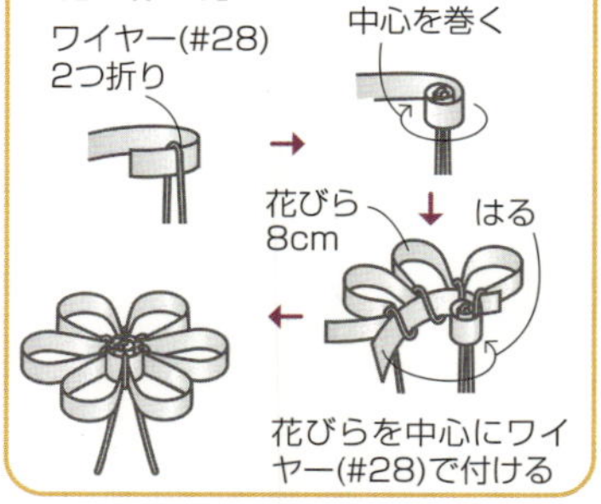
ワイヤー(#28)
2つ折り
中心を巻く
花びら
8cm
はる
花びらを中心にワイヤー(#28)で付ける

持ち手

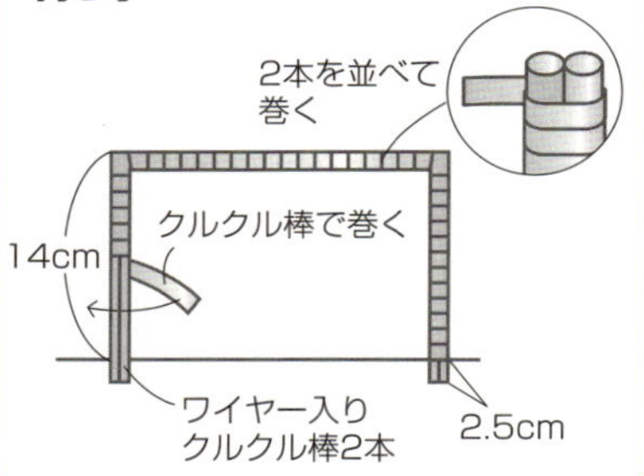
2本を並べて
巻く
クルクル棒で巻く
14cm
ワイヤー入り
クルクル棒2本
2.5cm

・ワンポイント アドバイス・
作りたい高さに仕上げる

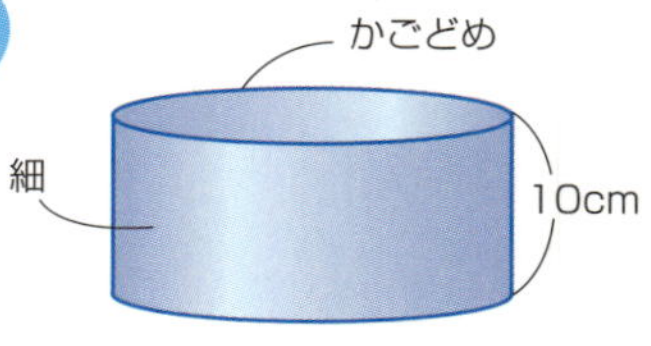
かごどめ
細
10cm

10cmに仕上げたい時は
かごどめ分を引いた高さ
で編みとめます。
この場合は9cmです。

かごどめの高さ

細　1本………1cm
　　2本組……2cm

中　1本………1.2cm
　　2本組……2.5cm

太　1本………2cm
　　2本組……3cm

四角い持ち手付きパンかご

PAGE085

基本を大きくしたバスケット

材料
チラシ：8cm×55cm 8枚(クルクル棒 細 8本)
15cm×55cm 106枚(クルクル棒 太 106本)
ワイヤー：#22　128本
ラッカー：マホガニー

用具
巻棒：細(直径3mm)
太(直径6mm)
ボンド　のり
セロハンテープ

1 底を組みます

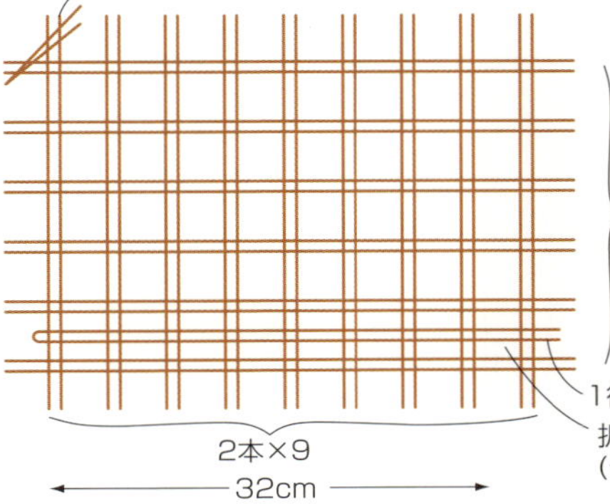

アミ芯を2つ折りにしてかける(クルクル棒 太)
2本×6
24cm
1往復
折り返し組み
(クルクル棒 太)
2本×9
32cm

2 側面を編みます

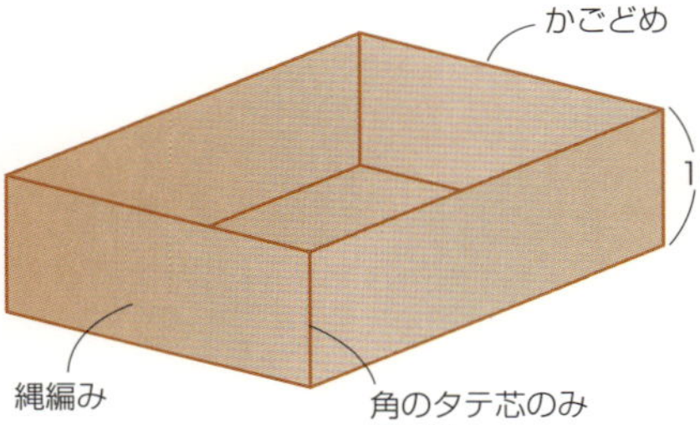

かごどめ
10cm
縄編み
角のタテ芯のみ
2本組

3 模様を付けます

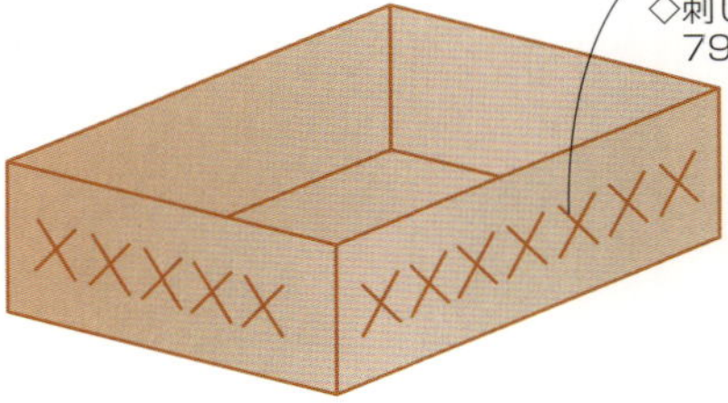

クルクル棒(細)で
刺しゅうをする
◇刺しゅうの仕方は
79ページ参照

刺しゅうの位置

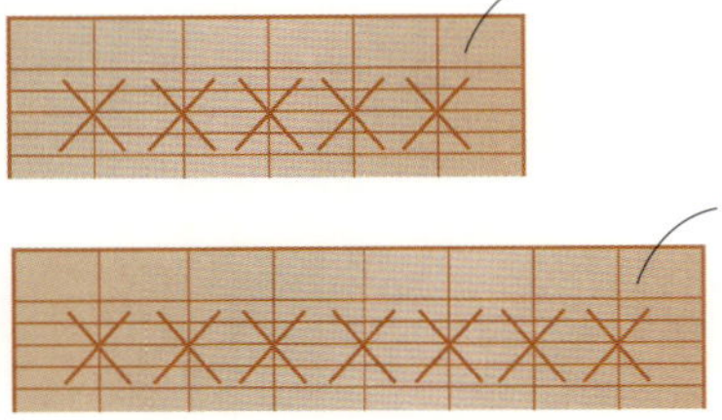

かごどめ
かごどめ

4 持ち手を付け、仕上げをします

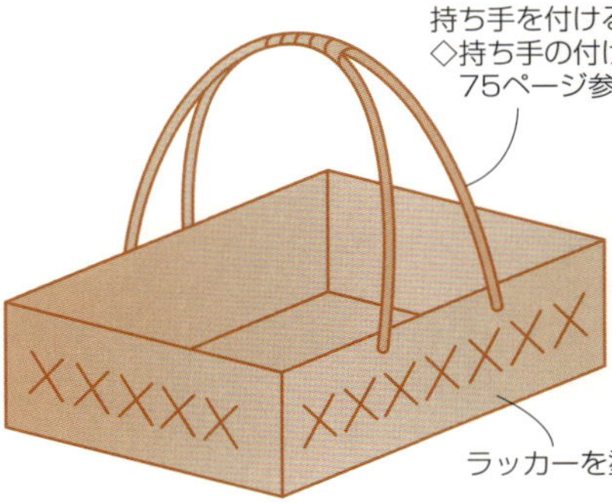

持ち手を付ける
◇持ち手の付け方は
75ページ参照
ラッカーを塗る

持ち手

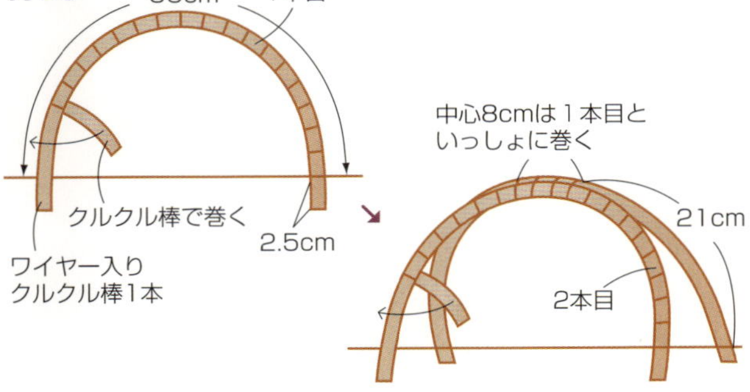

50cm
1本目
クルクル棒で巻く
2.5cm
ワイヤー入り
クルクル棒1本
中心8cmは1本目と
いっしょに巻く
21cm
2本目

四角い底から作る

・・・

ふた付きバスケット

バスケットが
作れるようになったら

できるところまでで
新しいことにチャレンジ！

大きさを変えたり
広げたり、縮めたり

そして
もっと考える・・・

一回り大きく作れば、ふたになる！

思いついたときがうれしい・・・

how to make P090-091

ピンクのふた付きバスケット

ボックスができたら
ふたを付けたくなって・・・

ふたが付いたら
お花を付けたくなって・・・

作りながら考えるのも楽しい・・・

ピンクのふた付きバスケット

PAGE089

ふた付きバスケット

材料 チラシ：10cm×55cm 50枚(クルクル棒 中 50本)
10cm×8cm 2枚(クルクル棒 細 2本)
ワイヤー：#22　35本　#28　2本
カラースプレー：ピンク

用具 巻棒：中(直径4.4mm)　細(直径3mm)
ボンド　のり

1 底を組みます
折り返し組みをします。ワイヤー入りクルクル棒(中)横1本に、縦は18cm幅に7本を交互に入れ、タテ芯とします。

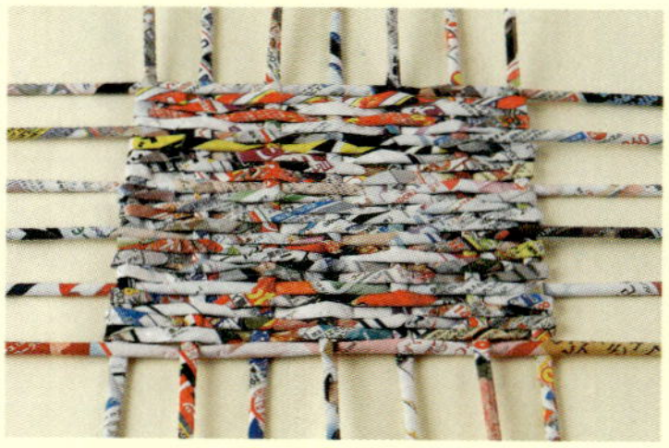

2 底を編みます
ザル編み2往復をはさみながら、14.5cm幅に6本のタテ芯を編み込み、底を作ります。

3 側面を編みます
タテ芯を立ち上げ、新たなクルクル棒(中)を2つ折りにしてかけ、アミ芯とし、縄編みをします。(角は2本組にします)

4 縄編みで1周したら、追いかけ編みで編みます。

5 高さ7.5cmまで編み、余分なアミ芯を切り、内側にボンドでとめます。タテ芯を高さ11.5cmで切ります。

6 縁を始末します
かごどめで始末します。全てのタテ芯を隣に内、外、内とかけます。本体のできあがりです。

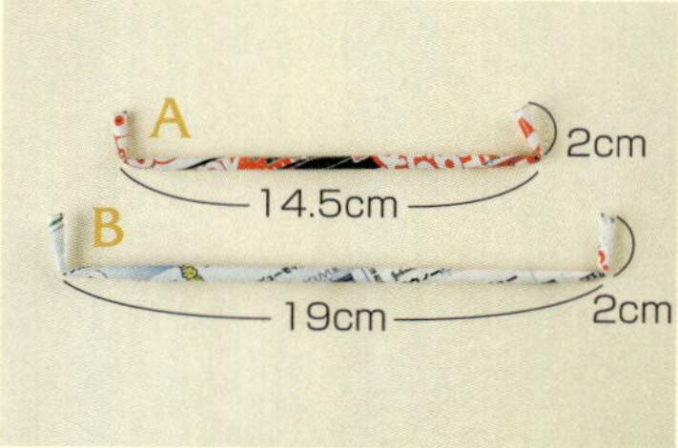

7 ふたを作ります
ワイヤー入りクルクル棒(中)8本を18.5cm、2本を23cmに切り、両端を2cm折ります。

8 7のBのワイヤー入りクルクル棒1本にAのワイヤー入りクルクル棒6本をかけ折り返して、ボンドでとめます。

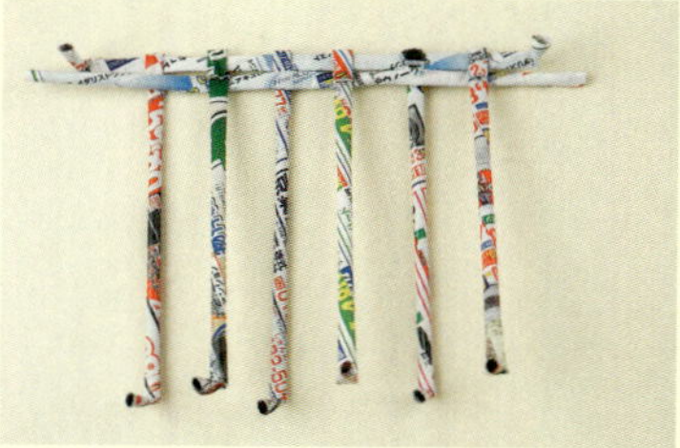

9 新たなクルクル棒(中)を交互に通します。

10 幅18.5cmまで繰り返します。

11 7のBのワイヤー入りクルクル棒1本を下の端にのせます。

12 下の端を折り返し、編み目に通してボンドで貼ります。

13 横を始末します。上下のワイヤー入りクルクル棒の折り目に合わせて、線を引きます。

14 線に沿って切ります。

15 切った両端を、7のAのワイヤー入りクルクル棒2本ではさみ、ボンドでとめます。

16 15のクルクル棒のうち、内側になる1本の端を折り目の位置で切ります。

17 16の残りの2本のクルクル棒の端を折り返して、ボンドでとめます。

18 反対側の端も同様に始末します。

19 **ふたを付けます**
8cmに切ったワイヤー入りクルクル棒(中)をふたと本体の端に通し、輪にして4カ所ボンドでとめます。

20 **花を作り、付けます**
クルクル棒(細)で、花と花中心のうずまきを作り、重ねます。(花の作り方23ページ、うずまきの作り方57ページ)

21 花を付けて、できあがりです。

四角い底から作る

ふた付きバスケット

ふた付きカトラリーケース

なくてもいいもの
だからこそ、あれば違う
いつもの食事が変わる・・・

手作りのカトラリーケース

how to make P094-095

how to make P095

ブルーのボックス

かわいいブルーのボックス

ベビー用品を入れたり
化粧品を入れたり・・・

色でもイメージが変わるから
おもしろい・・・

how to make P094

レターケース

お気に入りのカードを
お友達に……

作ったのはボックスだけど

そこから
何かが生まれる・・・

レターケース
ふた付きバスケット

PAGE093

材料
チラシ：8cm×55cm 106枚(クルクル棒 細 106本)
ワイヤー：#22　65本
ラッカー：オレンジ(赤×黄)

用具
巻棒：細(直径3mm)
ボンド　のり

1 本体の底を組みます

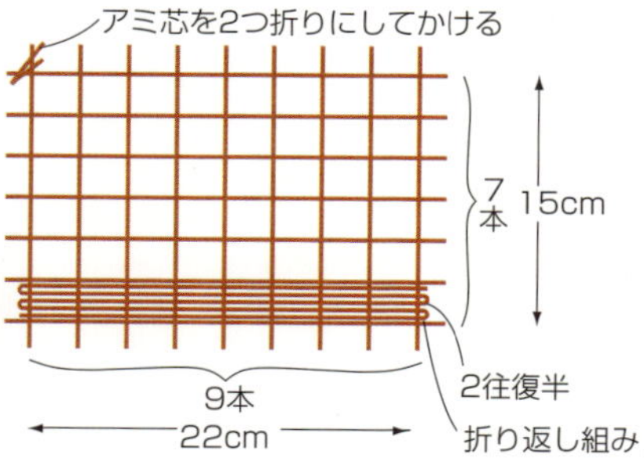

アミ芯を2つ折りにしてかける
7本
15cm
9本
22cm
2往復半
折り返し組み

2 本体の側面を編みます

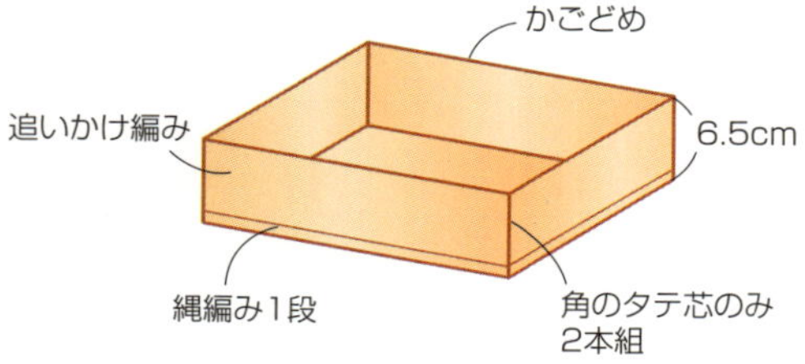

かごどめ
追いかけ編み
6.5cm
縄編み1段
角のタテ芯のみ
2本組

3 ふたの底を組みます

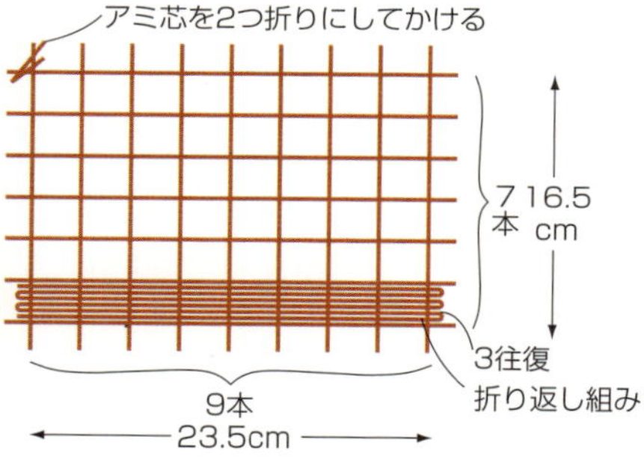

アミ芯を2つ折りにしてかける
7本
16.5
cm
9本
23.5cm
3往復
折り返し組み

4 ふたの側面を編みます

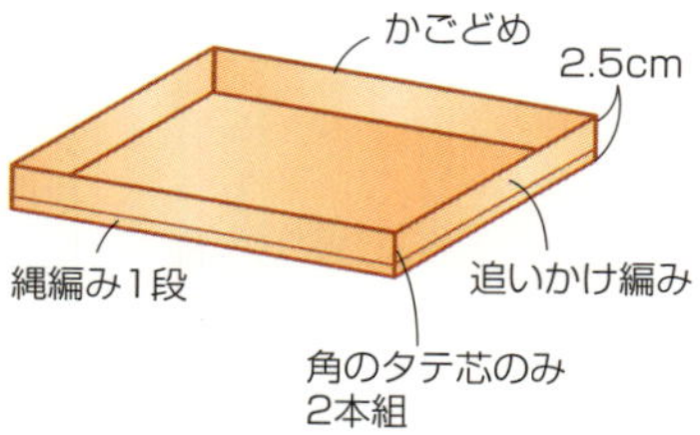

かごどめ
2.5cm
縄編み1段
追いかけ編み
角のタテ芯のみ
2本組

5 リボンを付け、仕上げをします

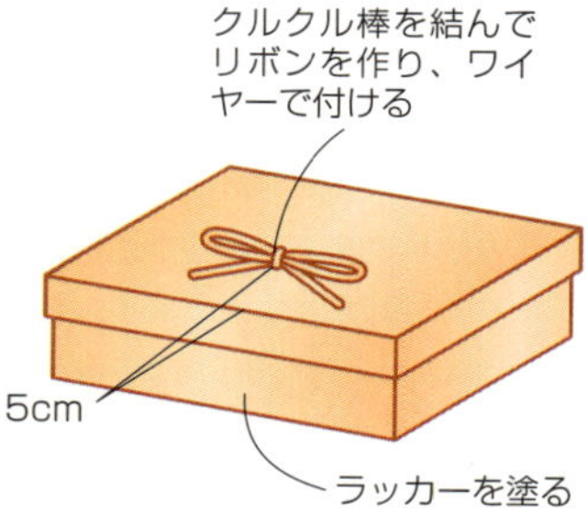

クルクル棒を結んで
リボンを作り、ワイ
ヤーで付ける
5cm
ラッカーを塗る

ふた付きカトラリーケース
ふた付きバスケット

PAGE092

材料
チラシ：8cm×55cm 65枚(クルクル棒 細 65本)
リボン用チラシ 適量
ワイヤー：#22　39本
カラースプレー：モスグリーン

用具
巻棒：細(直径3mm)
ボンド　のり
セロハンテープ

1 底を組みます

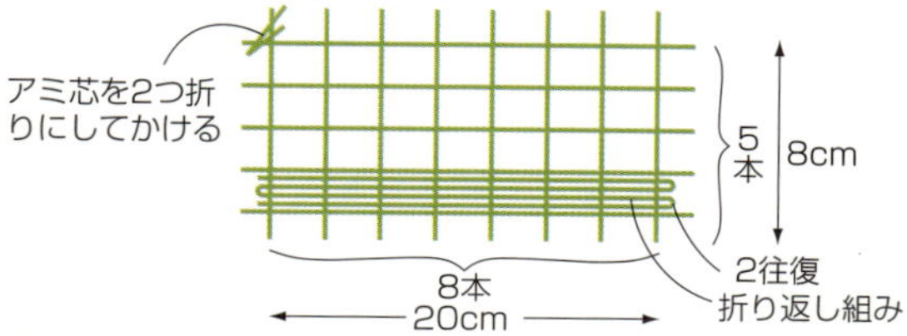

アミ芯を2つ折りにしてかける
5本
8cm
8本
20cm
2往復
折り返し組み

2 本体の側面を編みます

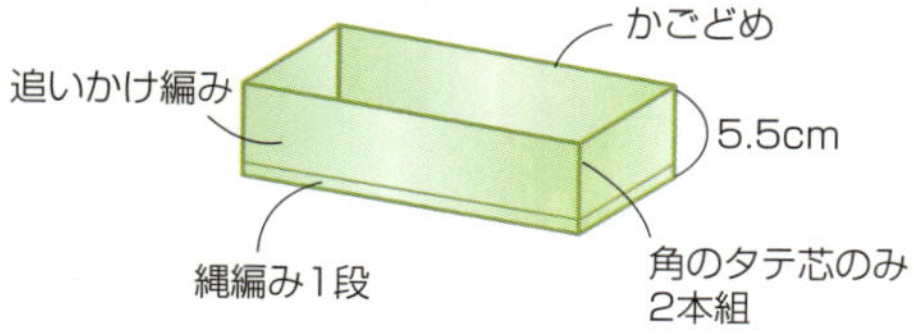

かごどめ
追いかけ編み
5.5cm
縄編み1段
角のタテ芯のみ
2本組

ブルーのボックス

ふた付きバスケット

PAGE093

材料 チラシ：10cm×55cm 97枚(クルクル棒 中 97本)
ワイヤー：#22　68本　#28　1本
カラースプレー：ブルー

用具 巻棒：中(直径4.4mm)
ボンド　のり

1 本体の底を組みます

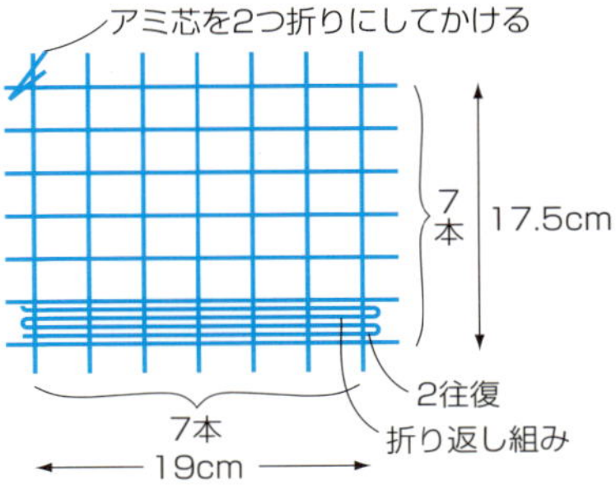

アミ芯を2つ折りにしてかける
7本
17.5cm
2往復
7本
折り返し組み
19cm

2 本体の側面を編みます

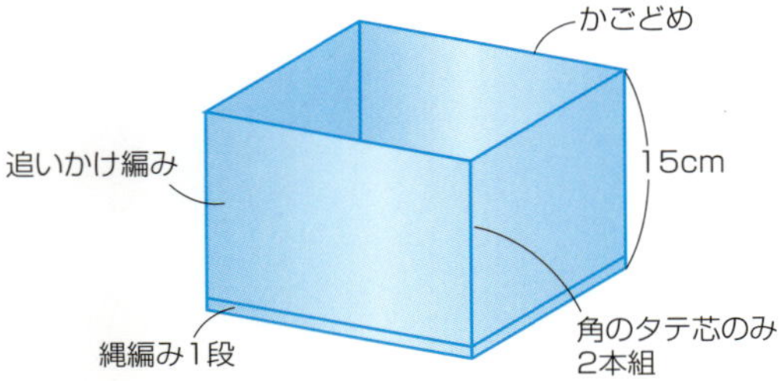

かごどめ
追いかけ編み
15cm
縄編み1段
角のタテ芯のみ
2本組

3 ふたを編みます

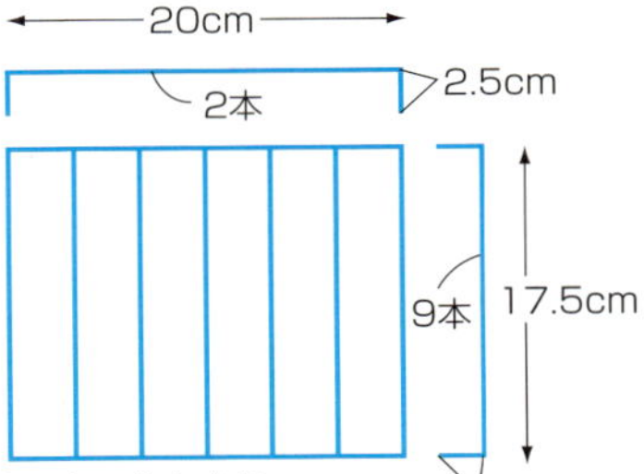

20cm
2本
2.5cm
9本
17.5cm
2.5cm

◇ふたの作り方は
90·91ページ参照

4 ふたを付けます

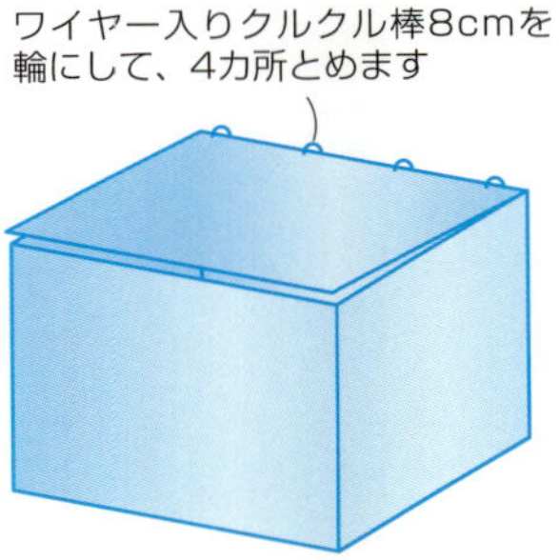

ワイヤー入りクルクル棒8cmを
輪にして、4カ所とめます

5 花を付け、仕上げをします

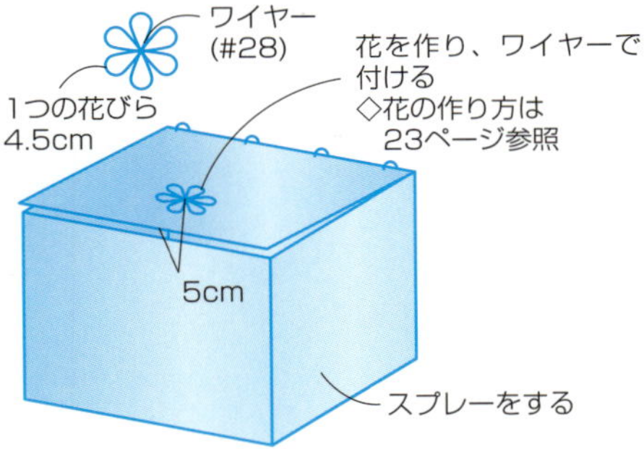

ワイヤー
(#28)
1つの花びら
4.5cm
花を作り、ワイヤーで
付ける
◇花の作り方は
23ページ参照
5cm
スプレーをする

3 ふたを作り、付けます

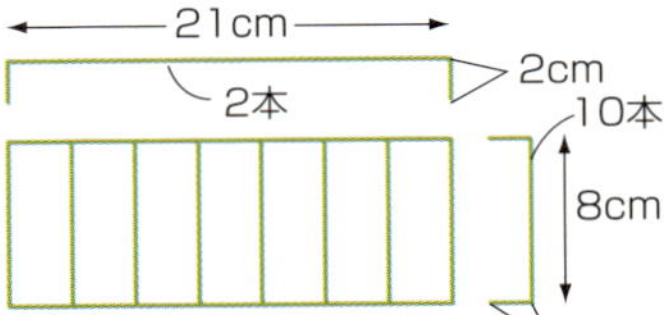

21cm
2本
2cm
10本
8cm
2cm

◇ふたの作り方は
90·91ページ参照

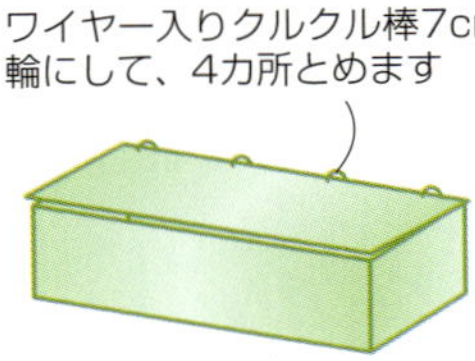

ワイヤー入りクルクル棒7cmを
輪にして、4カ所とめます

4 持ち手を作ります

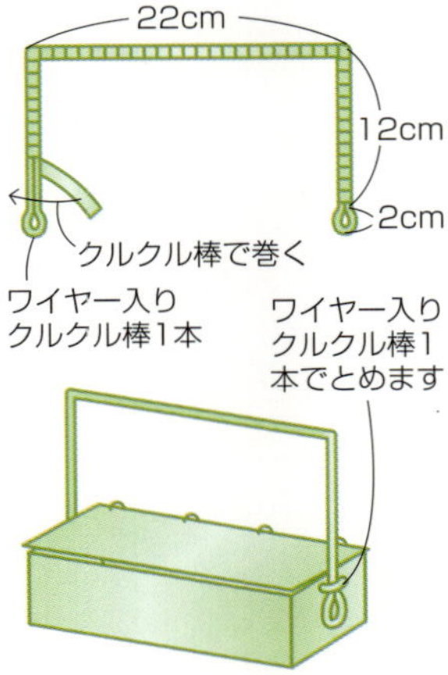

22cm
12cm
2cm
クルクル棒で巻く
ワイヤー入り
クルクル棒1本
ワイヤー入り
クルクル棒1
本でとめます

5 リボンを付け、仕上げをします

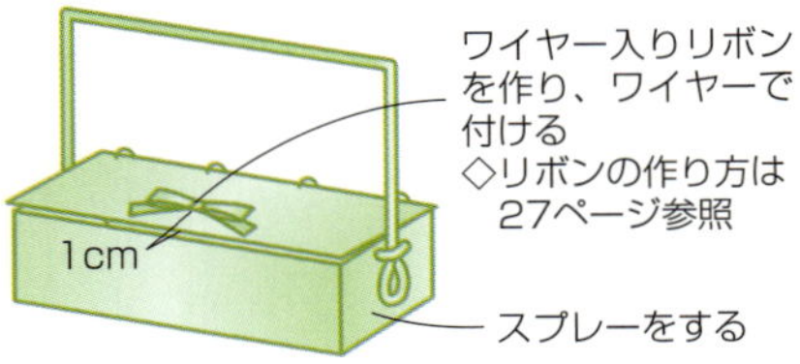

ワイヤー入りリボン
を作り、ワイヤーで
付ける
◇リボンの作り方は
27ページ参照
1cm
スプレーをする

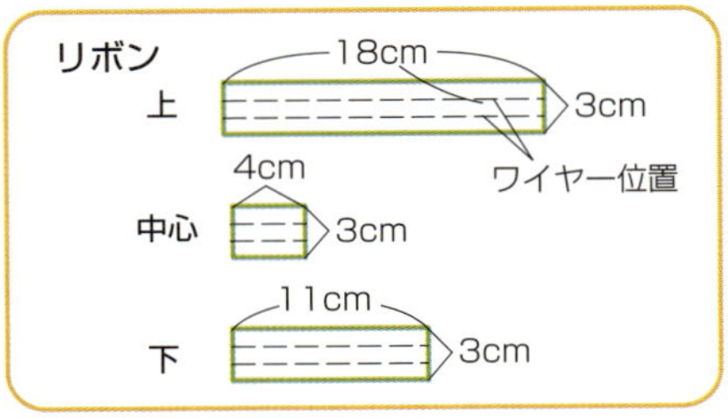

リボン
上
18cm
3cm
ワイヤー位置
中心
4cm
3cm
下
11cm
3cm

オリジナルにもチャレンジ！

いろいろな形に作る

途中までは普通のバスケット・・・

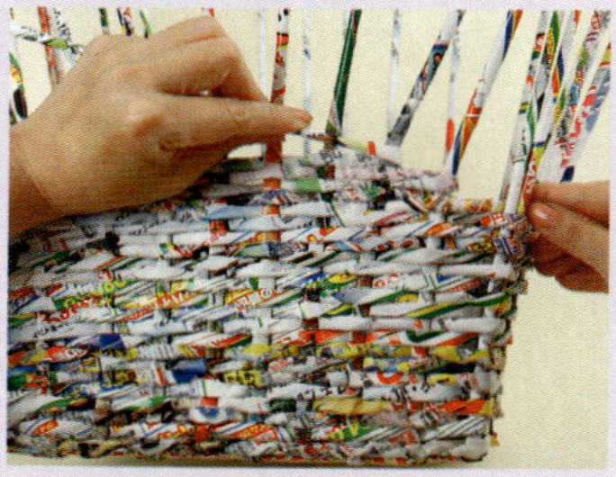

アミ芯を途中で折り返して・・・

縁をかごどめして、できあがり！

折り返し編みのバスケット

つぶれた形のバスケット

逆さに作るティッシュケース

いろいろな形に作る

つぶれた形のバスケット

丸いバスケットを
つぶしてみた
思いがけなくいい形に・・・

つぶすことを前提に
作ってみた
思った通りのいい形に・・・

はじめは偶然
次は確実

だから・・・
試行錯誤がおもしろい

リボンのフルーツかご

オレンジを入れたいから
オレンジに塗って

たくさん入れたいから
大きく広げて・・・

デザインには理由がいっぱい

how to make P100-101

リボンのフルーツかご

PAGE099

つぶれた形のバスケット

材料
チラシ：8cm×55cm 105枚(クルクル棒 細 105本)
リボン用チラシ　適量
ワイヤー：#22　56本
ラッカー：オレンジ(赤×黄)

用具
巻棒：細(直径3mm)
ボンド　のり　セロハンテープ

1 底を組みます
ワイヤー入りクルクル棒を縦5本、横5本の井桁組みにし、タテ芯とします。

2 根じめをします
タテ芯のうち1本を折ってアミ芯とし、タテ芯の上下にくぐらせていきます。

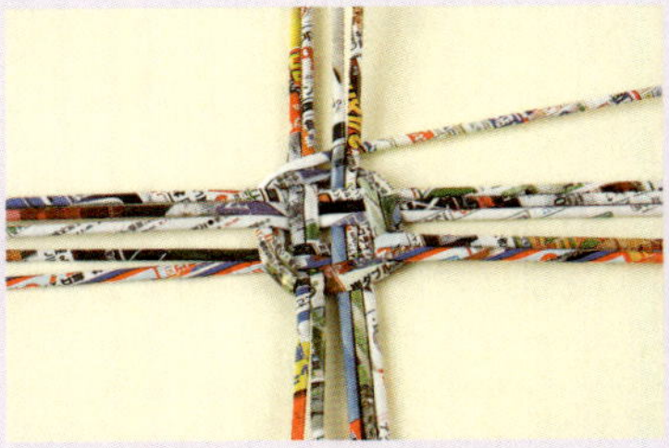

3 2周して、タテ芯の根元を固定し、根じめをします。

4 底を編みます
タテ芯を1本ずつ放射状に広げながら、ザル編みをします。

5 直径9cmまでザル編みで編み進めます。

6 側面を編みます
底を裏返して、タテ芯を立ち上げます。

7 アミ芯を2本にして、縄編みで編み進めます。

8 縄編みで5cm、編みます。

9 アミ芯2本のうち1本を切り、ボンドでとめます。残りの1本はザル編みで編み進めます。

10 高さ10cmまでザル編みで、編みます。

11 **タテ芯を増し芯します**
サイド5本だけ、増し芯をします。
(増し芯の仕方190ページ)

12 同様にして、反対側のサイドも5本増し芯します。

13 新たなクルクル棒を1本足し、アミ芯を2本にして縄編みをします。

14 高さ15cmまで縄編みで編み、余分なアミ芯を切り、内側にボンドでとめます。

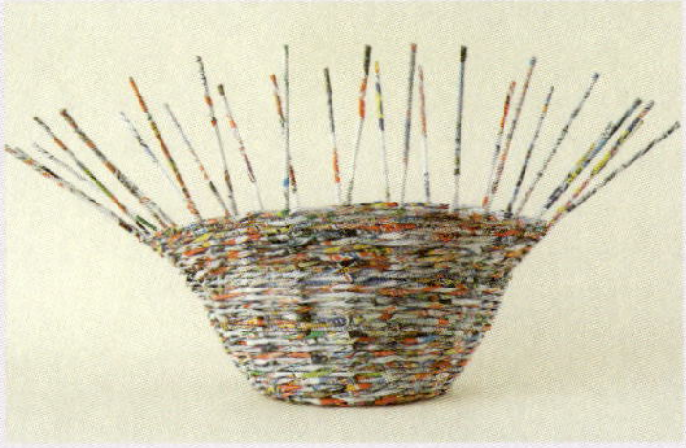

15 タテ芯を高さ13cmで切ります。

16 **縁を始末します**
かごどめで始末します。タテ芯1本を隣のタテ芯に内、外、内とかけます。

17 最後のタテ芯は、最初のタテ芯と2本目のタテ芯の編み目に通します。

18 **持ち手を付けます**
ワイヤー入りクルクル棒2本を脇にアーチにしてとめます。
(持ち手のサイズ181ページ)

19 新たなクルクル棒を根元から巻き、巻き終わりをボンドでとめます。

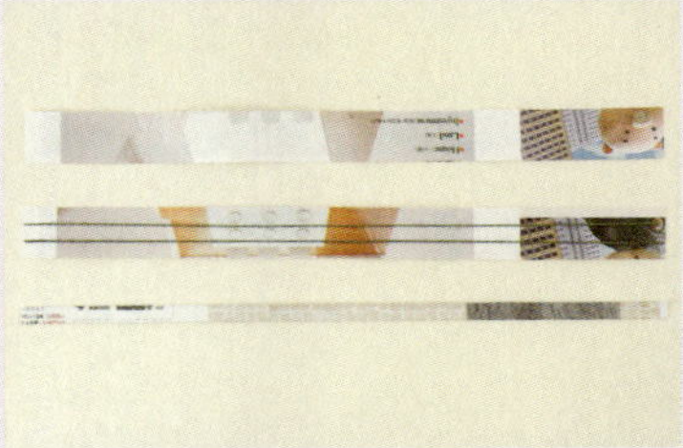

20 **リボンを作り、付けます**
リボンを作ります。
(リボンのサイズ181ページ、作り方27ページ)

21 リボンを付けて、できあがりです。

つぶれた形のバスケット

花バスケット

作った時間の分だけ
愛着のあるバスケット

大きいと
愛着も想いも大きい・・・

how to make P104

ボート型カトラリーケース

ちょっと個性的くらいが
かわいい・・・

使いやすさも大事

暮らしの中のこものは
考えるのも楽しい・・・

how to make P104-105

ブルーのバスケット

好きな形で
好きな色で作る

好きなように・・・作る

それが
好きなこと

how to make P105

花バスケット

PAGE 102

つぶれた形のバスケット

材料 チラシ：10cm×55cm 122枚(クルクル棒 太 122本)
ワイヤー：#22　78本
ラッカー：オーク

用具 巻棒：太(直径6mm)
ボンド　のり
セロハンテープ

1 底を組みます

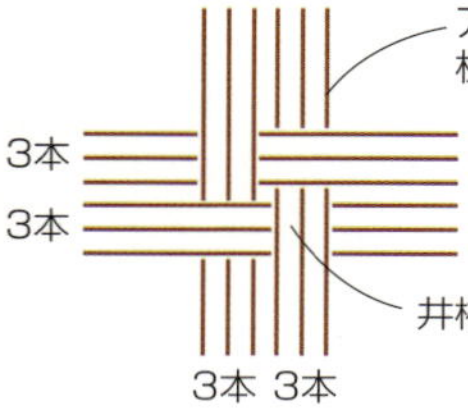

アミ芯にして
根じめ2周
3本
3本
井桁組み
3本 3本

2 底を編みます

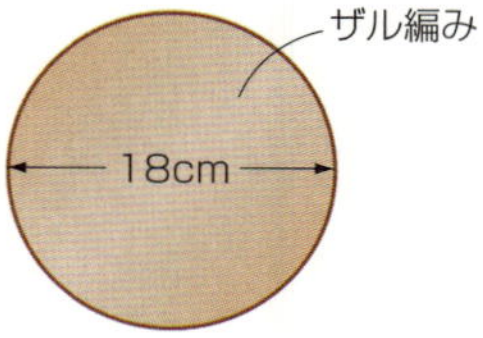

ザル編み
18cm

3 側面(下)を編みます

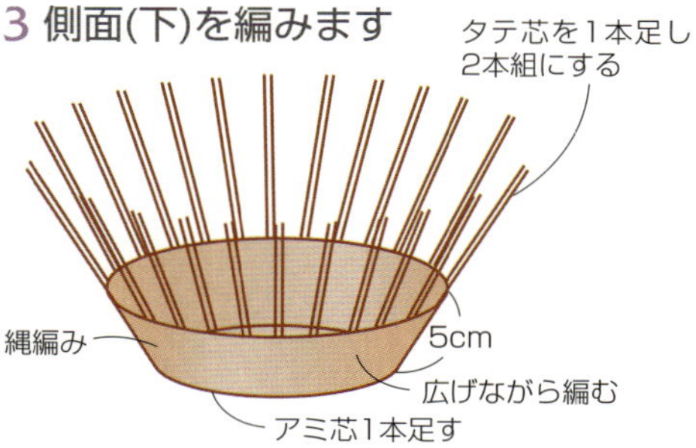

タテ芯を1本足し
2本組にする
縄編み
5cm
広げながら編む
アミ芯1本足す

4 側面(上)を編みます

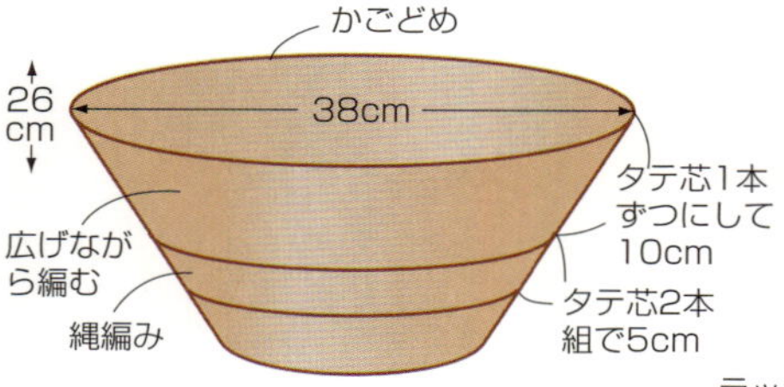

かごどめ
26
cm
38cm
タテ芯1本
ずつにして
10cm
広げなが
ら編む
縄編み
タテ芯2本
組で5cm

5 持ち手を付け、仕上げをします

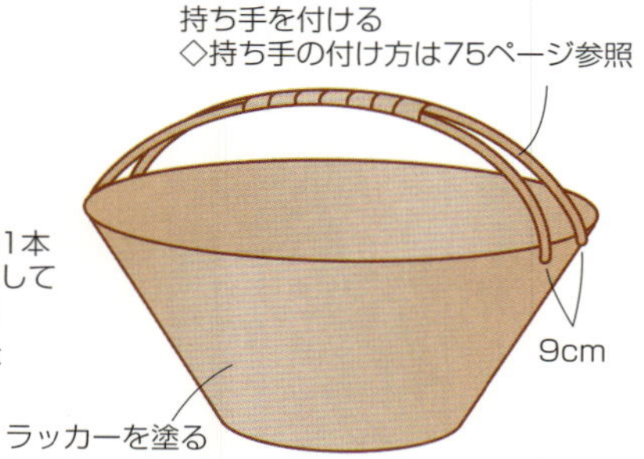

持ち手を付ける
◇持ち手の付け方は75ページ参照
9cm
ラッカーを塗る

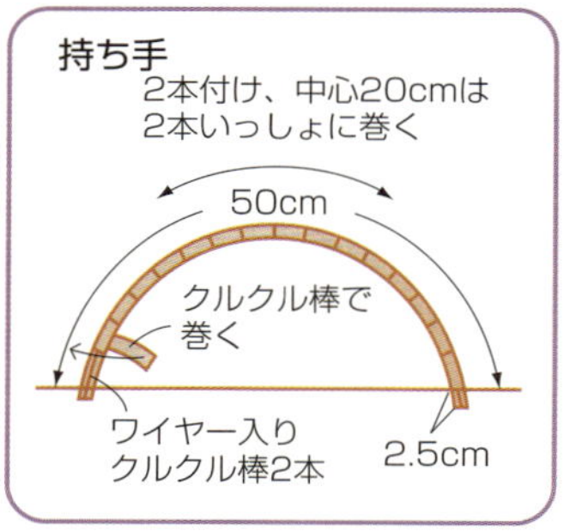

持ち手
2本付け、中心20cmは
2本いっしょに巻く
50cm
クルクル棒で
巻く
ワイヤー入り
クルクル棒2本
2.5cm

ボート型カトラリーケース

PAGE 103

つぶれた形のバスケット

材料 チラシ：8cm×55cm 46枚(クルクル棒 細 46本)
ワイヤー：#22　42本
ラッカー：ワインレッド

用具 巻棒：細(直径3mm)
ボンド　のり
セロハンテープ

1 底を組みます

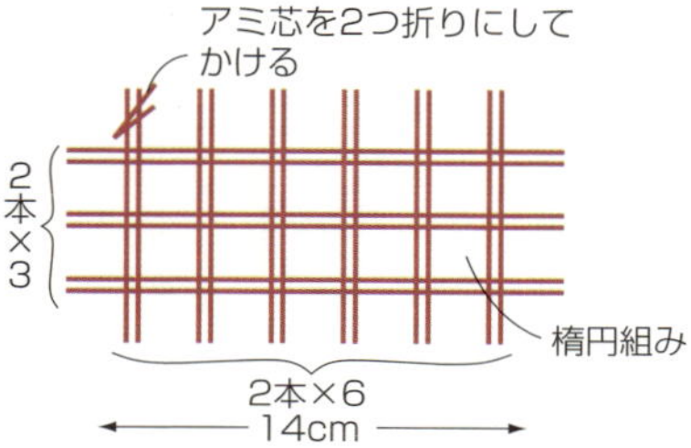

アミ芯を2つ折りにして
かける
2
本
×
3
楕円組み
2本×6
14cm

2 底を編みます

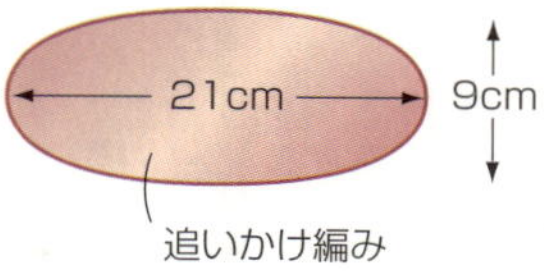

21cm
9cm
追いかけ編み

3 側面を編みます

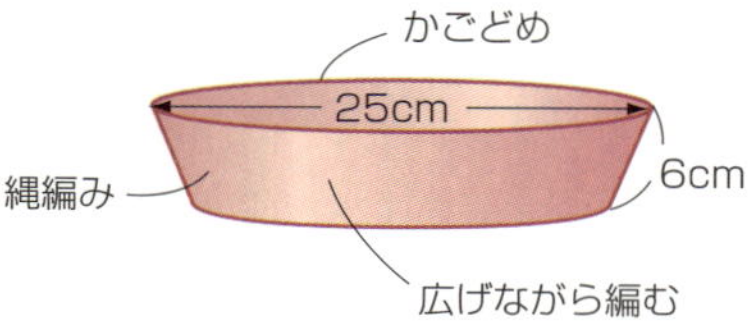

かごどめ
25cm
縄編み
6cm
広げながら編む

ブルーのバスケット
つぶれた形のバスケット

PAGE103

材料 チラシ：15cm×55cm 50枚(クルクル棒 太 50本)
ワイヤー：#22　24本
ラッカー：青

用具 巻棒：太(直径6mm)
ボンド　のり

1 底を組みます

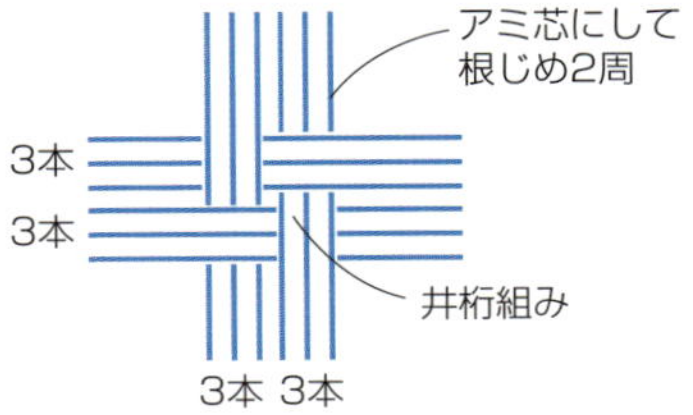
アミ芯にして
根じめ2周
3本
3本
井桁組み
3本 3本

2 底を編みます

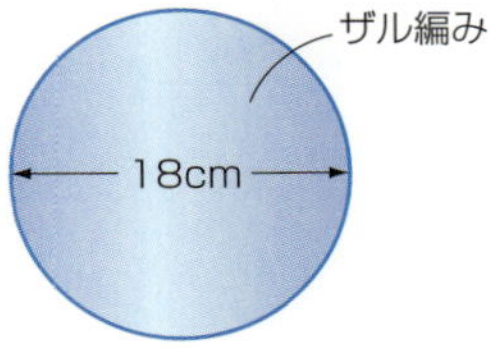
ザル編み
18cm

3 側面を編みます

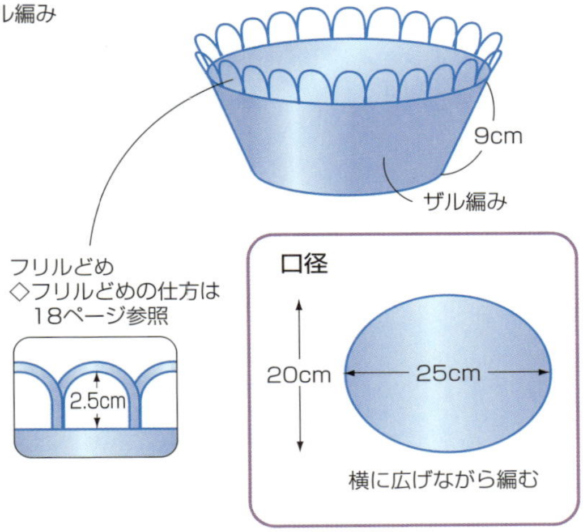
9cm
ザル編み
フリルどめ
◇フリルどめの仕方は
18ページ参照
2.5cm
口径
20cm
25cm
横に広げながら編む

4 仕上げをします。

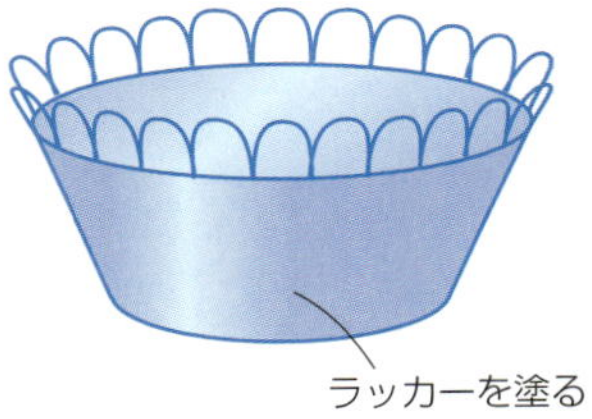
ラッカーを塗る

4 持ち手を付け、仕上げをします。

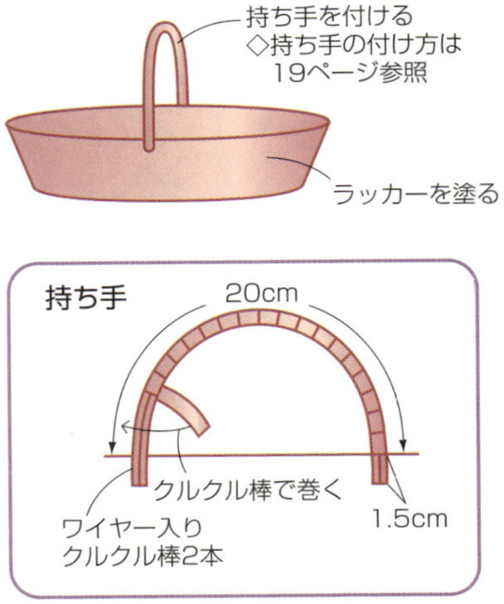
持ち手を付ける
◇持ち手の付け方は
19ページ参照
ラッカーを塗る
持ち手
20cm
クルクル棒で巻く
ワイヤー入り
クルクル棒2本
1.5cm

ワンポイントアドバイス
太の編み方

太いクルクル棒は編む時につぶすようにすると、きれいに編めます。

注 つなぐところは筒でないとつなげられないので、つぶしてしまわないように気をつけましょう。

いろいろな形に作る

・・・

折り返し編みのバスケット

作っていると
気が付くことが
いろいろ・・・

新しい形だったり
編み方だったり
楽しんでる自分だったり

使っているところを
思い浮かべていたり

そして、そのシチュエーションに
誰かがいたり・・・

そんな中から生まれた
新しい形

リボンのバスケット

広げたり
折り返したり・・・

まっすぐ編むだけなのに
いろんな形ができる

飾りたくなる
かわいい形・・・

how to make P108-109

リボンのバスケット

PAGE107

折り返し編みのバスケット

材料
- チラシ：10cm×55cm 108枚(クルクル棒中108本)
  リボン用チラシ　適量
- ワイヤー：#22　80本
- ラッカー：オレンジ(赤×黄)

用具
- 巻棒：中(直径4.4mm)
- ボンド　のり　セロハンテープ

1 底を組みます
折り返し組みをします。ワイヤー入りクルクル棒横1本に、縦は23cm幅に10本を交互に入れ、タテ芯とします。

2 新たなクルクル棒をタテ芯にかけてボンドでとめ、アミ芯とします。

3 ザル編みで2往復し、余分なアミ芯を切り、ボンドでとめます。新たなワイヤー入りクルクル棒を1本入れます。これもタテ芯になります。

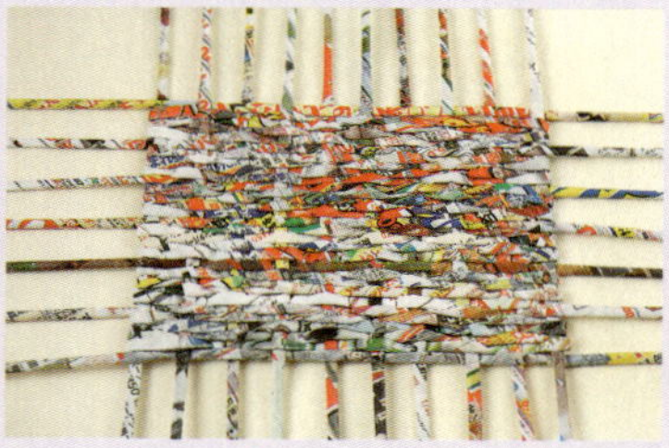

4 2・3を繰り返し、16cm幅に計7本のタテ芯を編み込み、底を作ります。

5 側面を編みます
タテ芯を立ち上げ、新たなクルクル棒を2つ折りにしてかけ、縄編みをします。
(角は2本組にします)

6 縄編み1周の後、追いかけ編みをします。

7 正面から見たときの左右幅が27cmになるように、徐々に左右を広げながら、高さ12cmまで編みます。

8 山型を編みます
アミ芯2本のうち1本を切り、ボンドでとめます。残りの1本はザル編みをします。

9 右角で折り返し、左角の1つ手前まで編み、折り返します。

10 前の角の1つ手前まで編み、折り返します。

11 さらに、手前で折り返すのをくり返します。

12 山型の上で、余分なアミ芯を切り、ボンドでとめます。

13 反対側の山型を編みます

反対の左角に新たなクルクル棒1本を、タテ芯にボンドでとめ、アミ芯とします。

14 8〜11と同様に、折り返して編み、山型の上で、余分なアミ芯を切り、内側にボンドでとめます。

15 全てのタテ芯を、高さ12cmで切ります。

16 縁を始末します

かごどめで始末します。タテ芯の1本を、隣のタテ芯に内、外、内、とかけます。

17 最後のタテ芯は最初のタテ芯と2本目のタテ芯の編み目に通します。

18 持ち手を付けます

ワイヤー入りクルクル棒3本を、長さ33cmのアーチにして反対側にも通し、折り返してセロハンテープでとめます。

19 新たなクルクル棒を根元から巻き、巻き終わりをボンドでとめます。

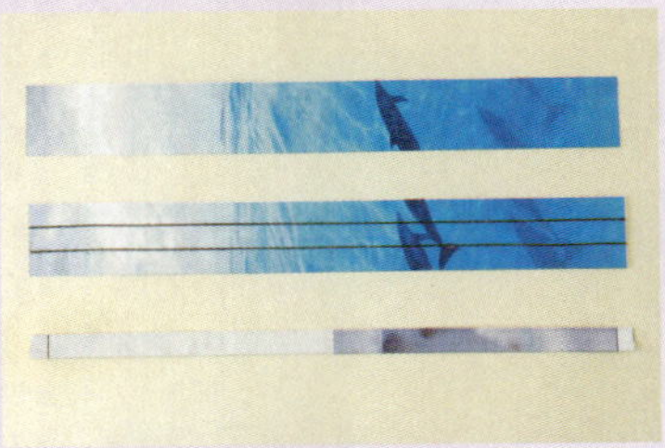

20 リボンを作り、付けます

リボンを作ります。
(リボンのサイズ181ページ、作り方27ページ)

21 リボンを付けて、できあがりです。

リボンの赤いバスケット

サイドが上がるだけで
ちょっと個性的・・・

使っていくうちに
個性が愛着に変わる・・・

愛情いっぱいの
バスケット

how to make P112

いろいろな形に作る ● ● ● 折り返し編みのバスケット

how to make P113

持ち手付きスクエアーバスケット

飾るように使える
バスケット

持ち歩いて、楽しみたい
持ち手付き・・・

リボンの赤いバスケット

PAGE 110

折り返し編みのバスケット

材料
チラシ：10cm×55cm 96枚(クルクル棒 中 96本)
　　　　リボン用チラシ　適量
ワイヤー：#22　76本
ラッカー：ワインレッド

用具
巻棒：中(直径4.4mm)
ボンド　のり
セロハンテープ

1 底を組みます

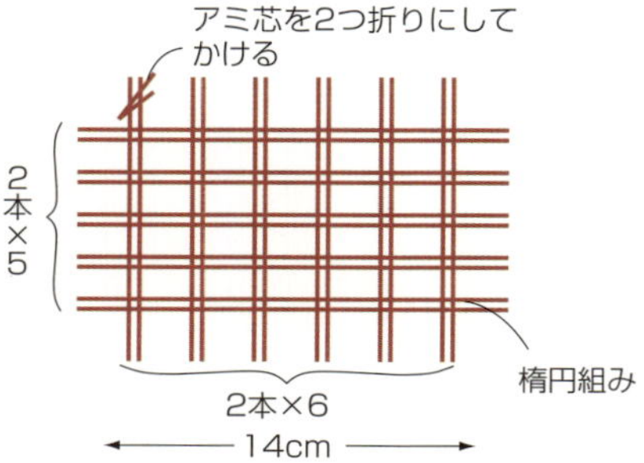

アミ芯を2つ折りにしてかける
2本×5
楕円組み
2本×6
14cm

2 底を編みます

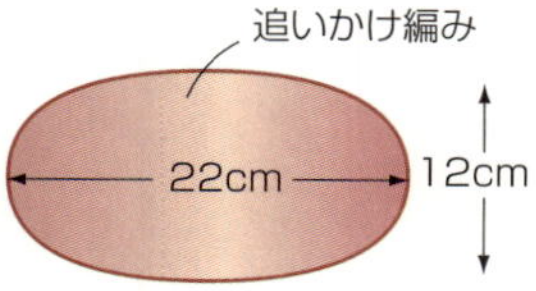

追いかけ編み
22cm
12cm

3 側面(下)を編みます

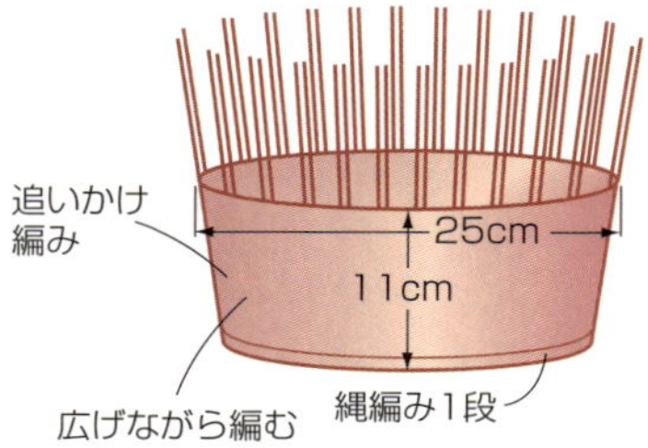

追いかけ編み
25cm
11cm
広げながら編む
縄編み1段

4 側面(上)を編みます

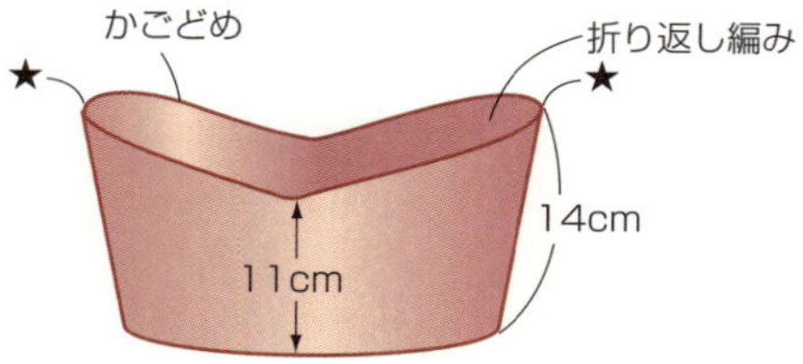

かごどめ
★
折り返し編み
★
11cm
14cm

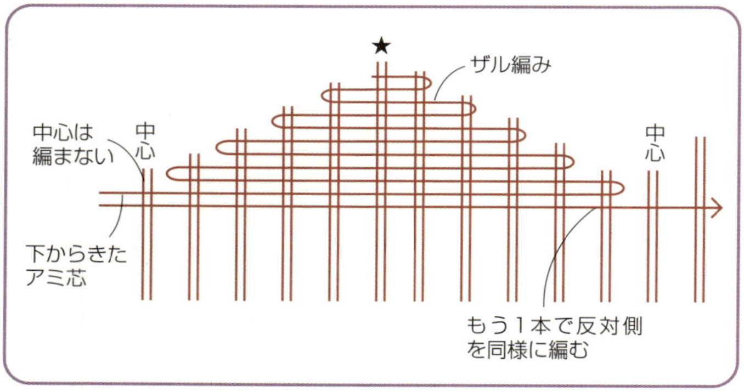

★
ザル編み
中心は編まない
中心
中心
下からきたアミ芯
もう1本で反対側を同様に編む

5 持ち手を付ける

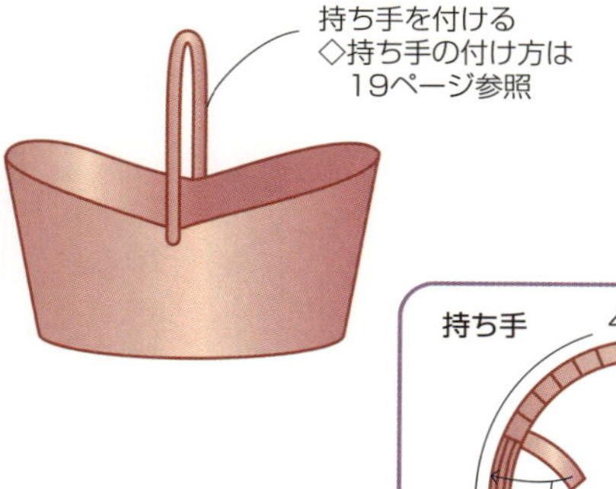

持ち手を付ける
◇持ち手の付け方は19ページ参照

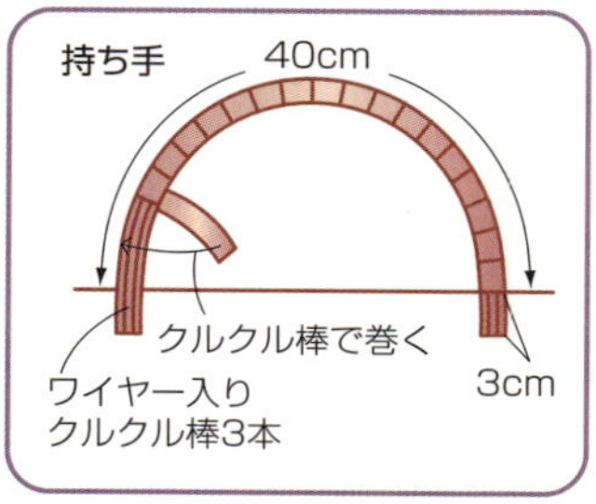

持ち手
40cm
クルクル棒で巻く
ワイヤー入りクルクル棒3本
3cm

6 リボンを付け、仕上げをします

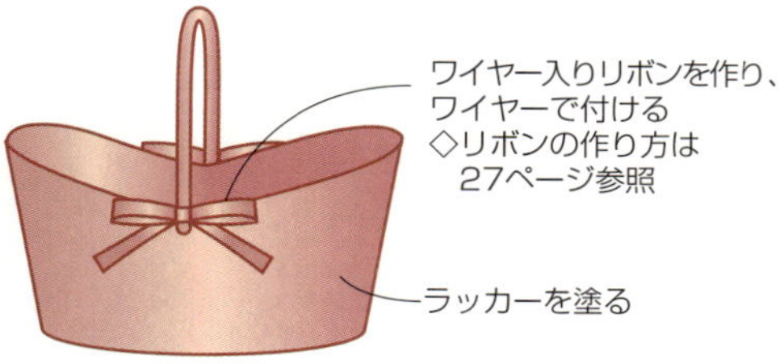

ワイヤー入りリボンを作り、ワイヤーで付ける
◇リボンの作り方は27ページ参照
ラッカーを塗る

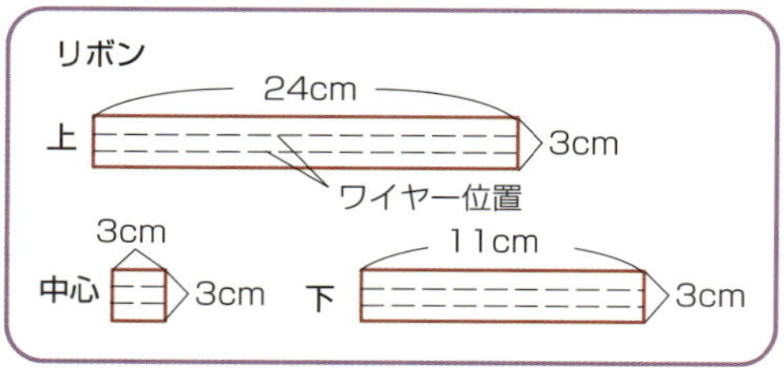

持ち手付きスクエアーバスケット

PAGE 111

折り返し編みのバスケット

材料
- **チラシ**：10cm×55cm 70枚(クルクル棒 中 70本)
- **ワイヤー**：#22　52本
- **ラッカー**：マホガニー

用具
- **巻棒**：中(直径4.4mm)
- **ボンド　のり**
- **セロハンテープ**

1 底を組みます

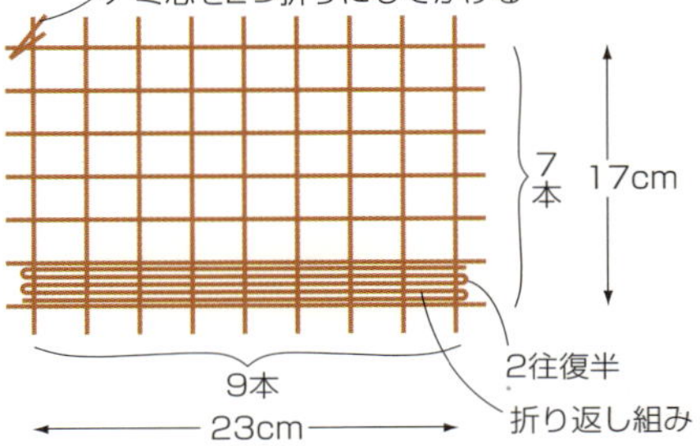

アミ芯を2つ折りにしてかける
7本
17cm
9本
23cm
2往復半
折り返し組み

2 側面(下)を編みます

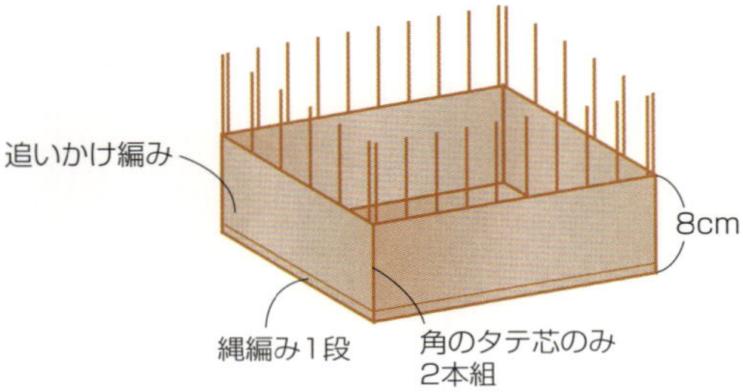

追いかけ編み
8cm
縄編み1段
角のタテ芯のみ
2本組

3 側面(上)を編みます

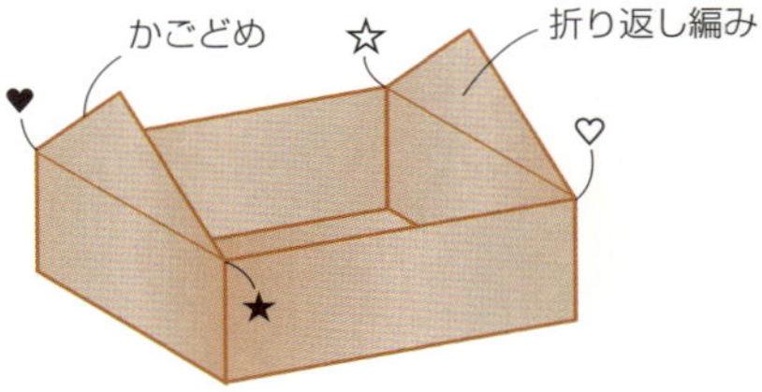

かごどめ
☆
折り返し編み
♥
♡
★

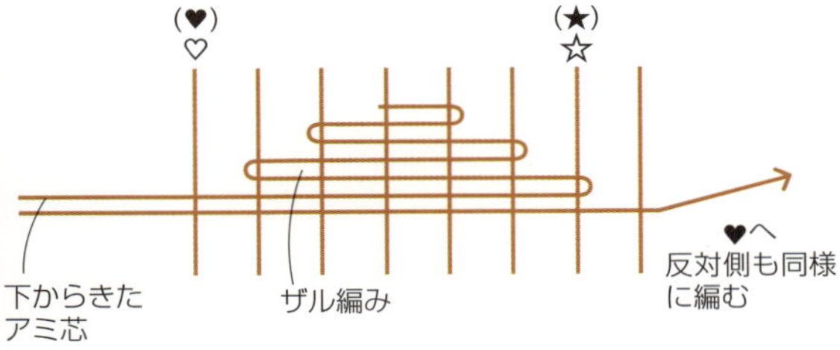

(♥)
♡
(★)
☆
下からきた
アミ芯
ザル編み
♥へ
反対側も同様
に編む

4 持ち手を付け、仕上げをします

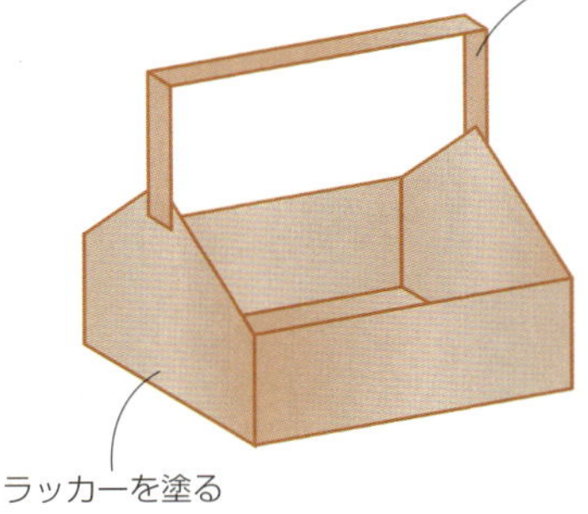

持ち手を付ける
◇持ち手の付け方は19ページ参照
ラッカーを塗る

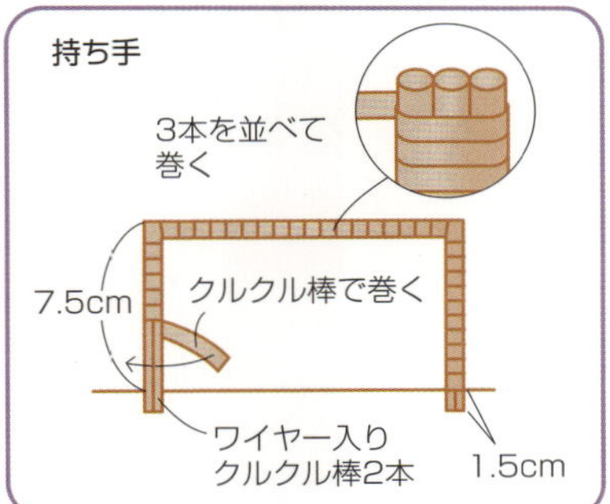

持ち手
3本を並べて
巻く
7.5cm
クルクル棒で巻く
ワイヤー入り
クルクル棒2本
1.5cm

・ワンポイントアドバイス・
クルクル棒のケア

先がつぶれてしまった時は

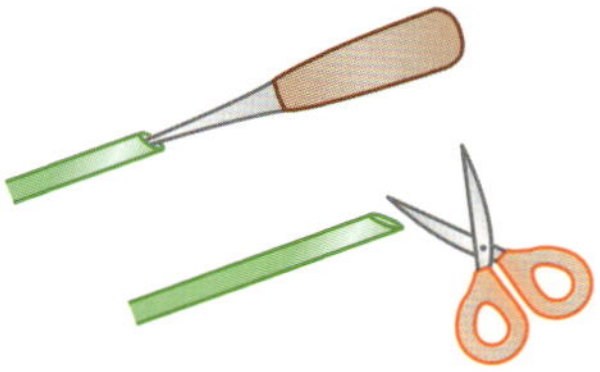

目打ちで穴を広げるか、はさみで先を少し切りましょう。

ブルーのティッシュケース

底に入れ口をあけ
ひっくり返したら
ティッシュケース・・・

お花を付けて
ちょっと、かわいく・・・

how to make P116-117

いろいろな形に作る

• • •

逆さに作るティッシュケース

作った物が
お部屋にある暮らしって
心地よい・・・

作った満足感と
使ううれしさと
いろいろ・・・

誰かに伝えたい
優しい心地よさ・・・

そこにあるのを
見ているだけでも
癒される・・・

ブルーのティッシュケース

PAGE 114

逆さに作るティッシュケース

材料 チラシ：8cm×55cm 64枚(クルクル棒 細 64本)
ワイヤー：#22　32本　#28　2本
ラッカー：青

用具 巻棒：細(直径3mm)
ボンド　のり

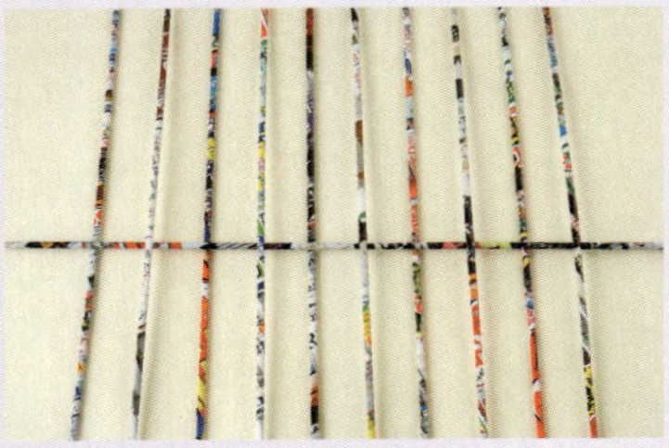

1 天面を作ります
折り返し組みをします。ワイヤー入りクルクル棒横1本に、縦は25cm幅に10本を交互に入れ、タテ芯とします。

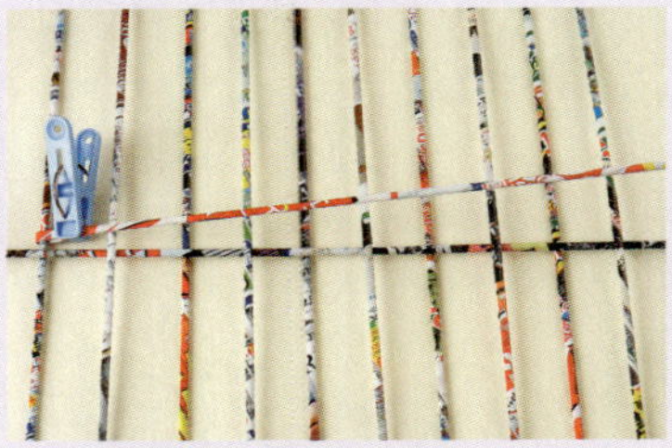

2 新たなクルクル棒をタテ芯にかけてボンドでとめ、アミ芯とします。

3 ザル編みで2往復半し、余分なアミ芯を切り、ボンドでとめます。

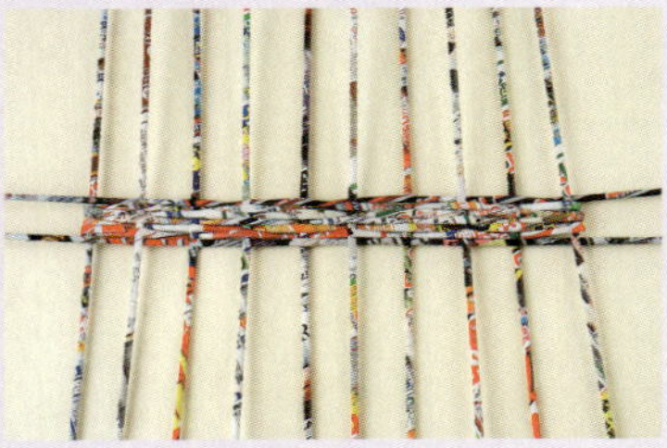

4 新たなワイヤー入りクルクル棒を1本入れます。これもタテ芯になります。

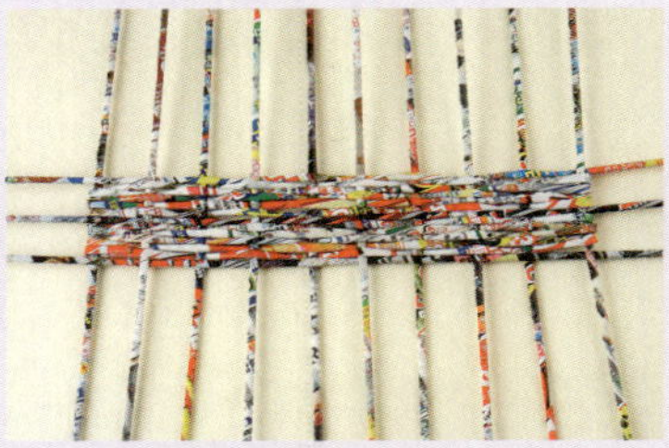

5 2〜4を繰り返し、計3本のタテ芯を編み込みます。

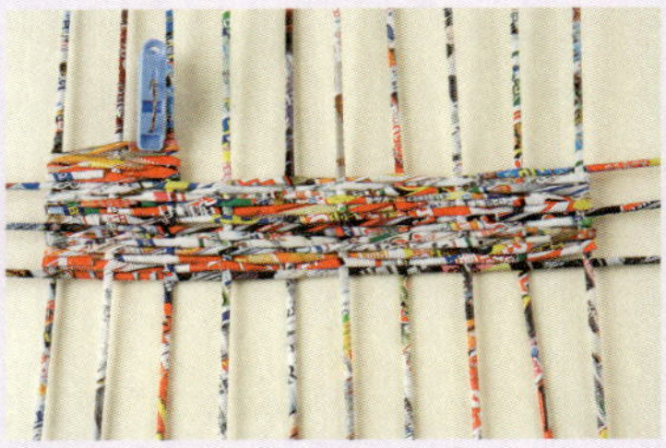

6 新たなアミ芯をかけ、タテ芯3本目で折り返しながらザル編みし、2往復半します。

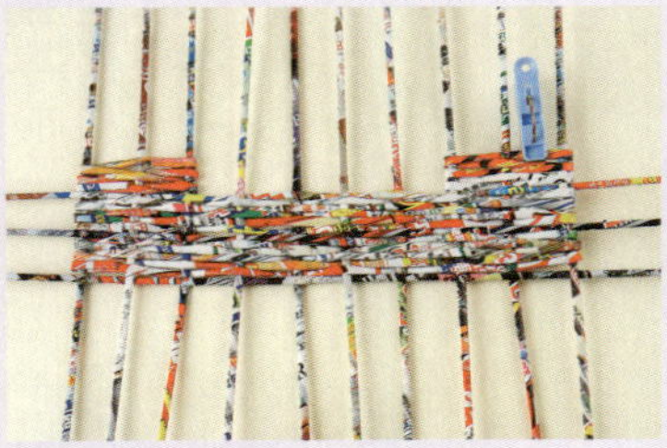

7 反対側も新たなアミ芯をかけて、同様に編みます。

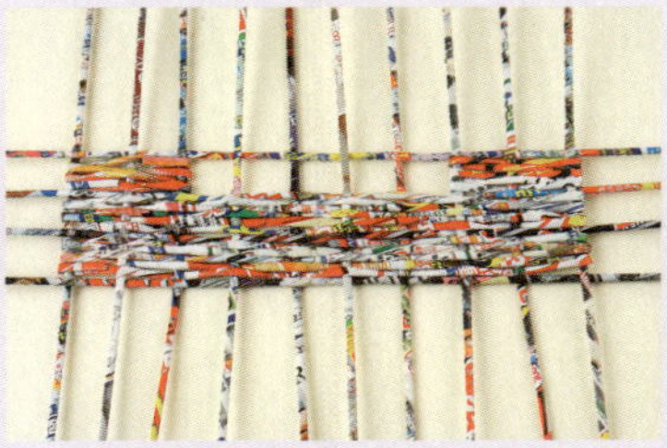

8 新たなワイヤー入りクルクル棒を1本入れます。

9 2〜5と同様に、上側を編んだ後、新たなクルクル棒を2つ折りにしてタテ芯にかけ、アミ芯とします。

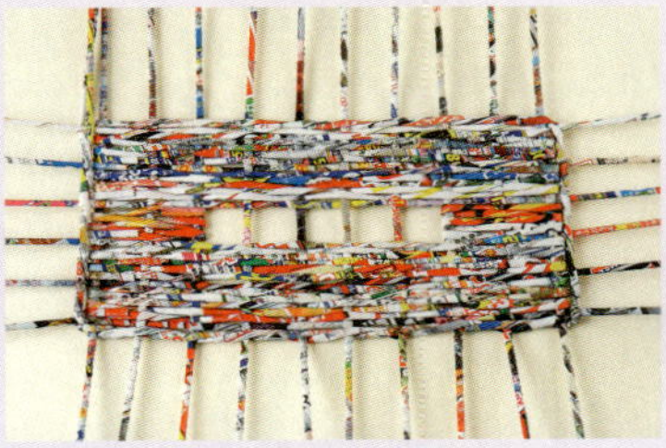

10 縄編みで1周します。

11 **側面を編みます**
裏返してタテ芯を立ち上げます。

12 縄編みで1周します。
(角は2本組にします)

13 高さ6.5cmまで追いかけ編みで編み、余分なアミ芯を切り、内側にボンドでとめます。

14 タテ芯を10cmで切ります。

15 **縁を始末します**
かごどめで始末します。タテ芯の1本を、隣のタテ芯に内、外、内とかけます。

16 最後のタテ芯は、最初のタテ芯と2本目のタテ芯の編み目に通します。

17 **取り出し口を作ります**
中央のタテ芯を切ります。

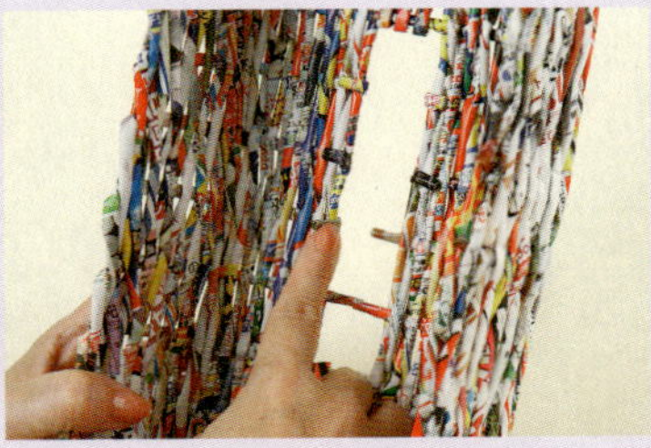

18 17のタテ芯を内側に折り込みます。

19 **花を作り、付けます**
花を作ります。
(花の作り方23ページ。花びらは大7cm小5cm)

20 花を2個重ね、ワイヤーでとめます。

21 花を付けて、できあがりです。

リボンのティッシュケース

テーブルにあわせた
色に塗る

落ち着いた色の
リボンも
すてき・・・

how to make P120

お花のティッシュケース

作ったお花
どこに付けるのか

考えるだけで
楽しい・・・

how to make P120-121

いろいろな形に作る

逆さに作る ティッシュケース

how to make P121

持ち手付きティッシュケース

持ち手1つで、
雰囲気が変わる・・・

持ち手1つで、
また、楽しくなる

作るのも
使うのも・・・

リボンのティッシュケース

逆さに作るティッシュケース

PAGE 118

材料
チラシ：8cm×55cm 64枚(クルクル棒 細 64本)
リボン用チラシ 適量
ワイヤー：#22　36本
ラッカー：マホガニー

用具
巻棒：細(直径3mm)
ボンド　のり

1 天面を組みます

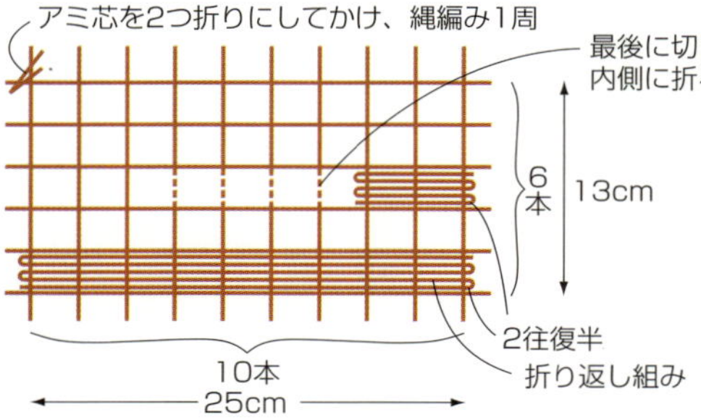

アミ芯を2つ折りにしてかけ、縄編み1周
最後に切って
内側に折る
6本
13cm
2往復半
折り返し組み
10本
25cm

2 側面を編みます

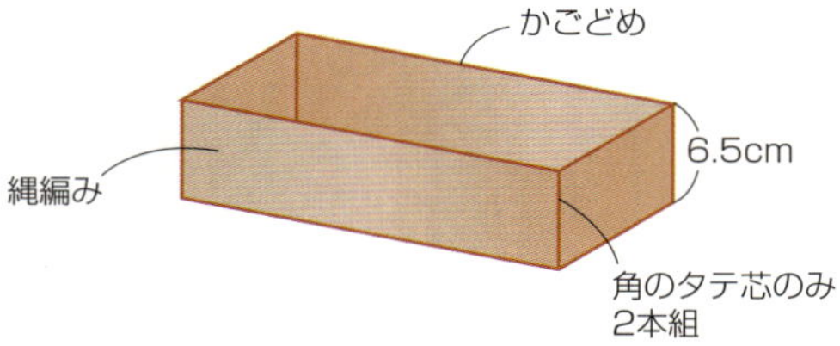

かごどめ
6.5cm
縄編み
角のタテ芯のみ
2本組

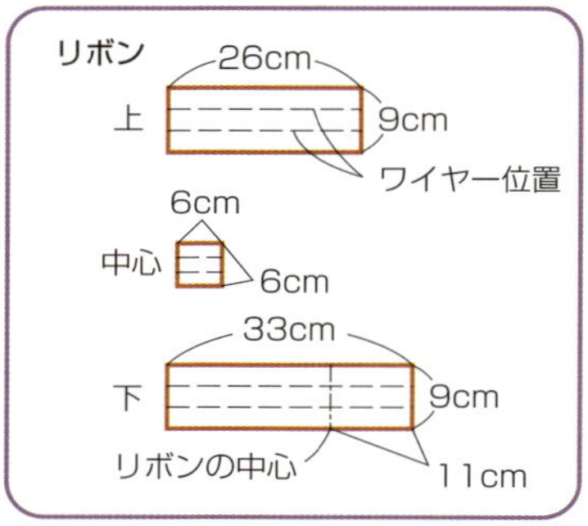

3 入れ口を作ります

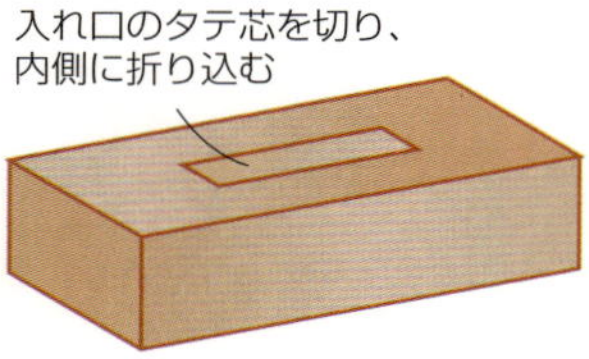

入れ口のタテ芯を切り、
内側に折り込む

4 リボンを付け、仕上げをします

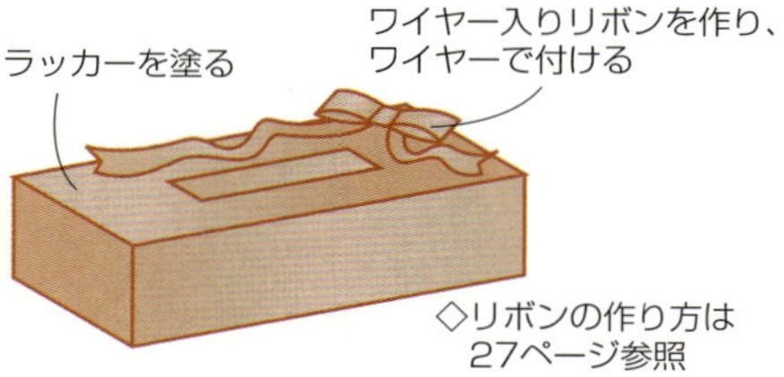

ラッカーを塗る
ワイヤー入りリボンを作り、
ワイヤーで付ける

◇リボンの作り方は
27ページ参照

お花のティッシュケース

逆さに作るティッシュケース

PAGE 118

材料
チラシ：8cm×55cm 64枚(クルクル棒 細 64本)
ワイヤー：#22　32本　#28　6本
ラッカー：ワインレッド

用具
巻棒：細(直径3mm)
ボンド　のり

1 天面を組みます

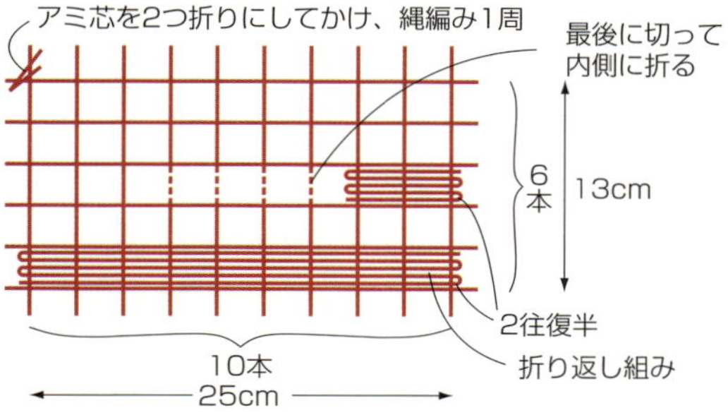

アミ芯を2つ折りにしてかけ、縄編み1周
最後に切って
内側に折る
6本
13cm
2往復半
折り返し組み
10本
25cm

2 側面を編みます

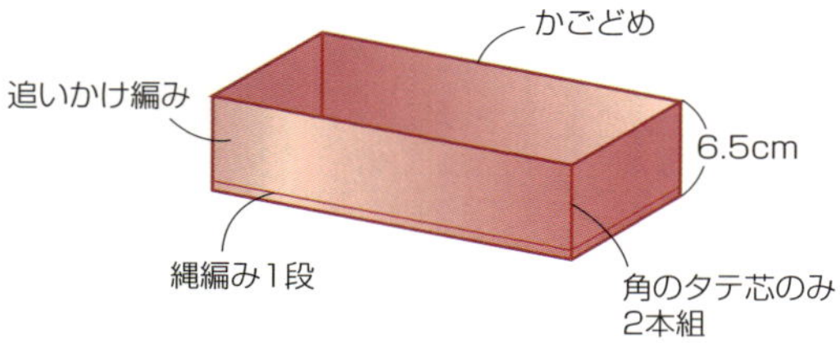

かごどめ
追いかけ編み
6.5cm
縄編み1段
角のタテ芯のみ
2本組

持ち手付きティッシュケース

PAGE119

逆さに作るティッシュケース

材料 チラシ：8cm×55cm 75枚(クルクル棒 細 75本)
リボン用チラシ 適量
ワイヤー：#22　42本
カラースプレー：クリーム

用具 巻棒：細(直径3mm)
ボンド　のり
セロハンテープ
白いゴム

1 天面を組みます

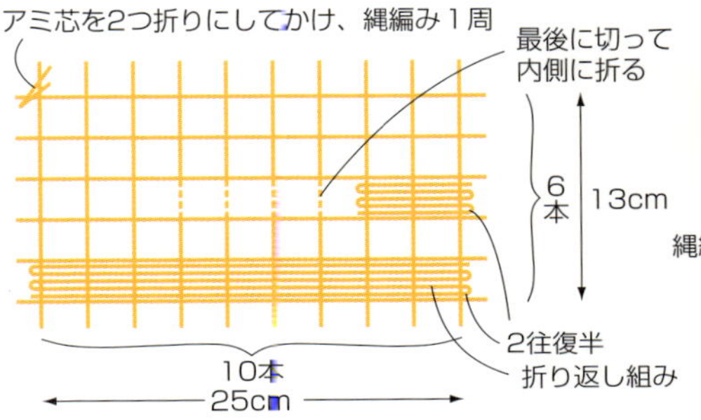
アミ芯を2つ折りにしてかけ、縄編み1周
最後に切って
内側に折る
6本
13cm
2往復半
折り返し組み
10本
25cm

2 側面を編みます

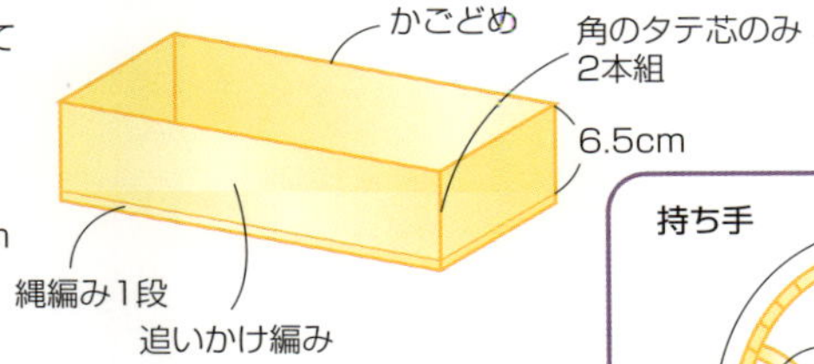
かごどめ
角のタテ芯のみ
2本組
6.5cm
縄編み1段
追いかけ編み

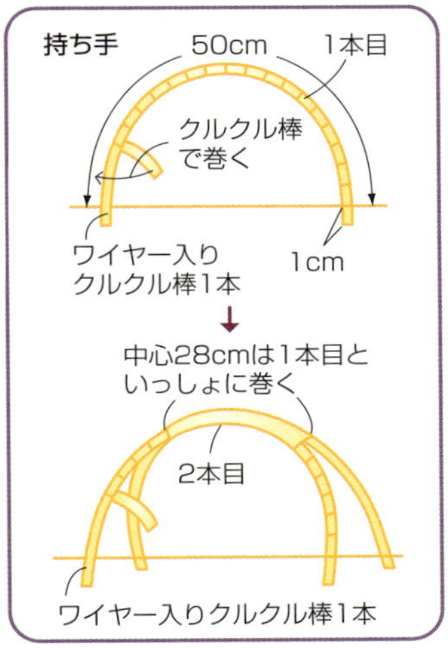
持ち手
50cm
1本目
クルクル棒
で巻く
ワイヤー入り
クルクル棒1本
1cm
中心28cmは1本目と
いっしょに巻く
2本目
ワイヤー入りクルクル棒1本

3 入れ口を作ります

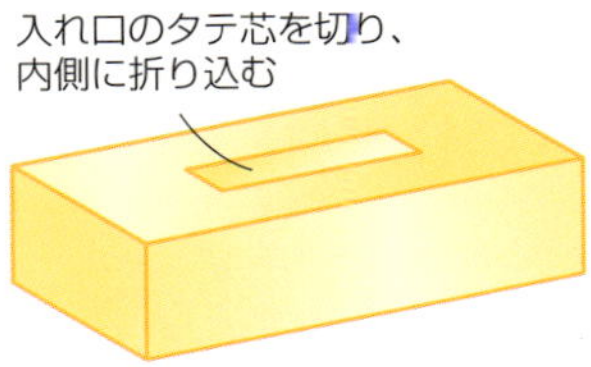
入れ口のタテ芯を切り、
内側に折り込む

4 持ち手を付けます

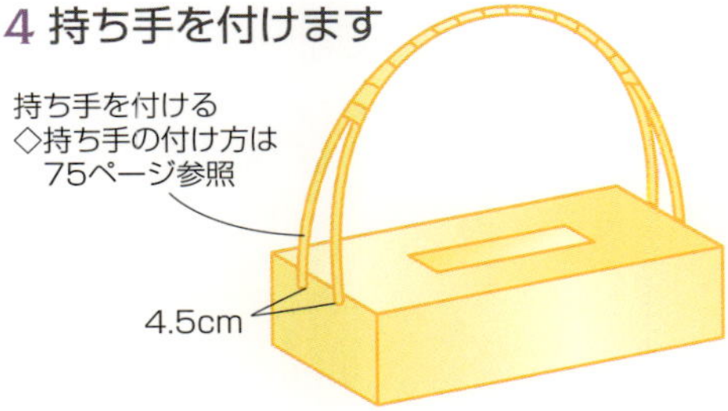
持ち手を付ける
◇持ち手の付け方は
75ページ参照
4.5cm

5 リボンを付け、仕上げをします

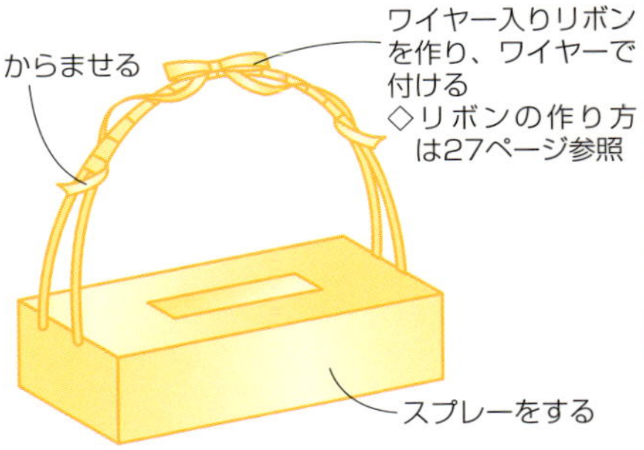
からませる
ワイヤー入りリボン
を作り、ワイヤーで
付ける
◇リボンの作り方
は27ページ参照
スプレーをする

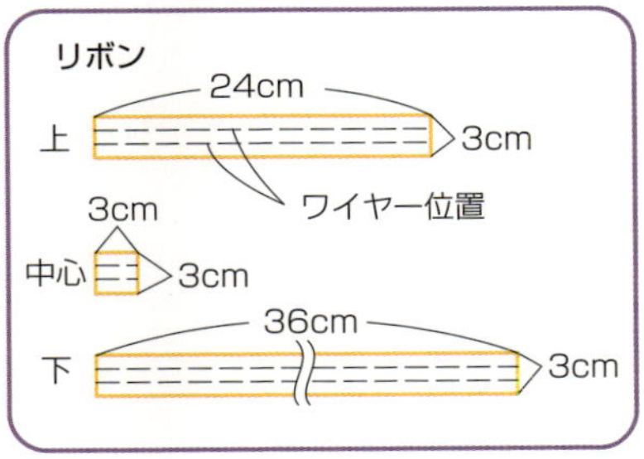

6 底にゴムを付けます

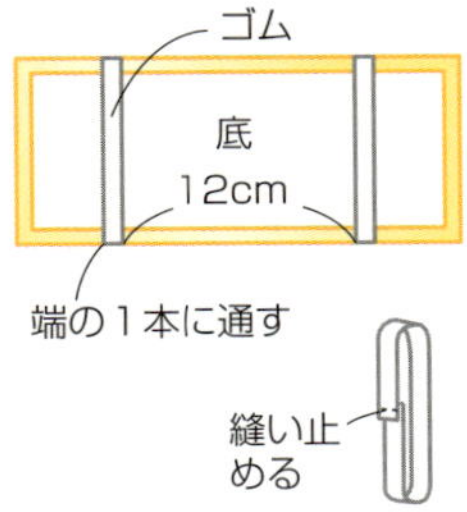
ゴム
底
12cm
端の1本に通す
縫い止
める

3 入れ口を作ります

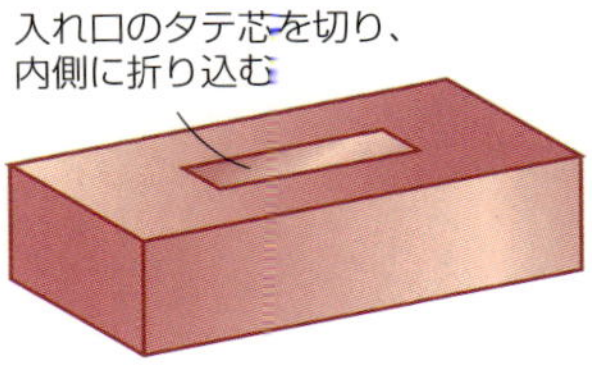
入れ口のタテ芯を切り、
内側に折り込む

4 花を付け、仕上げをします

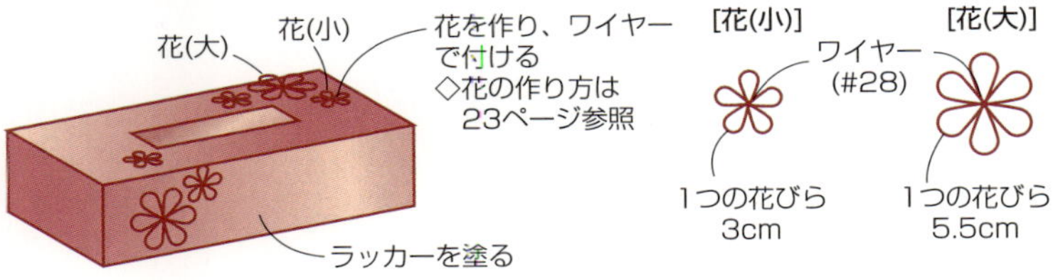
花(大)
花(小)
花を作り、ワイヤー
で付ける
◇花の作り方は
23ページ参照
ラッカーを塗る
[花(小)]
[花(大)]
ワイヤー
(#28)
1つの花びら
3cm
1つの花びら
5.5cm

お子さんといっしょに！

簡単な作りで作る

厚紙を底にして・・・

アミ芯で側面を編んで・・・

タテ芯で縁をかごどめして、
できあがり！

底を編まないバスケット

貼るだけでできるバスケット

簡単な作りで作る

底を編まないバスケット

より簡単にしようと思った

そしたら・・・
より楽しい形ができること
発見！

ナッツ型だって
ハート型だって
できる・・・

そして
底でイメージしたものと
正面のイメージが違うこと
発見！

何かに向かって行くと
違うことを見つけたりするのが
おもしろい・・・

ナッツ型のバスケット

好きな形に紙を切って
底を作る・・・

ピーナッツの形の紙が
かわいいバスケットを
作ってくれる・・・

how to make P126-127

ナッツ型のバスケット
PAGE125

底を編まないバスケット

材料
- チラシ：8cm×55cm 42枚(クルクル棒 細 42本)
  リボン用チラシ 適量
- 厚紙：25cm×20cm
- ワイヤー：#22　34本
- ラッカー：赤

用具
- 巻棒：細(直径3mm)
- ボンド　のり　セロハンテープ

1 **底を作ります**
厚紙で底を2枚切ります。
(型紙は130ページ)

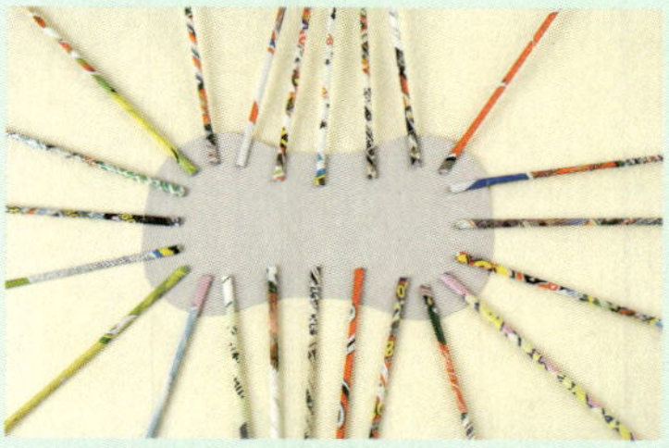

2 半分に切ったワイヤー入りクルクル棒23本を、厚紙にボンドで貼り、タテ芯とします。

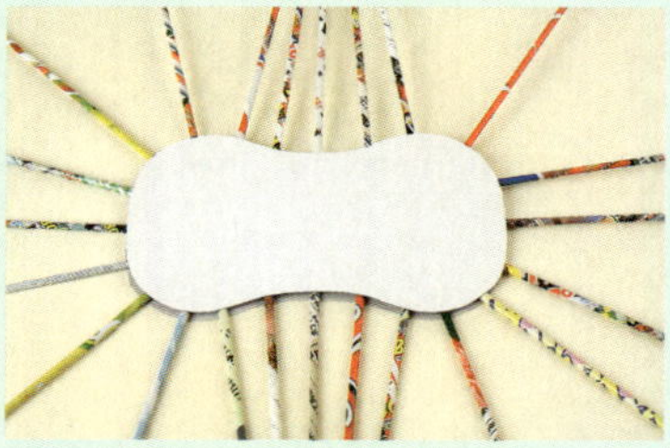

3 2の上にもう1枚の厚紙をボンドで貼ります。

4 **側面を編みます**
タテ芯を立ち上げます。

5 クルクル棒2本を、厚紙の間に差し込み、ボンドでとめ、アミ芯とします。

6 縄編みをします。

7 高さ2cmまで、縄編みをします。

8 アミ芯を1本切り、内側にボンドでとめ、ザル編みをします。

9 高さ7cmまでザル編みで編み、新たなクルクル棒を1本足して、縄編みをします。

10 縄編みを1cm編み、余分なアミ芯を切り、内側にボンドでとめます。

11 タテ芯を高さ10cmで切ります。

12 **縁を始末します**
かごどめで始末します。タテ芯の1本を隣のタテ芯に内側から外側にかけます。

13 さらに隣のタテ芯に外側から内側にかけます。同様に全てのタテ芯を内、外、内とかけます。

14 最後のタテ芯は、最初のタテ芯と2本目のタテ芯の編み目に通します。

15 **持ち手を付ける**
ワイヤー入りクルクル棒3本を、脇の中央の縁に通します。

16 長さ35cmのアーチにして反対側にも通し、折り返してセロハンテープでとめます。

17 新たなクルクル棒を根元から巻き、巻き終わりをボンドでとめます。

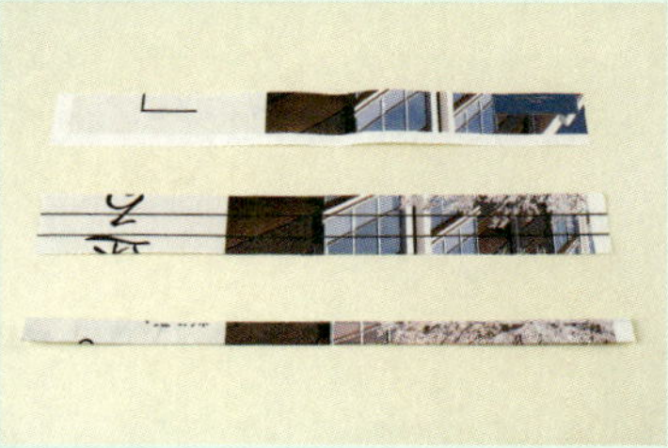

18 **リボンを作り、付けます。**
リボンを作ります。
(リボンのサイズ43ページ上と同じ、作り方27ページ)

19 リボンの形にします。

20 リボンにワイヤーを通します。

21 リボンを付けて、できあがりです。

底を編まないバスケット

ハート型のバスケット

バレンタインにピッタリの
ハートのバスケット

チョコレートを入れて・・・

how to make P130

花型のバスケット

上から見ても
横から見ても
かわいい・・・

お気に入りのバスケット

how to make P131

フォトフレーム

編むのが5段のバスケットは
フォトフレームに

好きな写真を飾る

でも、本当は・・・
飾っているのは
フォトフレーム

how to make P131

ハート型のバスケット

底を編まないバスケット

PAGE 128

材料
チラシ：8cm×55cm 39枚(クルクル棒 細 39本)
厚紙：40cm×20cm
ワイヤー：#22　21本
カラースプレー：ピンク

用具
巻棒：細(直径3mm)
ボンド　のり

1 厚紙を切ります

厚紙

2 底を作ります

21本
半分に切った
ワイヤー入り
クルクル棒

3 側面を編み、仕上げをします

かごどめ
7cm
縄編み
スプレーをする
アミ芯2本をはさむ

型紙
◇200%拡大して使用

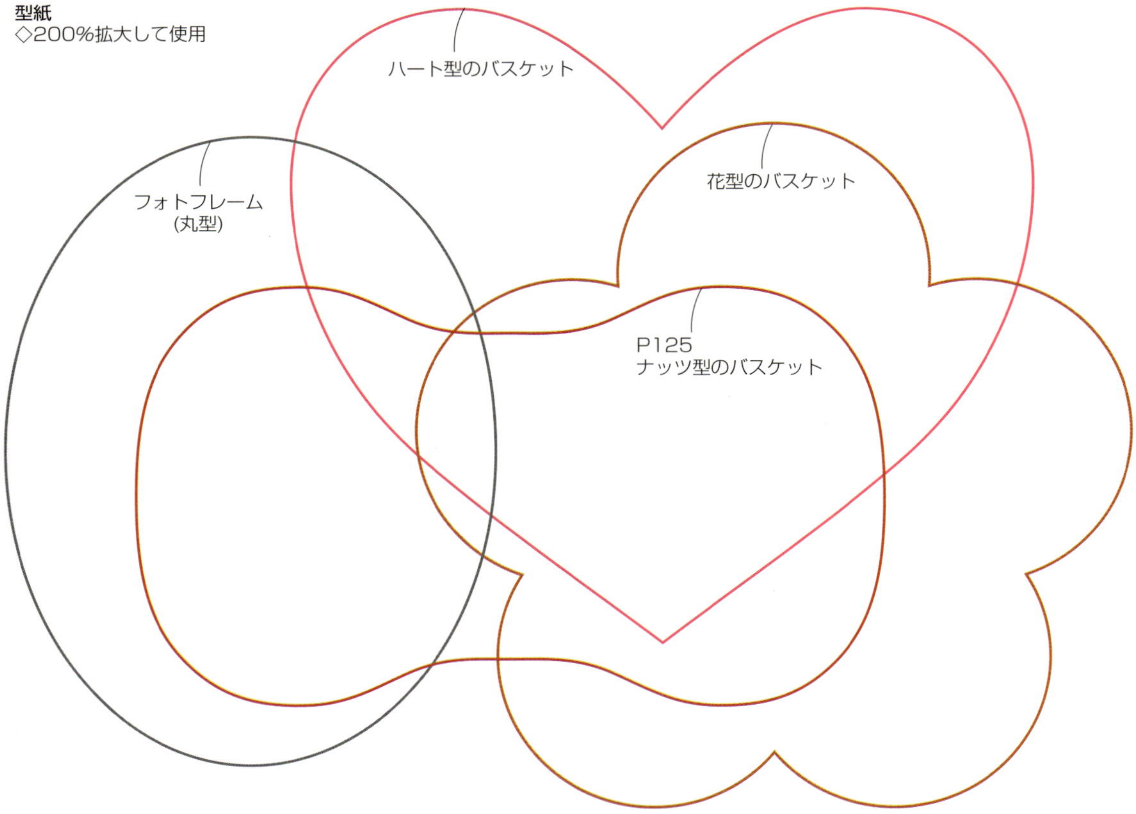
ハート型のバスケット
花型のバスケット
フォトフレーム
(丸型)
P125
ナッツ型のバスケット

花型のバスケット

PAGE 128

底を編まないバスケット

材料 チラシ：8cm×55cm 37枚(クルクル棒 細 37本)
厚紙：40cm×20cm
ワイヤー：#22　21本
ラッカー：オレンジ(赤×黄)

用具 巻棒：細(直径3mm)
ボンド　のり

1 厚紙を切ります

厚紙

2 底を作ります

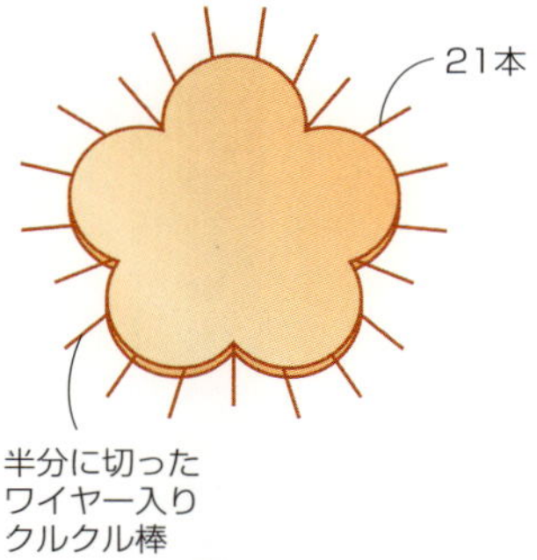
21本
半分に切った
ワイヤー入り
クルクル棒

3 側面を編み、仕上げをします

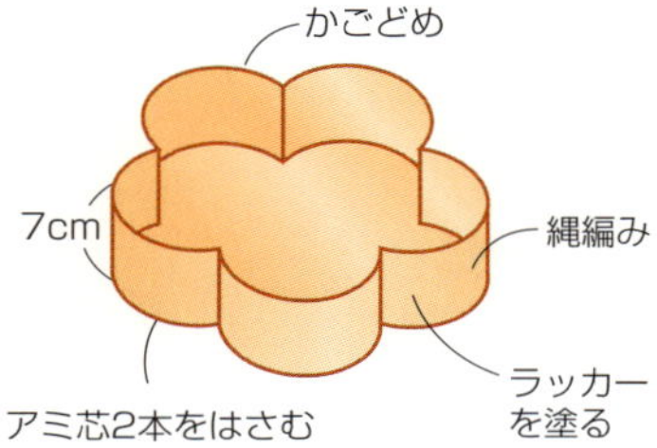
かごどめ
7cm
縄編み
アミ芯2本をはさむ
ラッカー
を塗る

フォトフレーム

PAGE 129

底を編まないバスケット

材料 チラシ：角型 8cm×55cm 20枚(クルクル棒 細 20本)
丸型 8cm×55cm 17枚(クルクル棒 細 17本)
厚紙：各30cm×20cm
ワイヤー：角型 #22　25本　丸型 #22　21本
ラッカー：角型 青
カラースプレー：丸型 白

用具 巻棒：細(直径3mm)
ボンド　のり

角型　**1** 厚紙を切ります

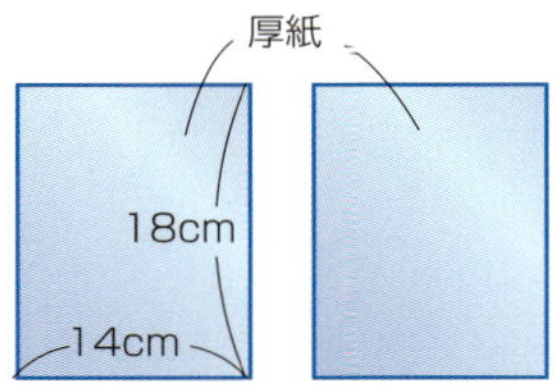
厚紙
18cm
14cm

2 底を作ります

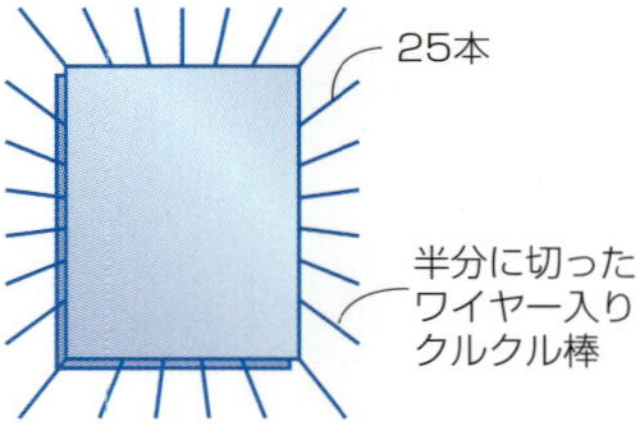
25本
半分に切った
ワイヤー入り
クルクル棒

3 側面を編み、仕上げをします

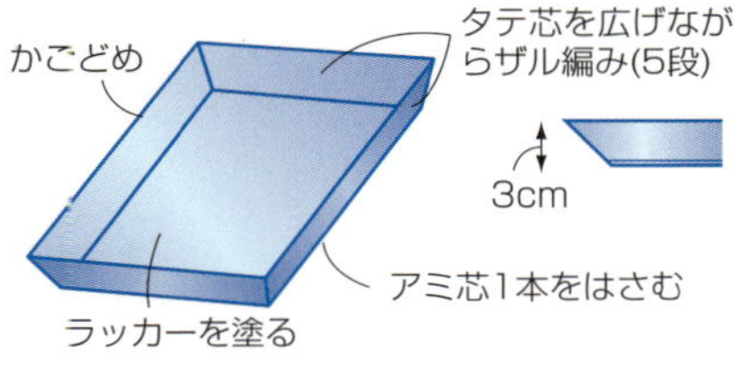
かごどめ
タテ芯を広げなが
らザル編み(5段)
3cm
アミ芯1本をはさむ
ラッカーを塗る

丸型　**1** 厚紙を切ります

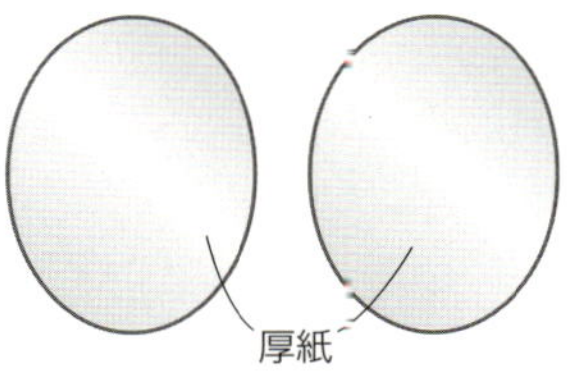
厚紙

2 底を作ります

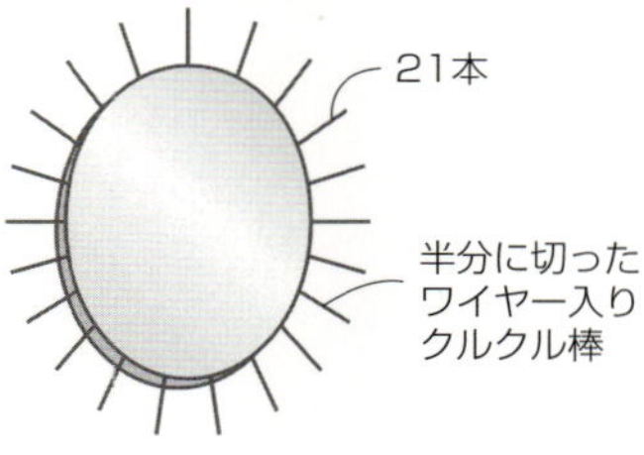
21本
半分に切った
ワイヤー入り
クルクル棒

3 側面を編み、仕上げをします

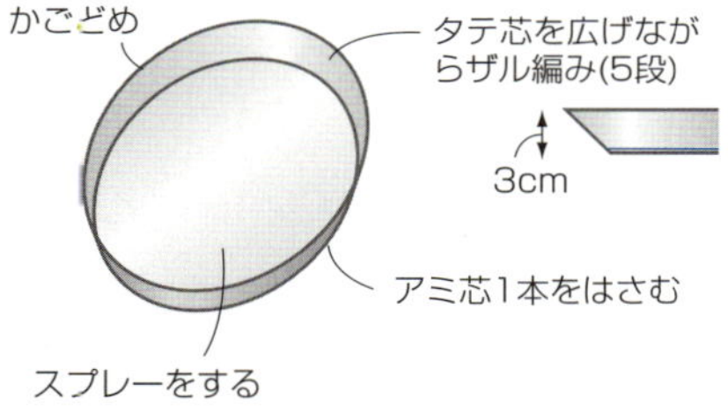
かごどめ
タテ芯を広げなが
らザル編み(5段)
3cm
アミ芯1本をはさむ
スプレーをする

花桶

庭の枝、一枝で
生活が違って感じる・・・

花桶一つ
生活を豊かにするきっかけ・・・

how to make P134-135

簡単な作りで作る

・・・

貼るだけでできるバスケット

クルクル棒が
できただけで満足！

しっかりしていて
チラシの柄がきれい・・・

すっと
まっすぐのまま使いたいから
貼ってみる・・・

思いがけない仕上がり
思いがけない簡単さに驚く

手作りのおもしろさは
何を感じるかが
スタート・・・

花桶

PAGE132

貼るだけでできるバスケット

材料
- チラシ：各8cm×55cm 66枚(クルクル棒 細 66本)
- 牛乳パック：各1本
- 厚紙：各20cm×15cm
- ラッカー：赤・マホガニー

用具
- 巻棒：細(直径3mm)
- ボンド　のり　両面テープ

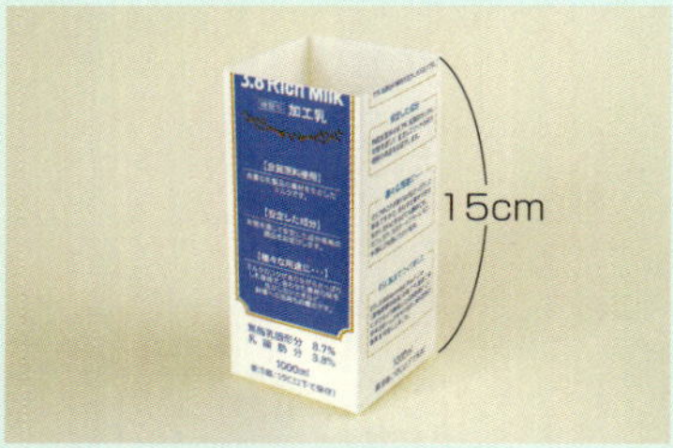

1 **本体を作ります**
牛乳パックを15cmの高さに切ります。

2 取っ手以外のクルクル棒を半分の長さに切ります。
(ほどけたところはボンドでとめる)

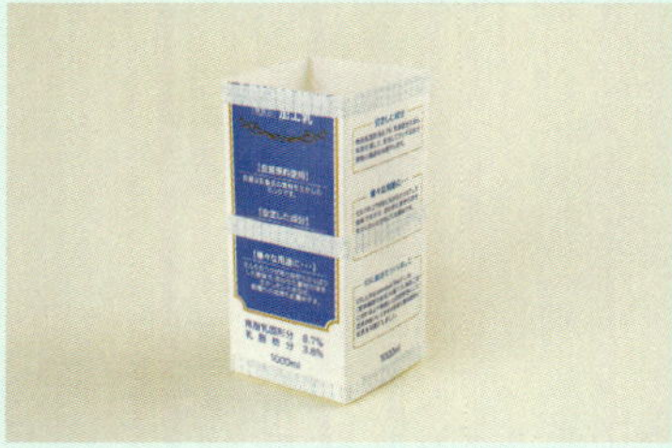

3 牛乳パックに両面テープを貼ります。

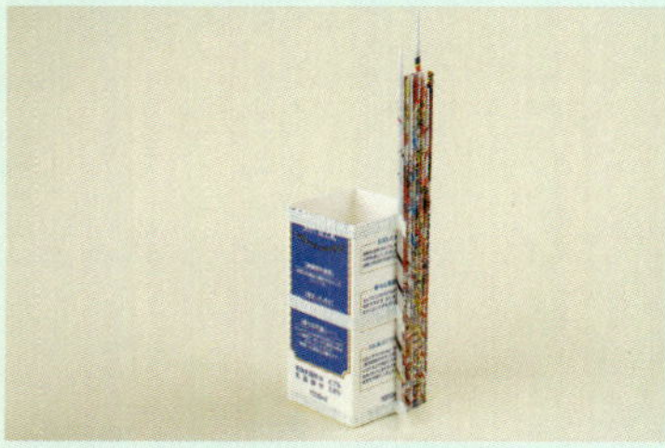

4 2のクルクル棒を底側にそろえ、1面の半分まで両面テープで貼ります。

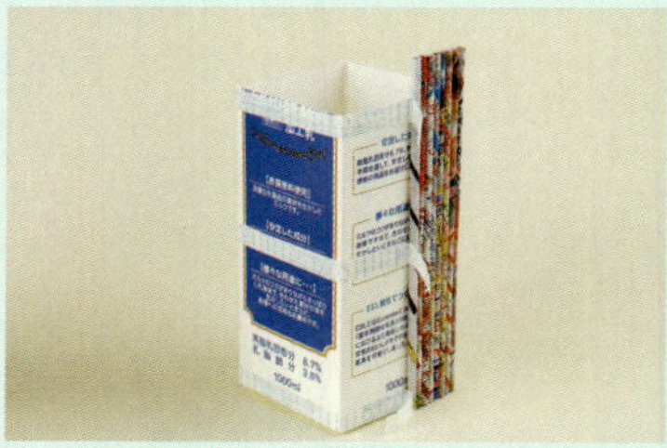

5 貼ったクルクル棒を高さ17cmで切りそろえます。

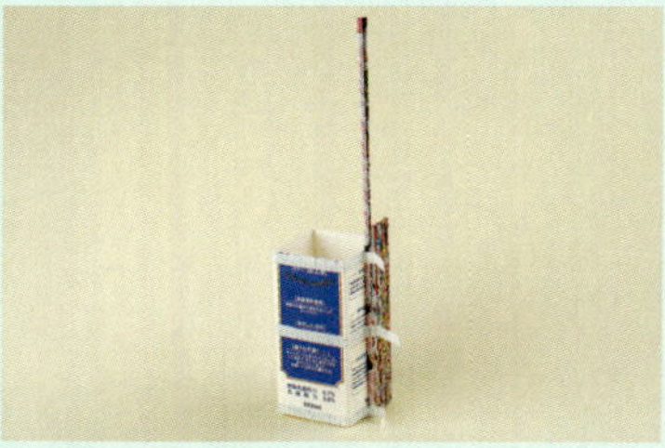

6 取っ手の2本を中心に、両面テープで貼ります。

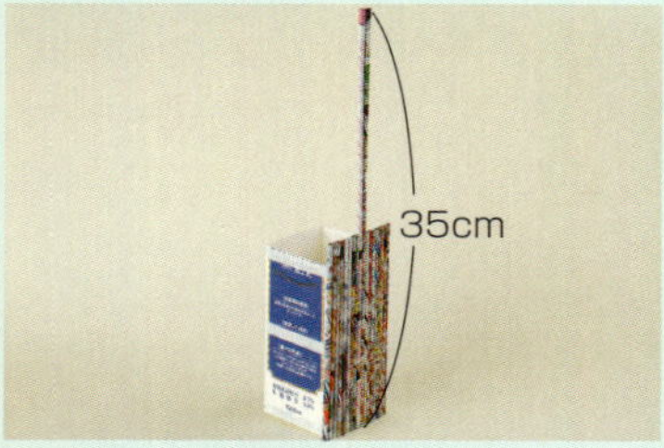

7 4・5と同様に、1面の残りのスペースにクルクル棒を両面テープで貼って、35cmに切ります。

8 反対側の取っ手が付く面も同様に、クルクル棒を貼って切ります。

9 残りの入れ口側の面も、クルクル棒を両面テープで貼って切ります。

10 4面貼り終えたら、入れ口から2.5cmの位置にクルクル棒2本を両面テープでとめます。

11 10でとめたクルクル棒を、1周巻きボンドでとめます。

12 同様に、底から2.5cmの位置にクルクル棒2本を巻き、ボンドでとめます。

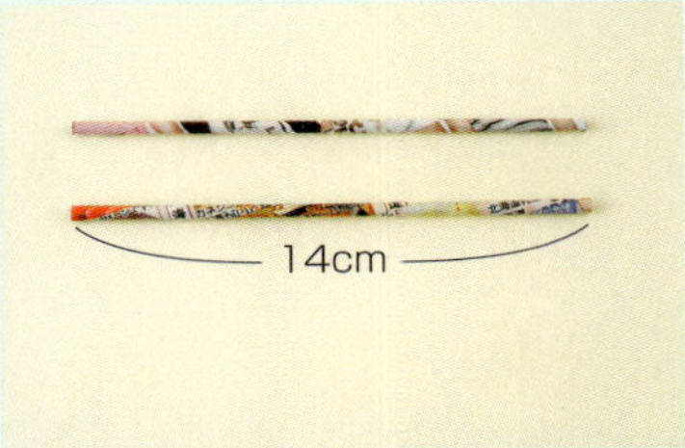

13 半分に切ったクルクル棒を、さらに14cmに切ります。

14 13のクルクル棒を取っ手の上部から4cmのところに、ボンドでとめます。

15 クルクル棒1本を後ろから前に出し、クロスにかけます。

16 後ろでボンドでとめます。

17 同様に反対側もとめ、本体のできあがりです。

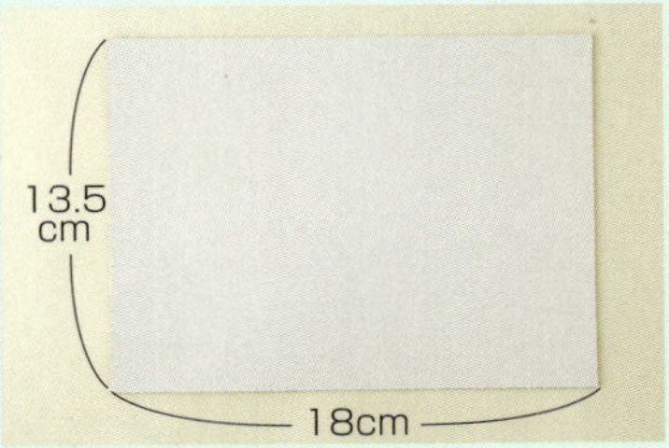

18 **台を作ります**
厚紙を、縦13.5cm横18cmに切ります。

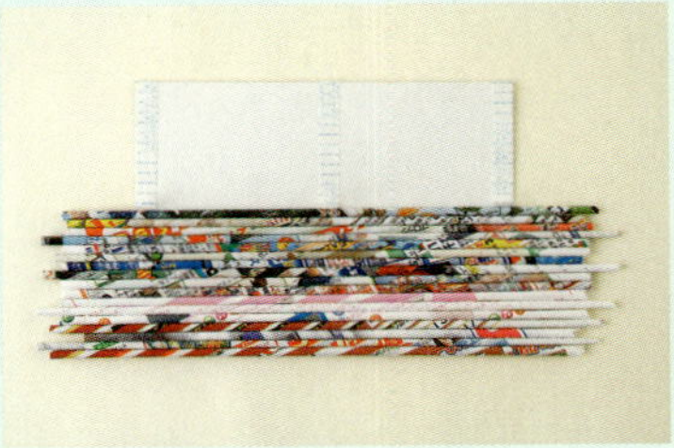

19 厚紙に両面テープを貼り、半分に切ったクルクル棒を貼ります。

20 厚紙に沿って、クルクル棒を切ります。

21 台にのせて、できあがりです。

貼るだけでできるバスケット

持ち手付き花かご

雑草や庭の一枝が
とってもかわいい・・・

花かご１つから
気付くこと
いっぱい・・・

how to make P138

お花のティッシュカバー

貼った棒を
押さえるために
くるっとひと巻き

それが
デザインになるから
おもしろい・・・

how to make P139

丸いオレンジのかご

箱や缶に貼るだけで
すてきなかごに

これに貼ったら
どんな風になるかな・・・

箱や缶が捨てられない・・・

how to make P138-139

持ち手付き花かご

PAGE 136

貼るだけでできるバスケット

材料
- チラシ：8cm×55cm 70枚(クルクル棒 細 70本)
- 牛乳パック：2個
- 厚紙：25cm×20cm
- ラッカー：オーク・マホガニー

用具
- 巻棒：細(直径3mm)
- ボンド　のり
- 両面テープ

1 土台を作ります

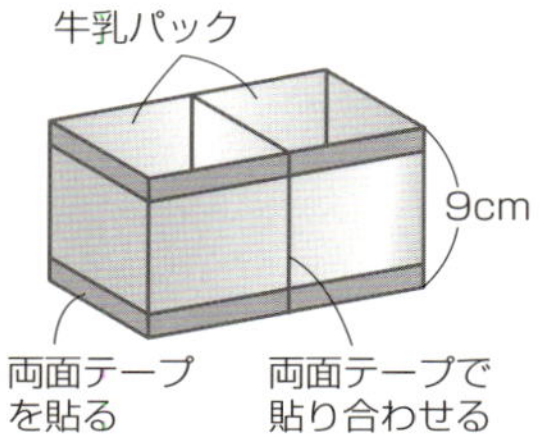
牛乳パック
9cm
両面テープ
を貼る
両面テープで
貼り合わせる

2 側面にクルクル棒を貼ります

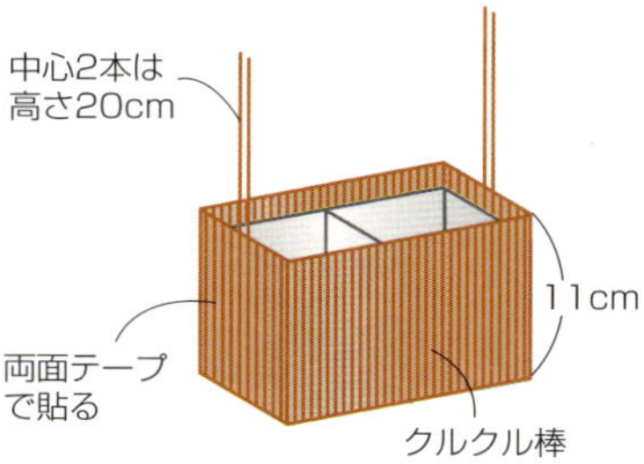
中心2本は
高さ20cm
11cm
両面テープ
で貼る
クルクル棒

3 帯を付けます

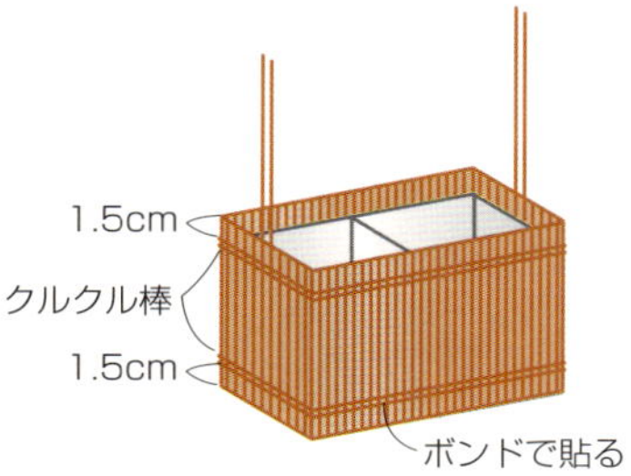
1.5cm
クルクル棒
1.5cm
ボンドで貼る

4 取っ手を付けます

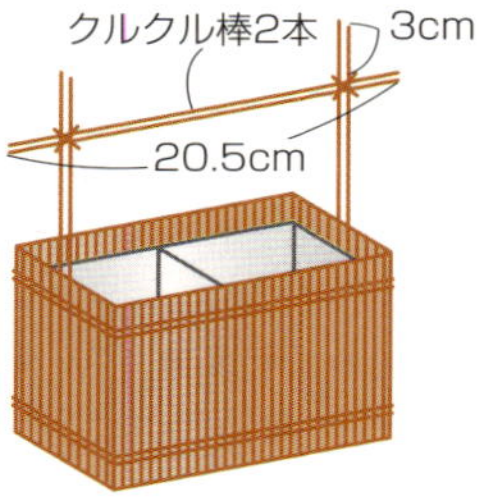
クルクル棒2本
3cm
20.5cm

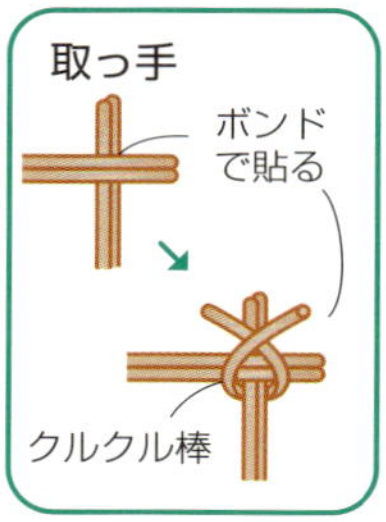
取っ手
ボンド
で貼る
クルクル棒

5 台を作ります

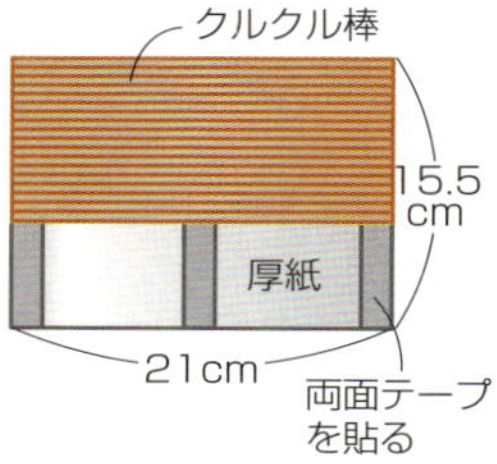
クルクル棒
15.5
cm
厚紙
21cm
両面テープ
を貼る

6 仕上げをします

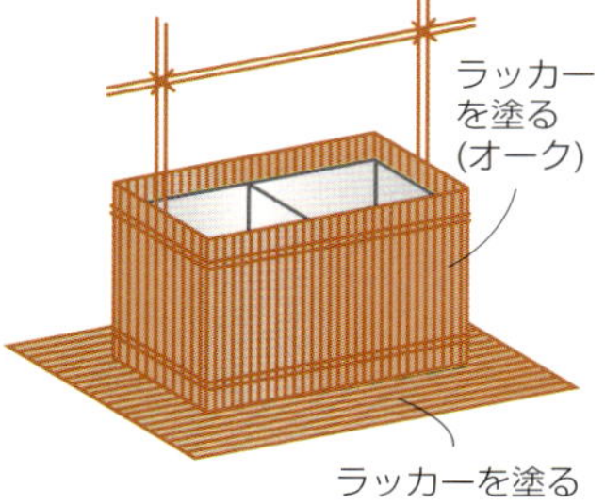
ラッカー
を塗る
(オーク)
ラッカーを塗る

丸いオレンジのかご

PAGE 137

貼るだけでできるバスケット

材料
- チラシ：8cm×55cm 50枚(クルクル棒 細 50本)
- 空き箱：直径17cm　1個
- ワイヤー：#22　4本
- ラッカー：オレンジ(赤×黄)

用具
- 巻棒：細(直径3mm)
- ボンド　のり
- 両面テープ

1 側面にクルクル棒を貼ります

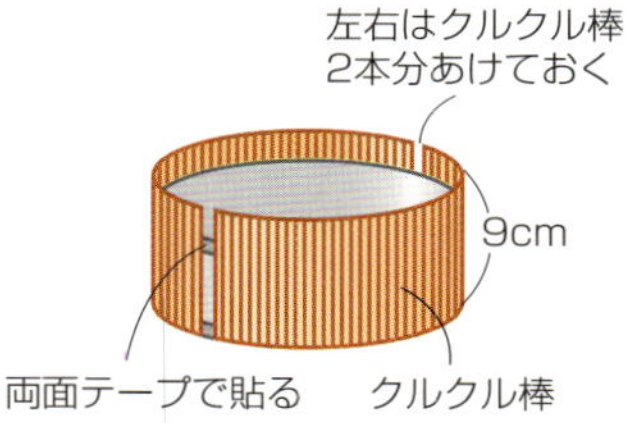
左右はクルクル棒
2本分あけておく
9cm
両面テープで貼る
クルクル棒

2 持ち手を付けます

持ち手を付ける
ワイヤー入り
クルクル棒

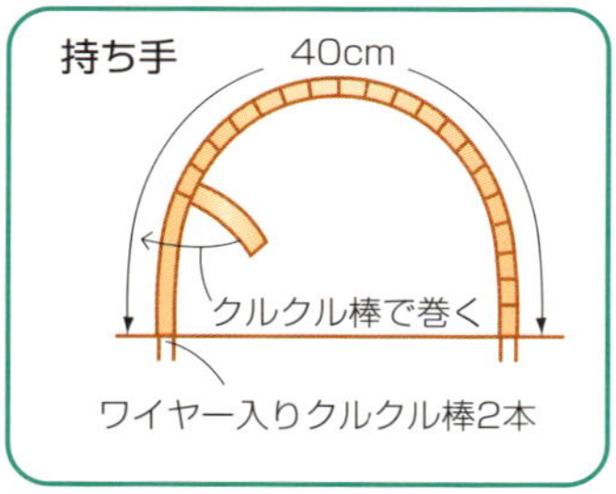
持ち手
40cm
クルクル棒で巻く
ワイヤー入りクルクル棒2本

お花のティッシュカバー

PAGE137

貼るだけでできるバスケット

材料 チラシ：8cm×55cm 80枚(クルクル棒 細 80本)
厚紙：25cm×30cm
ワイヤー：＃28　2本
ラッカー：ブルー

用具 巻棒：細(直径3mm)
ボンド　のり
両面テープ

1 土台を作ります

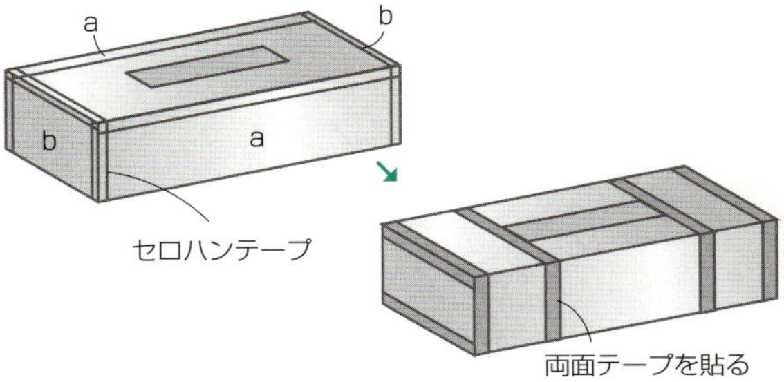
a
b
b
a
セロハンテープ
両面テープを貼る

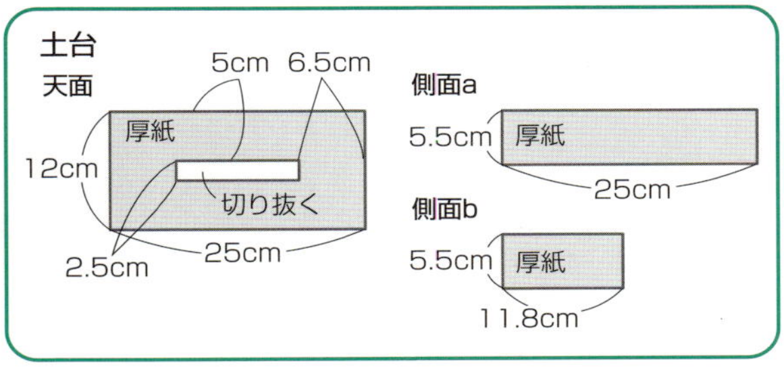
土台
天面
5cm
6.5cm
厚紙
12cm
切り抜く
2.5cm
25cm
側面a
5.5cm
厚紙
25cm
側面b
5.5cm
厚紙
11.8cm

2 側面と天面にクルクル棒を貼ります

側面bに貼る　→　取り出し口の横を貼る　→　残りの面に貼る

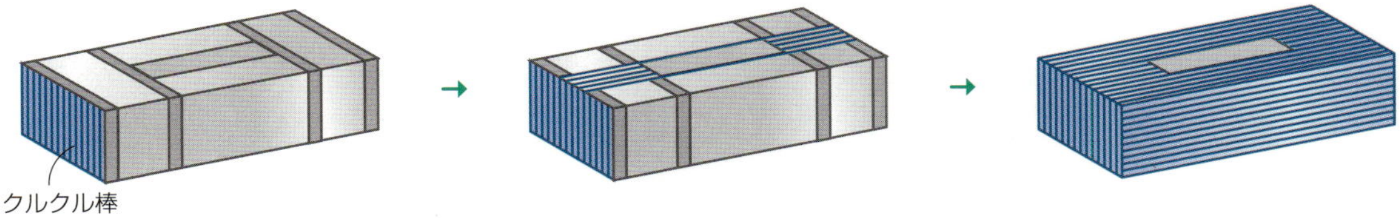
クルクル棒

3 帯を付けます

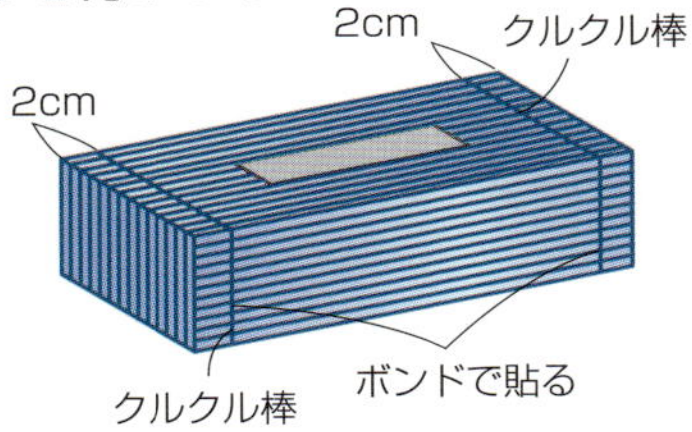
2cm
クルクル棒
2cm
クルクル棒
ボンドで貼る

4 花を付け、仕上げをします

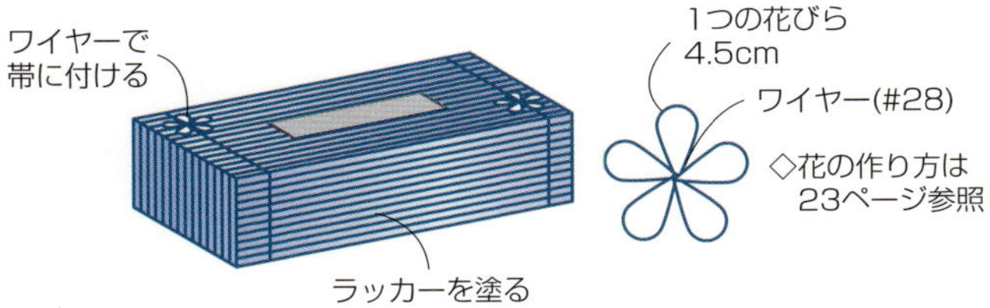
ワイヤーで
帯に付ける
ラッカーを塗る
1つの花びら
4.5cm
ワイヤー(#28)
◇花の作り方は
23ページ参照

3 帯を付けます

1cm
ボンド
で貼る
1cm
クルクル棒

4 リボンを付けます

クルクル棒を結んで
リボンを作る
ワイヤーで
帯に付ける

5 仕上げをします

ラッカーを塗る

１つは作ってみたい！

バッグを作る

バスケットを編んで・・・

持ち手を作って・・・

持ち手を付ければ、できあがり！

四角底と楕円底から作るバッグ

バッグを作る

四角底と楕円底から作るバッグ

バスケットに
持ち手を付ければ
バッグ・・・

1つできると
また次を思いつく

バッグの
いろいろだったり
バッグの
次のグッズだったり

ゴールに行くと
次がある・・・

それも楽しい・・・

白いリボンのバッグ

お日様が似合うバッグ
お出かけバッグ

お部屋の中で使えば
お日様を感じる
こもの入れに・・・

how to make P144-145

白いリボンのバッグ

PAGE 143

四角底と楕円底から作るバッグ

材料 チラシ：8cm×55cm 158枚(クルクル棒 細 158本)
リボン用チラシ　適量
ワイヤー：#22　80本　#28　4本
カラースプレー：アイボリー

用具 巻棒：細(直径3mm)
ボンド　のり

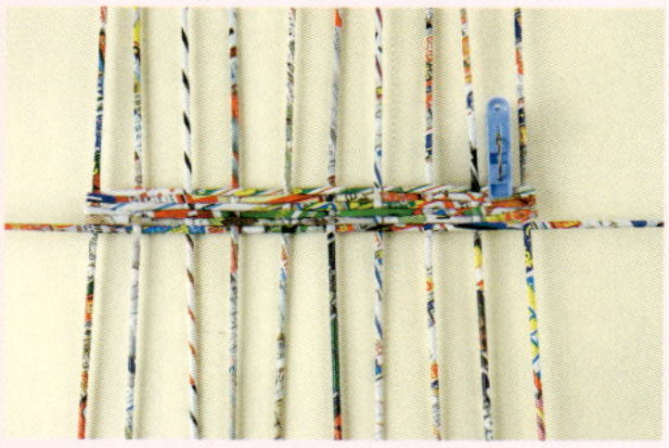

1 底を組みます
折り返し組みをします。ワイヤー入りクルクル棒横1本に、縦は23cm幅に10本を交互に入れ、ザル編みを2往復半します。

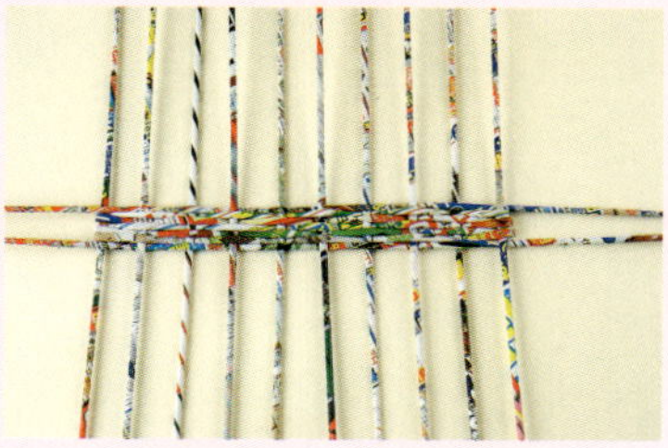

2 新たなワイヤー入りクルクル棒を1本入れます。左右、上下に出ている芯がタテ芯になります。

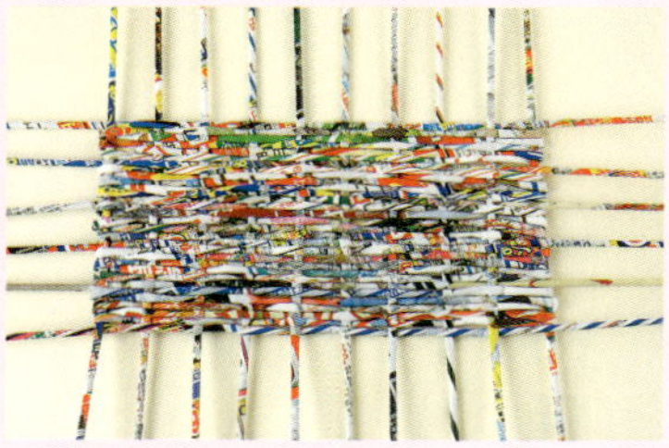

3 底を編みます
1～2を繰り返し、12cm幅に計6本のタテ芯を編み込んで底を作ります。

4 側面を編みます
タテ芯を立ち上げ、新たなクルクル棒を2つ折りにしてかけ、アミ芯とし、縄編みをします。
(角は2本組にします)

5 縄編みで1周したら、追いかけ編みをします。

6 高さ18cmまで追いかけ編みで編み、余計なアミ芯を切り、内側にボンドでとめます。

7 タテ芯を高さ10.5cmで切ります。

8 縁を始末します
かごどめで始末します。タテ芯の1本を隣のタテ芯に内側から外側にかけます。

9 さらに隣のタテ芯に外側から内側にかけます。同様に全てのタテ芯を内、外、内とかけます。

10 最後から2本目のタテ芯は、隣のタテ芯にかけ、最初のタテ芯の編み目に通します。

11 最後のタテ芯は、最初のタテ芯と2本目のタテ芯の編み目に通します。

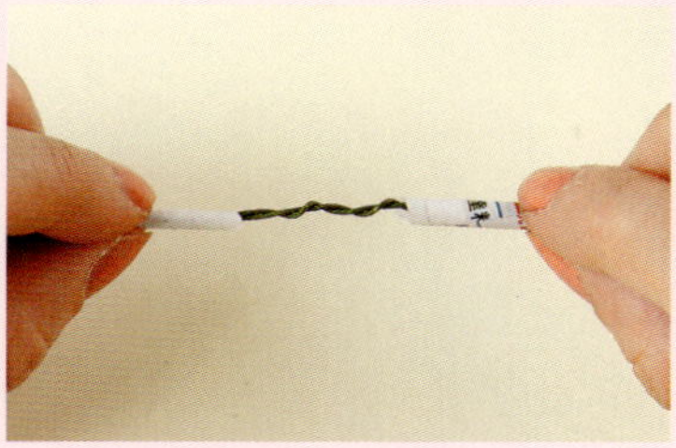

12 **持ち手を作り、付けます**
持ち手を作ります。ワイヤーをつなぎながらクルクル棒をつないで1m70cmの長さにします。

13 12を2本作り、それぞれ輪にします。

14 つぶしたクルクル棒で、2本いっしょに巻きます。

15 持ち手を本体の中心に10cmの間をあけてかけます。

16 縁から2.5cmと底から1.5cmの位置をワイヤー(#28)で仮どめします。ワイヤーを裏から差し込みます。

17 16を表側クロスにかけて、裏側に差し込み、ねじってとめます。

18 17の上をワイヤー入りクルクル棒で同様にクロスにかけます。

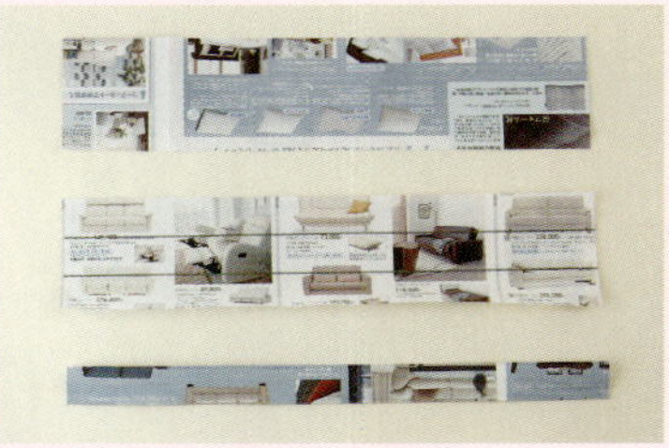

19 **リボンを作り、付けます**
リボンを作ります。
(リボンのサイズ181ページ、作り方27ページ)

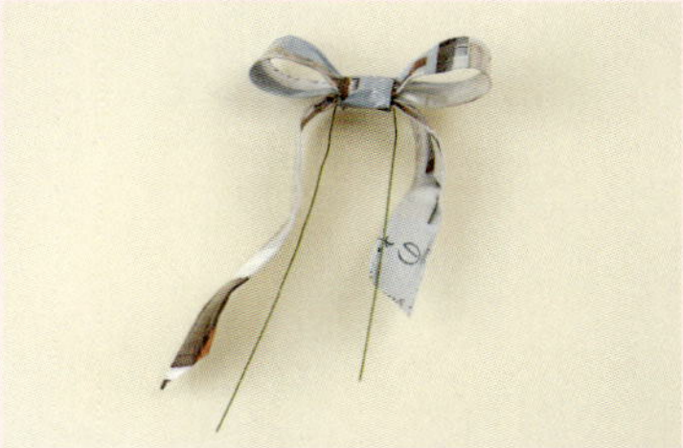

20 リボンを形にします。

21 リボンを付けて、できあがりです。

バッグを作る

四角底と楕円底から作るバッグ

how to make P147

口布付きのバッグ

布が付くだけで
また、あたたかい・・・

布が付くだけで
より広告チラシに見えないかも・・・

口布付きのバッグ

PAGE146

四角底と楕円底から作るバッグ

材料
チラシ：8cm×55cm 158枚(クルクル棒 細 158本)
ワイヤー：#22　76本　#28　4本
布：70cm×20cm
スピンドル：太さ0.5cm　1m80cm
ラッカー：マホガニー

用具
巻棒：細(直径3mm)
ボンド　のり

1 **バッグを作ります**
バッグ本体は白いリボンのバッグと同じです。（作り方144・145ページ）

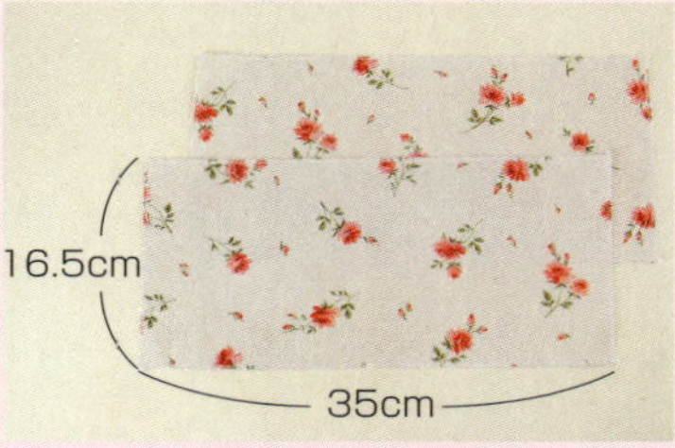

2 **口布を切り、付けます**
布を35cm×16.5cmに2枚切り、端の始末（ジグザグミシンまたはロックミシン）をします。

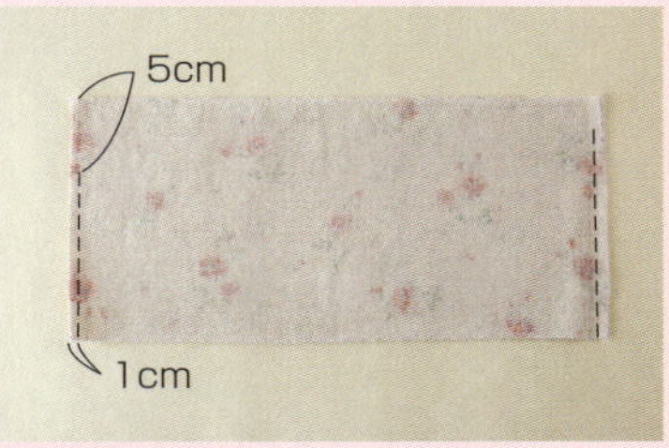

3 中表に重ね、上から5cmあけて、両端から1cmのところを縫います。

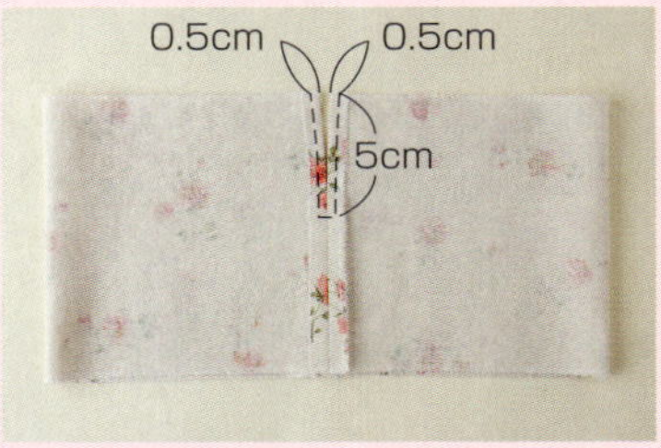

4 脇の縫い代を割り、あき口を縫います。端から0.5cmのところを縫います。

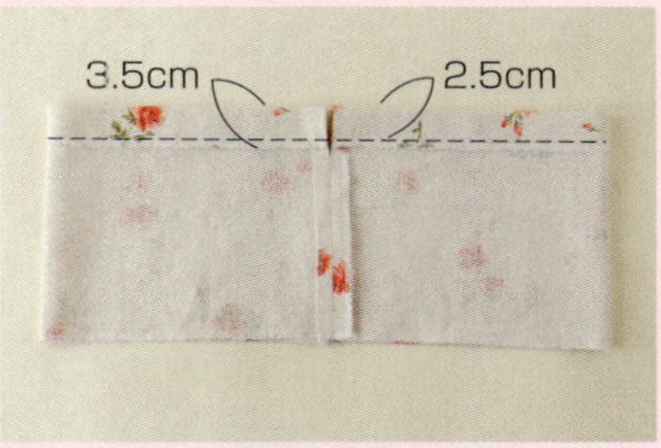

5 入れ口を3.5cm折り、上から2.5cmのところを縫います。

6 本体に色を付けて乾いたら、口布の下から3cmのところにボンドを付けて、貼ります。

7 90cmのスピンドル2本を口布の左から通して左に戻して結びます。

8 右側も同様に通します。

9 できあがりです。

透かし模様のバッグ

シンプルな作りだから
工夫も簡単

透かし模様で
涼しく・・・

一工夫でオリジナル・・・

how to make P150

四角底と楕円底から作るバッグ

how to make P151

ふた付きバッグ

ふたがあるだけで
楽しいバッグになる

同じ物を作ってふたにする
そのアイデアも楽しい・・・

透かし模様のバッグ

PAGE 148

四角底と楕円底から作るバッグ

材料 チラシ：8cm×55cm 137枚(クルクル棒 細 137本)
ワイヤー：#22　86本　#28　4本
ラッカー：マホガニー

用具 巻棒：細(直径3mm)
ボンド　のり

1 底を組みます

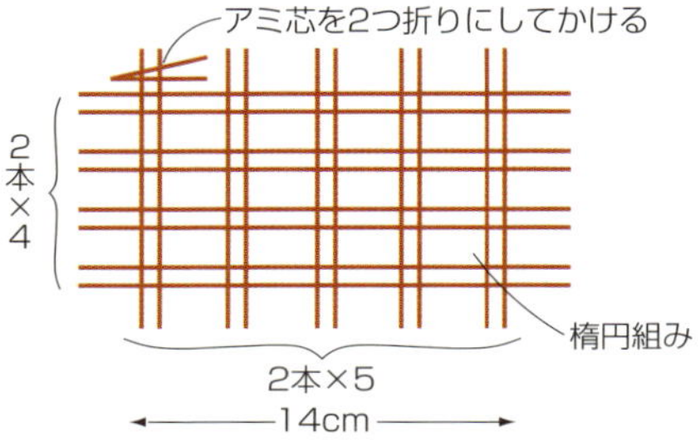
アミ芯を2つ折りにしてかける
2本×4
楕円組み
2本×5
14cm

2 底を編みます

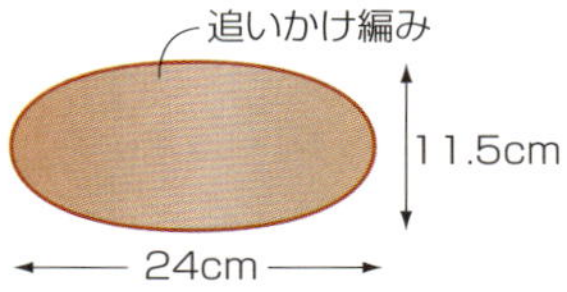

3 側面(下)を編みます

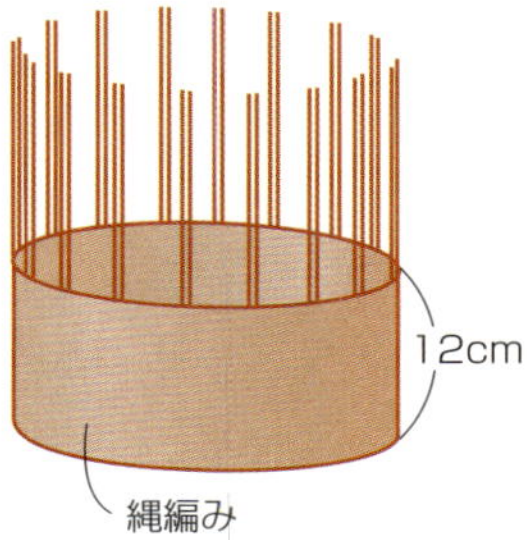
12cm
縄編み

4 透かし模様を編みます

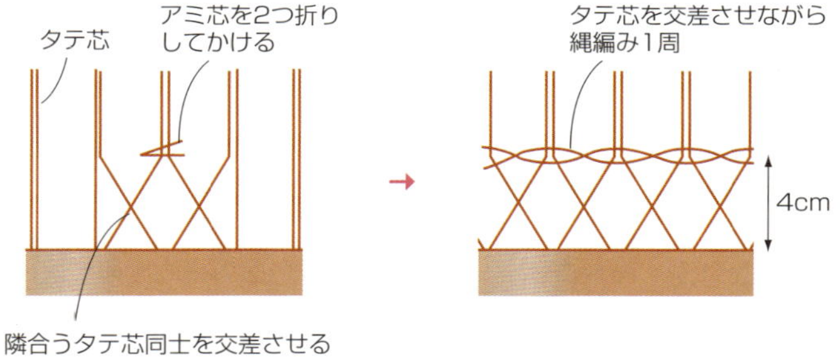
タテ芯
アミ芯を2つ折り
してかける
隣合うタテ芯同士を交差させる
タテ芯を交差させながら
縄編み1周
4cm

5 側面(上)を編みます

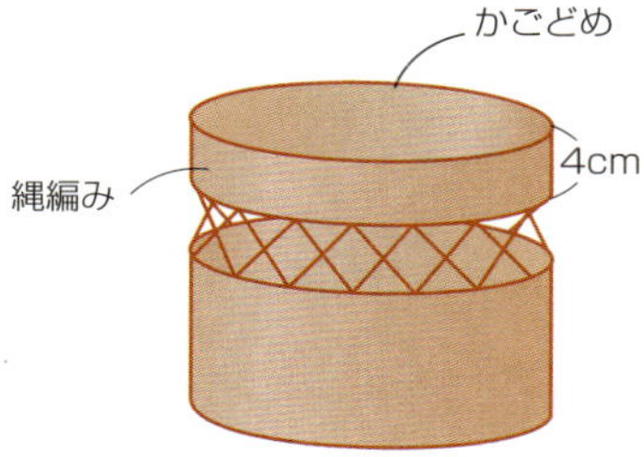

6 持ち手を付けます

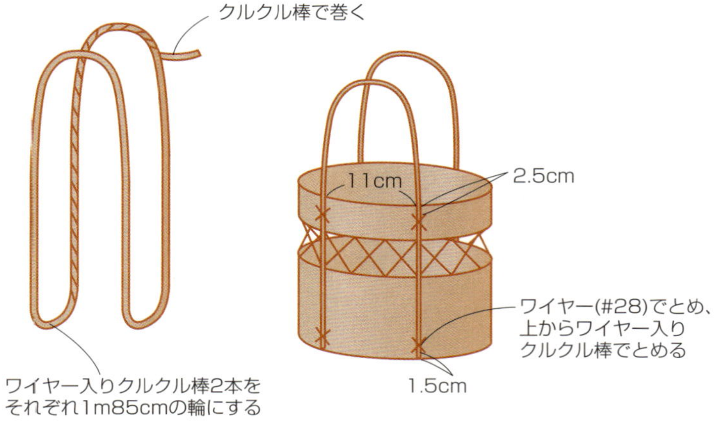
クルクル棒で巻く
ワイヤー入りクルクル棒2本を
それぞれ1m85cmの輪にする
11cm
2.5cm
ワイヤー(#28)でとめ、
上からワイヤー入り
クルクル棒でとめる
1.5cm

7 仕上げをします

ラッカーを塗る

ふた付きバッグ

PAGE149

四角底と楕円底から作るバッグ

材料 チラシ：8cm×55cm 121枚(クルクル棒 細 121本)
ワイヤー：＃22　73本
カラースプレー：アイボリー

用具 巻棒：細(直径3mm)
ボンド　のり

1 本体の底を組みます

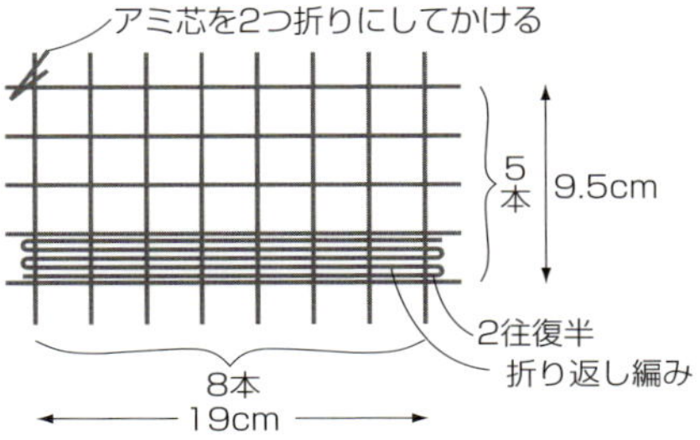
アミ芯を2つ折りにしてかける
5本
9.5cm
2往復半
折り返し編み
8本
19cm

2 本体の側面を編みます

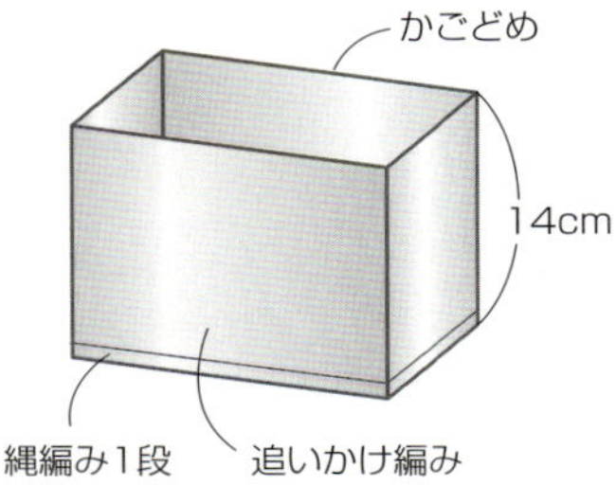
かごどめ
14cm
縄編み1段
追いかけ編み

3 ふたを作ります

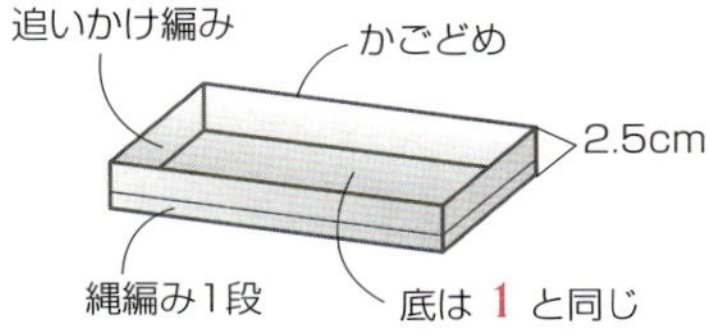
追いかけ編み
かごどめ
2.5cm
縄編み1段
底は 1 と同じ

4 留め具を作ります

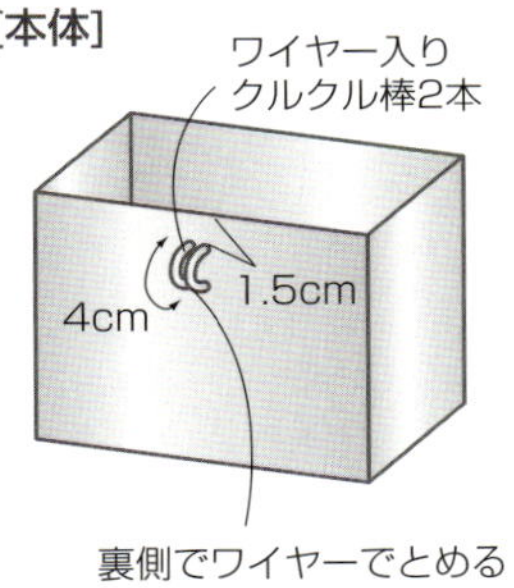
[本体]
ワイヤー入り
クルクル棒2本
4cm
1.5cm
裏側でワイヤーでとめる

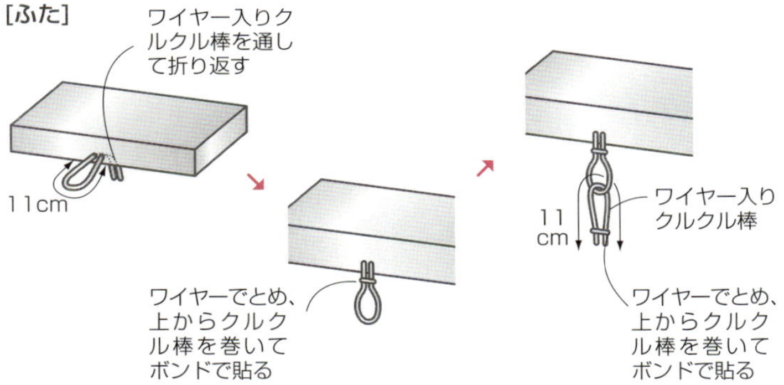
[ふた]
ワイヤー入りク
ルクル棒を通し
て折り返す
11cm
ワイヤーでとめ、
上からクルク
ル棒を巻いて
ボンドで貼る
11
cm
ワイヤー入り
クルクル棒
ワイヤーでとめ、
上からクルク
ル棒を巻いて
ボンドで貼る

5 本体にふたを付けます

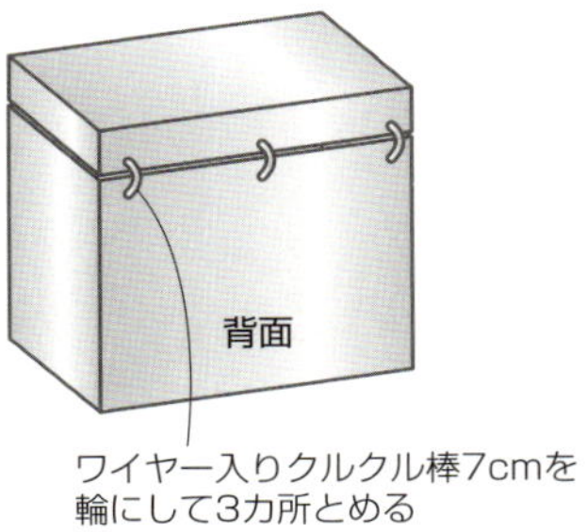
背面
ワイヤー入りクルクル棒7cmを
輪にして3カ所とめる

6 持ち手を付け、仕上げをします

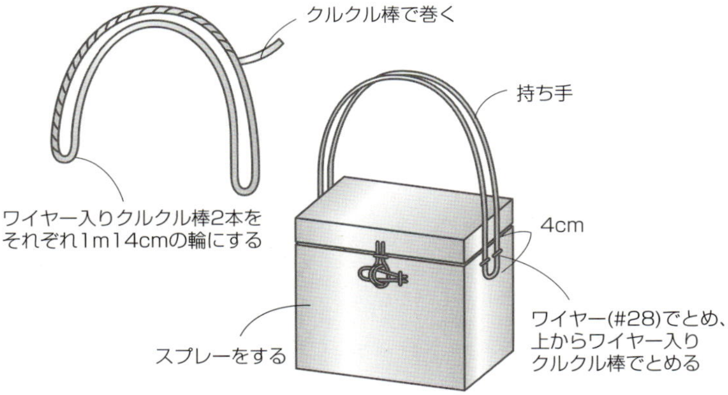
クルクル棒で巻く
持ち手
ワイヤー入りクルクル棒2本を
それぞれ1m14cmの輪にする
4cm
スプレーをする
ワイヤー(#28)でとめ、
上からワイヤー入り
クルクル棒でとめる

四角底と楕円底から作るバッグ

白い大きなバッグ

お買い物に行けそうな
大きなバッグ

大きい分、作るのもたいへん
だけど・・・

使うときには
人一倍うれしいバッグ

how to make P155

お花のミニバッグ

どこにお出かけしよう・・・
考えるだけで
楽しい手作りバッグ

お部屋にあるだけで
お出かけ気分に・・・

how to make P154

リボンの赤いバッグ

タテ芯が2本
縁の感じが違ってくる

そんなこと考えながら
デザインするのが
おもしろい・・・

how to make P154-155

お花のミニバッグ

PAGE153

四角底と楕円底から作るバッグ

材料 チラシ：8cm×55cm 87枚(クルクル棒 細 87本)
花用チラシ 適量
ワイヤー：#22　47本　#28　2本
ラッカー：オレンジ(赤×黄)

用具 巻棒：細(直径3mm)
ボンド　のり

1 底を組みます

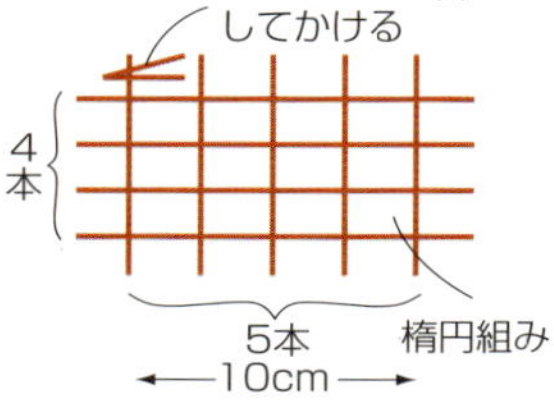

アミ芯を2つ折りにしてかける
4本
5本
楕円組み
10cm

2 底を編みます

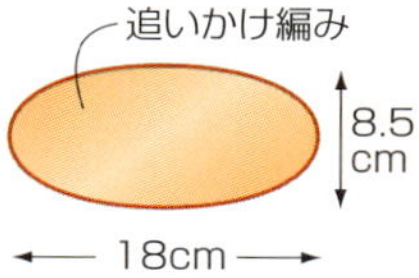

3 側面を編みます

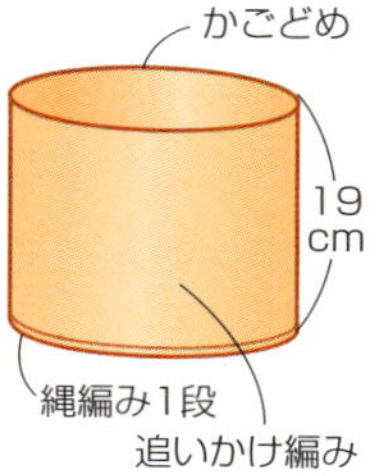

かごどめ
19cm
縄編み1段
追いかけ編み

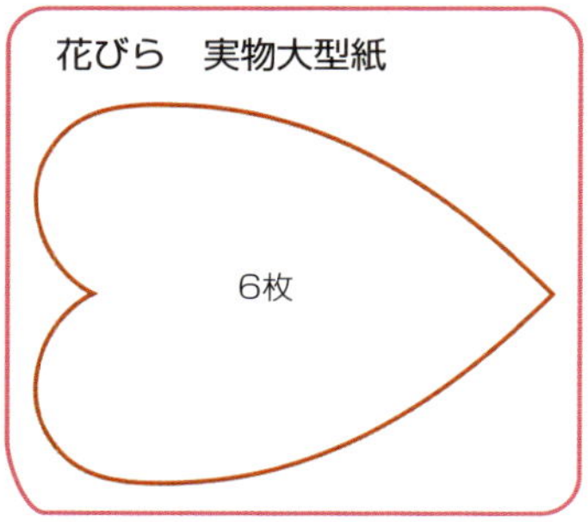

花びら　実物大型紙
6枚

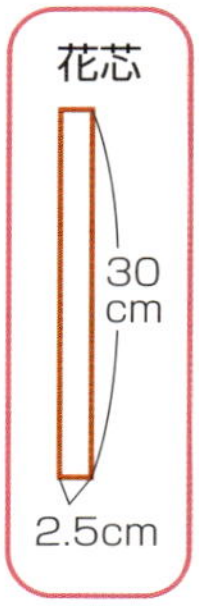

花芯
30cm
2.5cm

4 持ち手を付けます

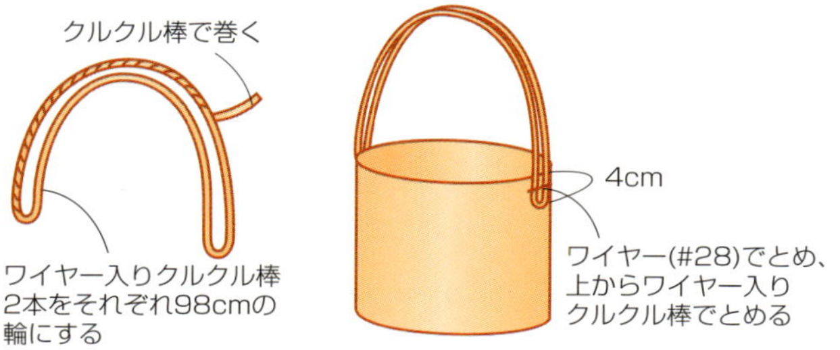

クルクル棒で巻く
ワイヤー入りクルクル棒
2本をそれぞれ98cmの
輪にする
4cm
ワイヤー(#28)でとめ、
上からワイヤー入り
クルクル棒でとめる

5 花を付け、仕上げをします

5.5cm
花を作り、ワイヤー
で付ける
◇花の作り方は
168ページ参照
ラッカーを塗る

リボンの赤いバッグ

PAGE153

四角底と楕円底から作るバッグ

材料 チラシ：8cm×55cm 134枚(クルクル棒 細 134本)
リボン用チラシ　適量
ワイヤー：#22　85本　#28　4本
ラッカー：ワインレッド

用具 巻棒：細(直径3mm)
ボンド　のり

1 底を組みます

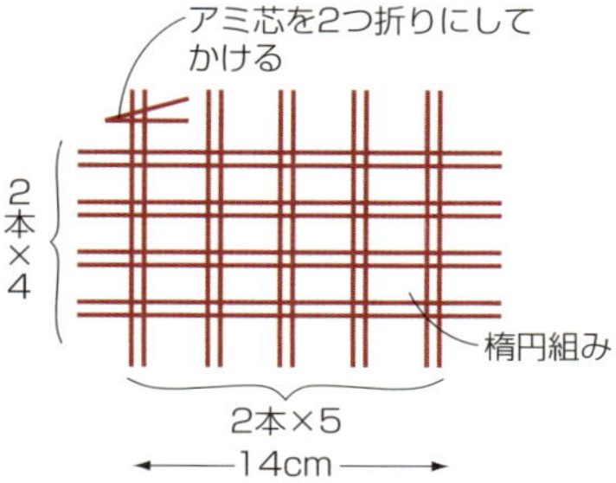

アミ芯を2つ折りにして
かける
2本×4
楕円組み
2本×5
14cm

2 底を編みます

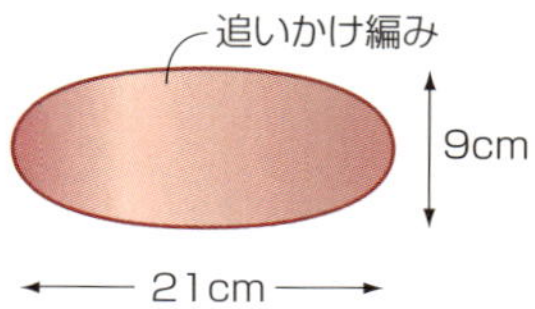

3 側面を編みます

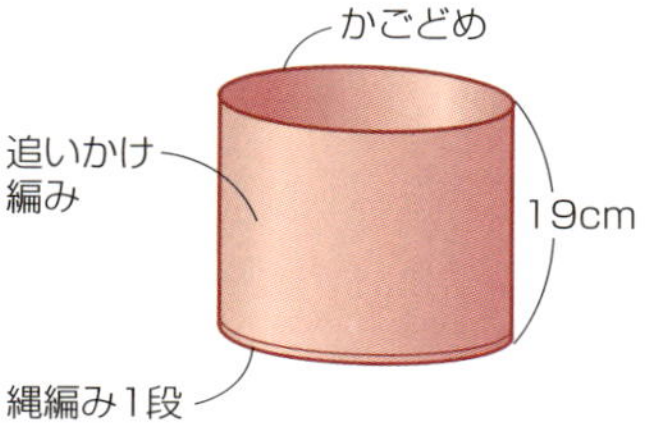

かごどめ
追いかけ
編み
19cm
縄編み1段

白い大きなバッグ

PAGE152

四角底と楕円底から作るバッグ

材料 チラシ：8cm×55cm 137枚(クルクル棒 細 137本)
ワイヤー：#22　94本　#28　8本
カラースプレー：白

用具 巻棒：細(直径3mm)
ボンド　のり

1 底を組みます

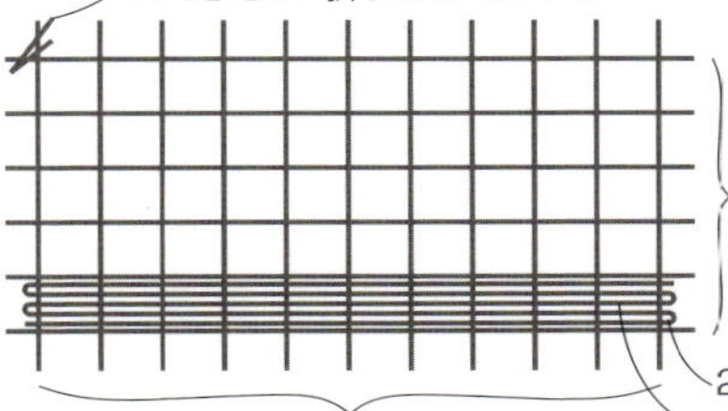

アミ芯を2つ折りにしてかける
6本
12cm
2往復半
11本
25cm
折り返し組み

2 側面を編みます

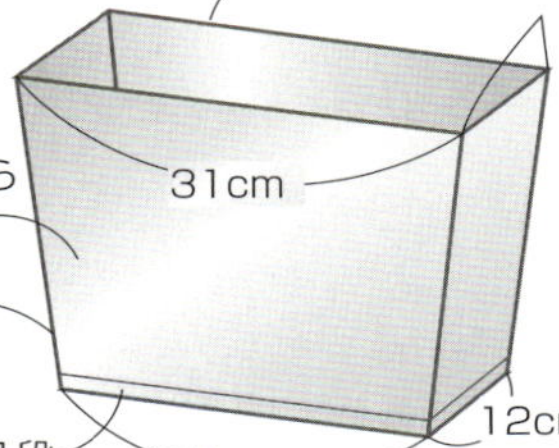

かごどめ
12cm
タテ芯を広げながら追いかけ編み
31cm
25cm
角のタテ芯のみ2本組
縄編み1段
25cm
12cm

3 持ち手を付けます

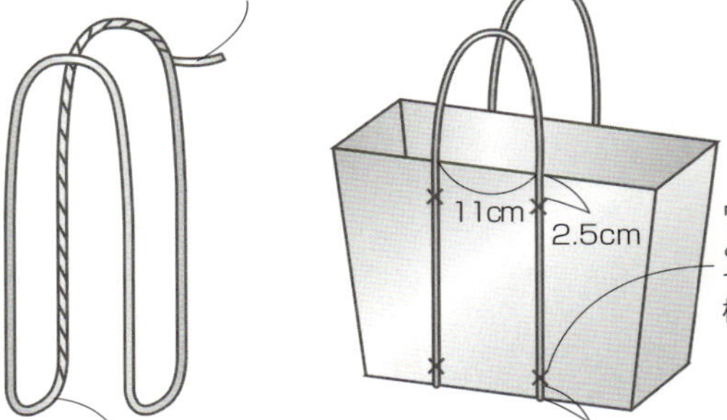

クルクル棒で巻く
ワイヤー入りクルクル棒2本をそれぞれ1m96cmの輪にする
11cm
2.5cm
ワイヤー(#28)でとめ、上からワイヤー入りクルクル棒でとめる
1.5cm

4 花を付け、仕上げをします

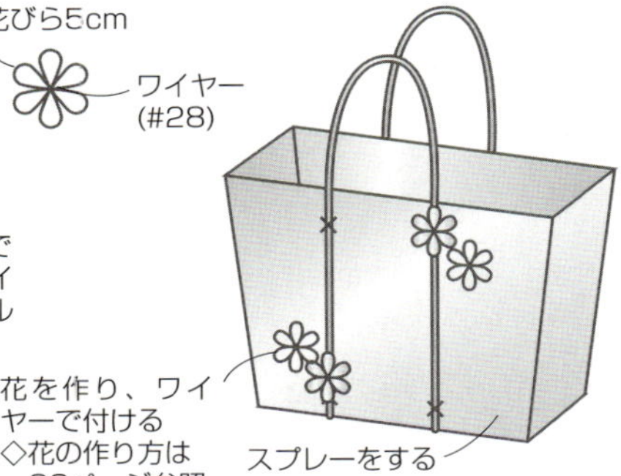

1つの花びら5cm
ワイヤー(#28)
花を作り、ワイヤーで付ける
◇花の作り方は23ページ参照
スプレーをする

4 持ち手を付けます

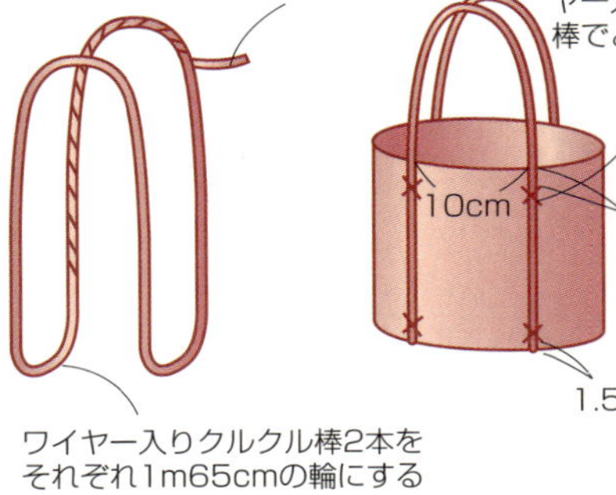

クルクル棒で巻く
ワイヤー(#28)でとめ、上からワイヤー入りクルクル棒でとめる
10cm
2.5cm
1.5cm
ワイヤー入りクルクル棒2本をそれぞれ1m65cmの輪にする

5 リボンを付け、仕上げをします

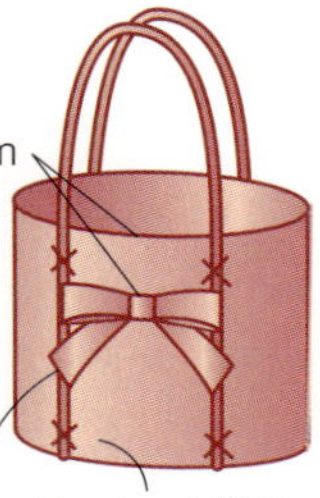

5cm
ラッカーを塗る
ワイヤー入りリボンを作り、ワイヤーで付ける
◇リボンの作り方は27ページ参照

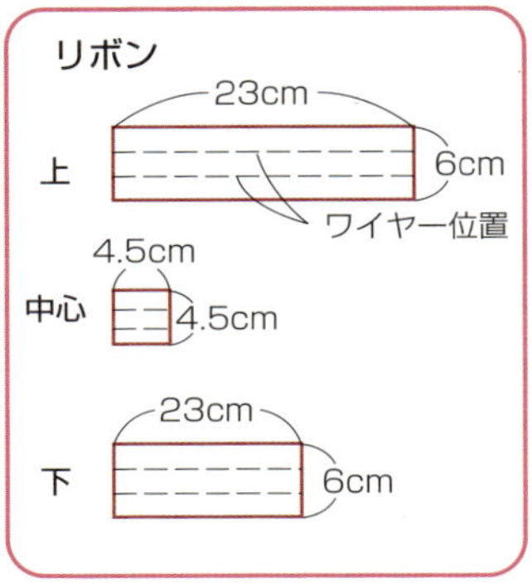

楽しくチャレンジ！

飾りを作る

束ねてねじって輪を作り・・・

飾りを作り・・・

合わせて、できあがり！

しめ飾り＆リース

チラシの色で作る花

形がきれいなリボン飾り

チラシの色で作るビーズ

飾りを作る

・・・

しめ飾り＆リース

広告チラシや
クルクル棒からできるものは
いろいろ・・・

バスケットに色を塗ると
紙とは思えない仕上がり
それを活かしたり

印刷のきれいな色
それを活かしたり・・・

思った通り
どれも驚くほどの
仕上がり・・・

お正月飾り

きゅっと結んだところが
上に伸びて・・・

1年の始まりに
ぴったりのお正月飾り

how to make P160

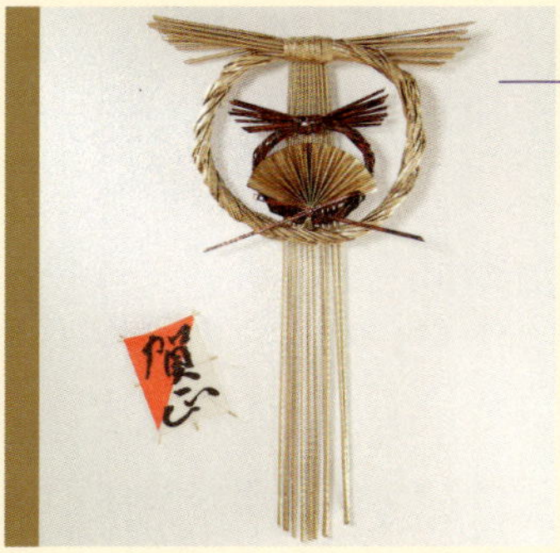

お正月飾り

PAGE159

しめ飾り&リース

材料
チラシ：8cm×55cm 55枚(クルクル棒 細 55本)
扇用・補強用チラシ 適量
ワイヤー：#22　50本
カラースプレー：ゴールド
ラッカー：マホガニー

用具
巻棒：細(直径3mm)
ボンド　のり

1 2本つなげて長くしたクルクル棒14本を束ねて7本ずつに分け、ねじります。

2 輪にし、ワイヤーでとめます。

3 ワイヤーの上からクルクル棒を巻き、巻き終わりをボンドでとめます。

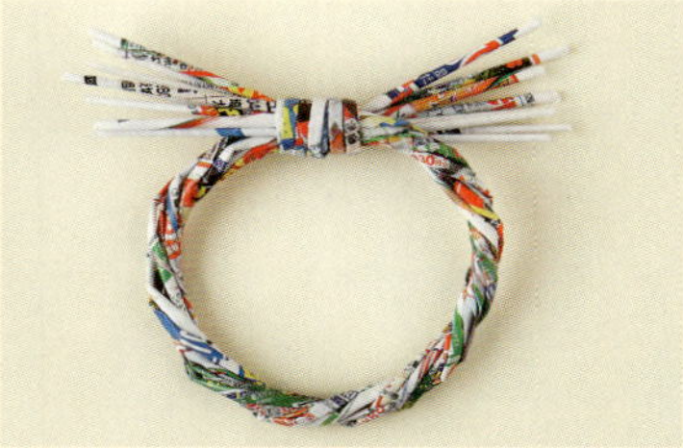

4 1～3と同様に、小さいサイズをクルクル棒7本で作ります。

5 チラシを9cm×28cmに切り、1cm幅にじゃばらに折ります。

6 根元をワイヤーでとめ、クルクル棒をリボン結びにして、ワイヤーで付けます。

7 クルクル棒10本を、3の裏側に貼ります。（ボンドでとめ、別な紙を上から貼ります）

8 7に4をワイヤーとボンドでとめます。

9 6をワイヤーで付けて、できあがりです。

飾りを作る

・・・

しめ飾り&リース

お正月リース

ねじって巻いて・・・
すぐできる

自分で作った
しめ飾りで迎えよう・・・

新しい年

お正月リース

PAGE161

しめ飾り&リース

材料
- **チラシ**：8cm×55cm 56枚(クルクル棒 細56本)
  補強用チラシ 適量
- **ワイヤー**：#28　3本
- **カラースプレー**：ゴールド
- **ラッカー**：マホガニー

用具
- **巻棒**：細(直径3mm)
- **ボンド　のり**

1 リース(大)を作ります

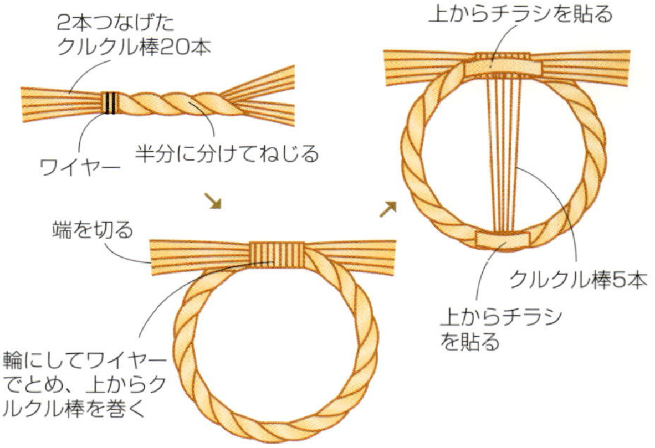

2本つなげた
クルクル棒20本
ワイヤー
半分に分けてねじる
端を切る
輪にしてワイヤー
でとめ、上からク
ルクル棒を巻く
上からチラシを貼る
クルクル棒5本
上からチラシ
を貼る

2 リース(小)を作ります

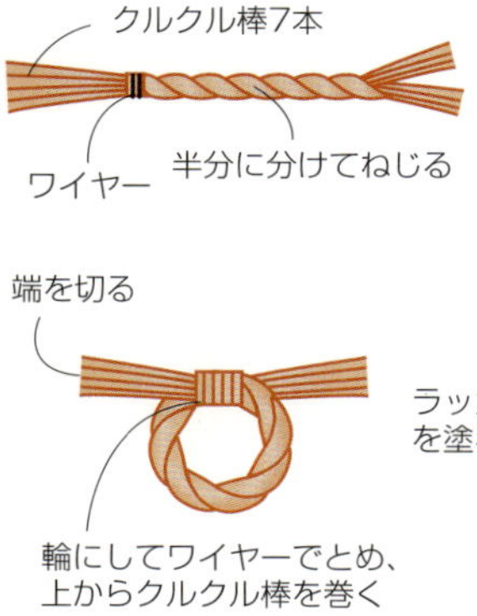

クルクル棒7本
ワイヤー
半分に分けてねじる
端を切る
輪にしてワイヤーでとめ、
上からクルクル棒を巻く

3 リボンを作り、仕上げをします

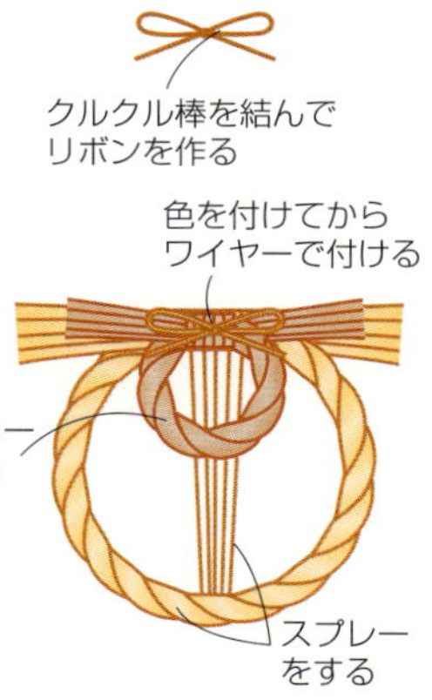

クルクル棒を結んで
リボンを作る
色を付けてから
ワイヤーで付ける
ラッカー
を塗る
スプレー
をする

しめ飾り＆リース

扇のお正月飾り

鶴を折って
飾りを作って
お正月・・・

手作りからスタート

how to make P164

ゴールドのバラリース

クルクル巻いたバラと
大きなリボン

ゴールドの
スプレーがステキ

how to make P165

シルバーの星リース

音楽好きな人への
プレゼント・・・

人を通すと
また、いろいろ
見えてくるから

プレゼントはおもしろい・・・

how to make P164

扇のお正月飾り

PAGE 162

しめ飾り&リース

材料 チラシ：8cm×55cm 35枚(クルクル棒 細 35本)
扇・鶴用チラシ 適量
ワイヤー：#28　2本　厚紙：25cm×25cm
ラッカー：マホガニー・レッド
カラースプレー：ゴールド・黒

用具 巻棒：細(直径3mm)
ボンド　のり

1 土台を作ります

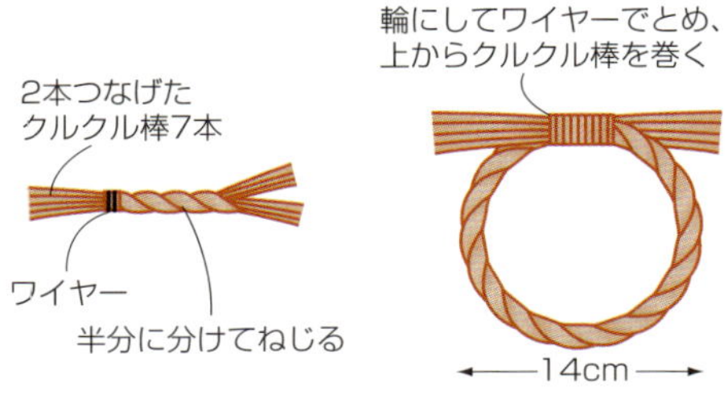

2本つなげた
クルクル棒7本
ワイヤー
半分に分けてねじる
輪にしてワイヤーでとめ、
上からクルクル棒を巻く
14cm

2 扇を作ります

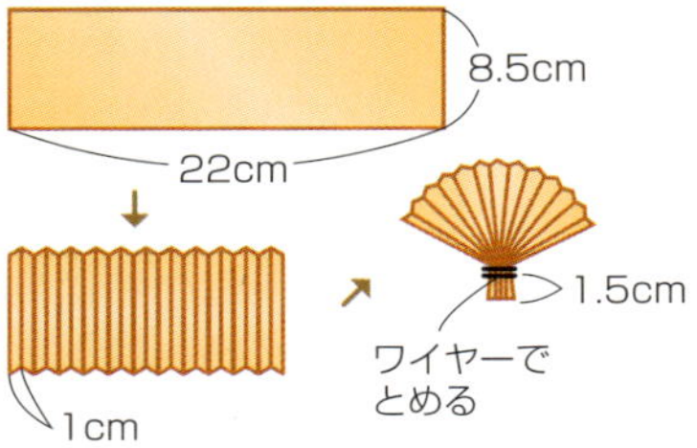

3 リボンを作ります

クルクル棒を結んで
リボンを作る

4 鶴を作ります

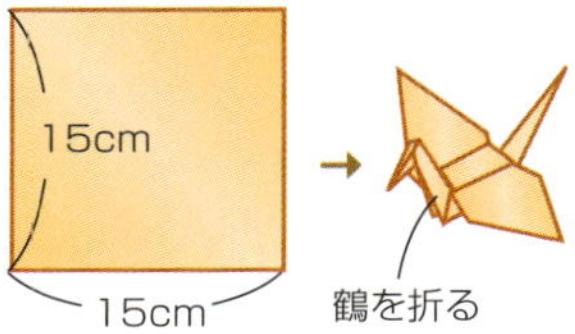

15cm
15cm
鶴を折る

5 台を作ります

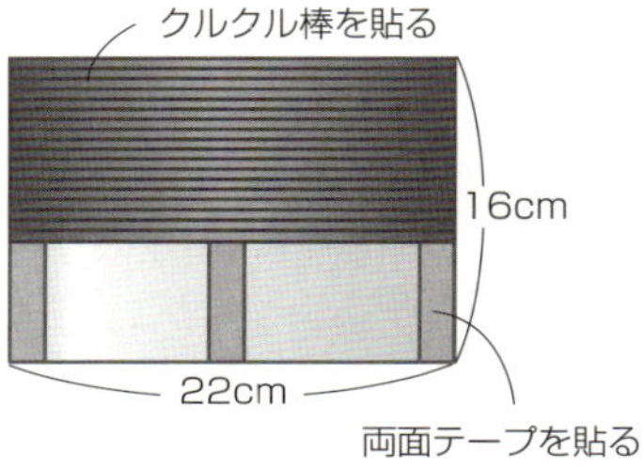

クルクル棒を貼る
16cm
22cm
両面テープを貼る

6 仕上げをします

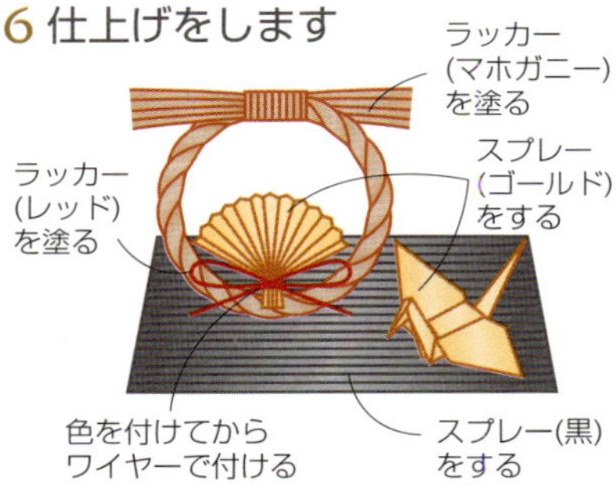

ラッカー
(マホガニー)
を塗る
ラッカー
(レッド)
を塗る
スプレー
(ゴールド)
をする
色を付けてから
ワイヤーで付ける
スプレー(黒)
をする

シルバーの星リース

PAGE 163

しめ飾り&リース

材料 チラシ：10cm×55cm 27枚(クルクル棒 中 27本)
ワイヤー：#28　3本
カラースプレー：シルバー

用具 巻棒：中(直径4.4mm)
ボンド　のり

1 土台を作ります

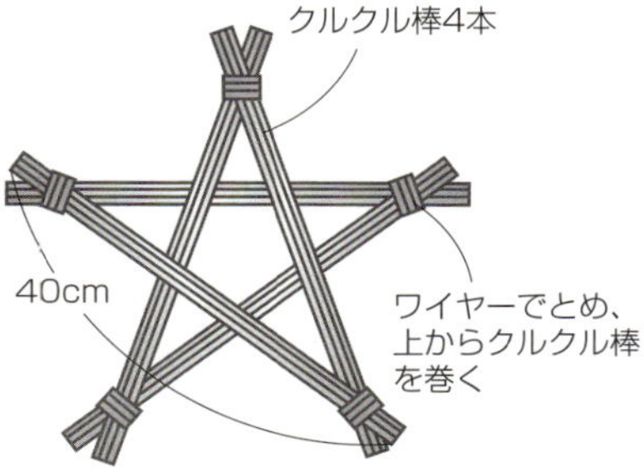

クルクル棒4本
40cm
ワイヤーでとめ、
上からクルクル棒
を巻く

2 飾りを作ります

クルクル棒2本を
つなげてつぶす
ト音記号の
形にする
ボンド
で貼る

3 仕上げをします

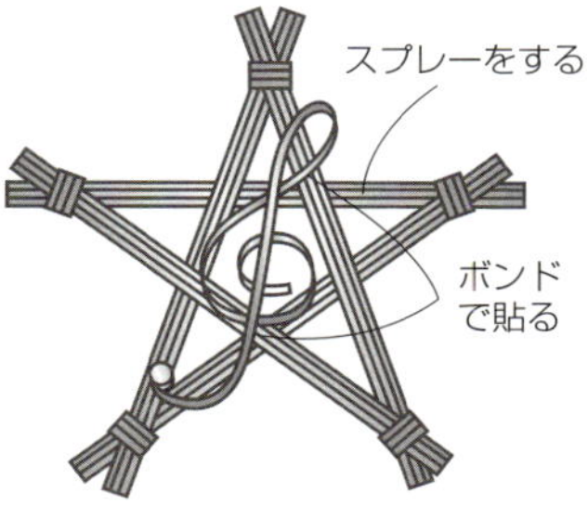

スプレーをする
ボンド
で貼る

ゴールドのバラリース

PAGE163

しめ飾り＆リース

材料 チラシ：8cm×55cm 35枚(クルクル棒 細 35本)
リボン・葉・補強用チラシ 適量
ワイヤー：#22　6本
カラースプレー：ゴールド

用具 巻棒：細(直径3mm)
ボンド　のり

1 土台を作ります

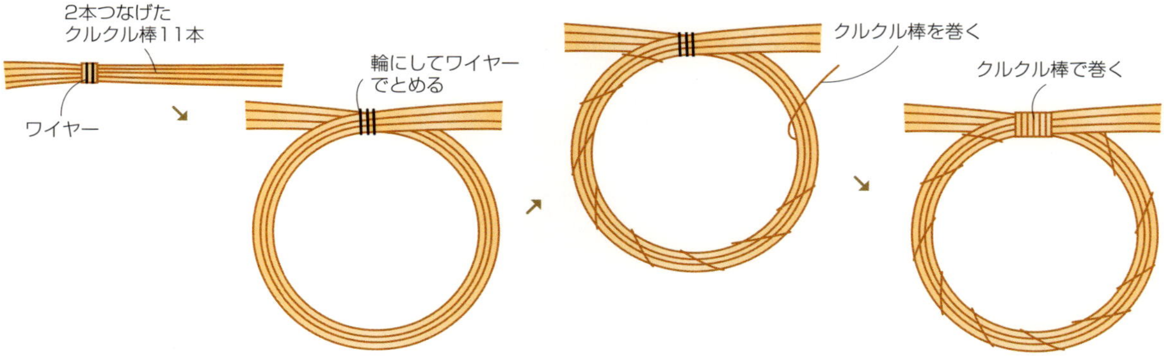
2本つなげた
クルクル棒11本
ワイヤー
輪にしてワイヤー
でとめる
クルクル棒を巻く
クルクル棒で巻く

2 土台の裏にクルクル棒をつけます

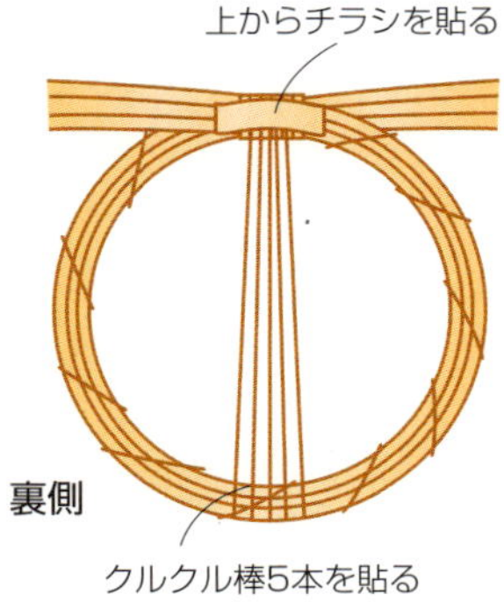
上からチラシを貼る
裏側
クルクル棒5本を貼る

3 リボンを作ります

切る
ワイヤー入りリボンを作る
◇リボンの作り方は
27ページ参照

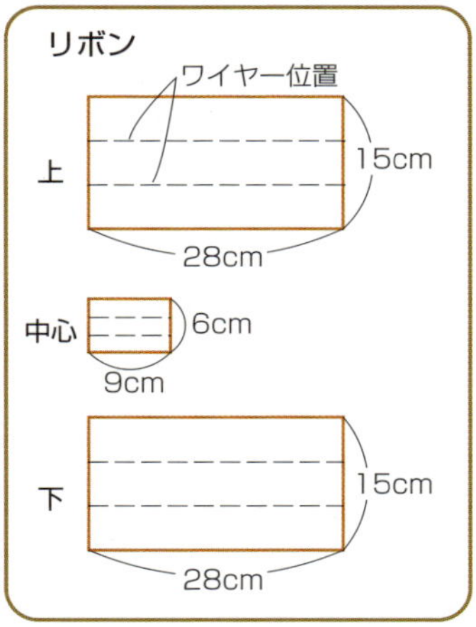
リボン
ワイヤー位置
上
15cm
28cm
中心
6cm
9cm
下
15cm
28cm

4 花を作ります

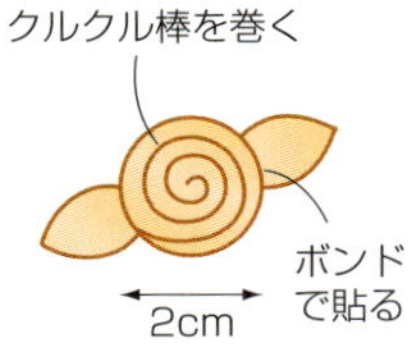
クルクル棒を巻く
ボンド
で貼る
2cm

6個作る

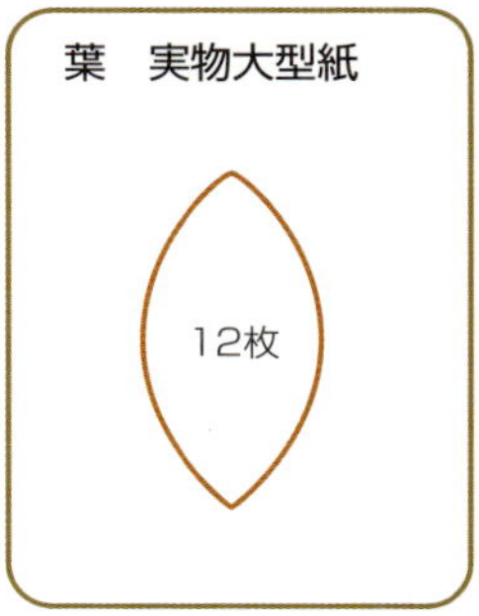
葉　実物大型紙
12枚

5 仕上げをします

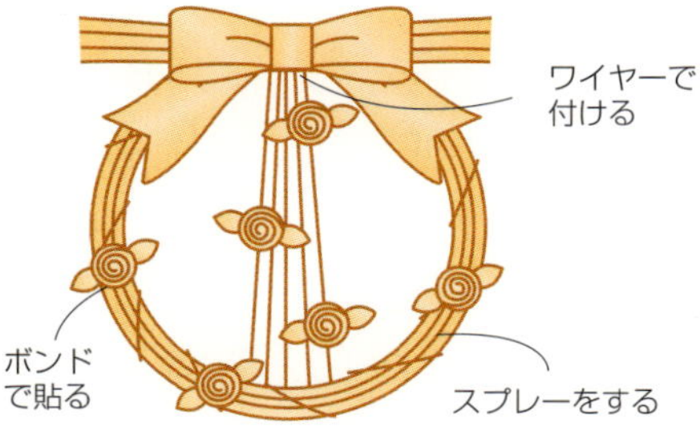
ワイヤーで
付ける
ボンド
で貼る
スプレーをする

ピンクの花

お部屋にあわせた
色で作って・・・
お花を飾る

ポプリオイルを忍ばせて・・・

how to make P168

飾りを作る

・・・

チラシの色で作る花

印刷の色がきれいな紙を
見つけたら
お花に・・・

テーブルの上でできる
小さな手作りだけど

お部屋に1輪
飾るだけで

お部屋の空気が
変わってくる・・・

ピンクの花

PAGE166

チラシの色で作る花

材料 | チラシ：ピンク　きみどり　オレンジ　各適量
ワイヤー：#22　各1本　#28　各2本
スプレー：つや出しスプレー

用具 | ボンド

1 パーツを切ります
花びらを6枚、葉を4枚、花芯を2.5cm×25cmに、茎を0.5cm幅に切ります。（型紙は181ページ）

2 葉を作ります
ワイヤー(#28)を挟んで、葉2枚をボンドで貼り合わせます。

3 ボンドが乾く前に少し段を付け、形を整えます。

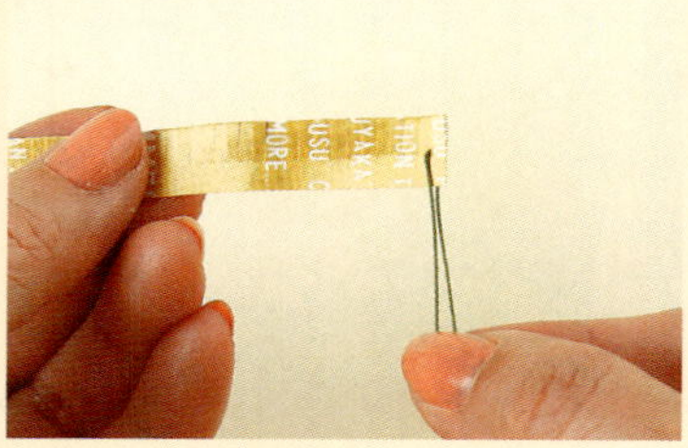

4 花芯を作ります
花芯を2つ折りして貼り合わせ、輪の側に0.2cm幅、長さ0.5cmの切り込みを入れ、端を2つ折りにしたワイヤー(#22)をかけます。

5 花芯の根本をボンドで貼りながら、巻きます。

6 組み立てます
花芯のまわりに花びらをボンドで貼ります。

7 0.5cm幅に切った茎を、花の根元からボンドで貼りながら巻きます。

8 途中で葉のワイヤーもはさんで巻きます。

9 花びらにカーブをつけて、スプレーをし、できあがりです。

ブルーの花

花びらの形、葉っぱの形
いろいろ工夫すれば
オリジナルの花に・・・

チラシの色を選ぶのが
楽しいお花作り・・・

ブルーの花

PAGE 169

チラシの色で作る花

材料
チラシ：ブルー　きみどり　黄　各適量
ワイヤー：#22　1本　#28　3本
スプレー：つや出しスプレー

用具　ボンド

1 パーツを切ります　◇型紙は181ページ

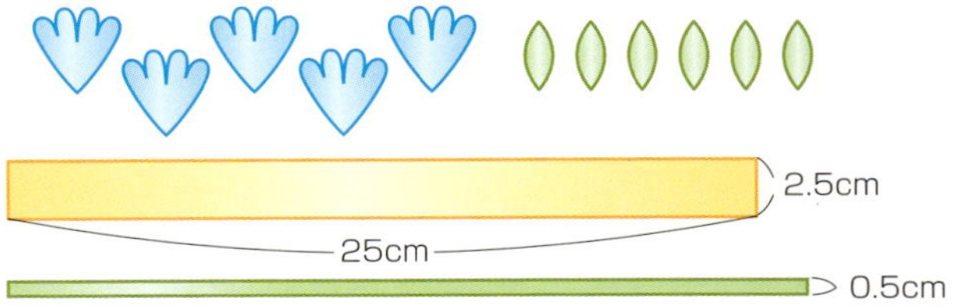
2.5cm
25cm
0.5cm

2 花芯を作ります

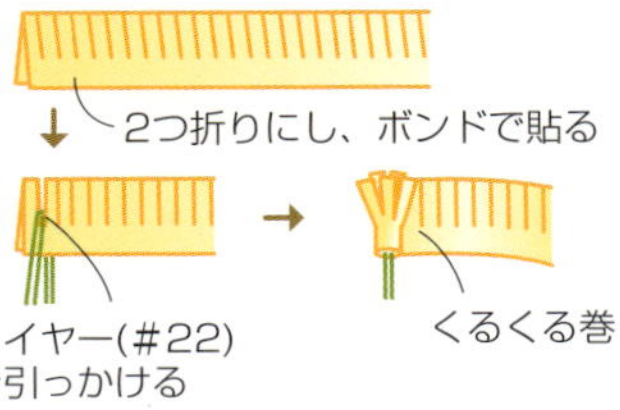
2つ折りにし、ボンドで貼る
ワイヤー(#22)
を引っかける
くるくる巻く

3 葉を作ります

葉2枚に
ワイヤー
(#28)
をはさむ
0.5cm幅
に切った
チラシ
くるくる
巻く

4 花を作ります

ボンドで貼る

5 茎を付け、仕上げをします

0.5cm幅に切ったチラシ
つや出しスプレー

飾りを作る

・・・

形がきれいなリボン飾り

バスケットに付けたり
バッグに付けたり

リボン1つで
かわいくなったり
おしゃれになったり・・・

ちょっと
いびつになったところを
隠してくれたり・・・

リボンの力はすごい・・・

ゴールドのドアリース

くるっと丸めた
クルクル棒・・・

リボンを付けただけで
かわいいドアリースに・・・

how to make P172

ゴールドのドアリース

PAGE171

形がきれいなリボン飾り

材料	チラシ：8cm×55cm 2枚(クルクル棒 細 2本) リボン・留め具用チラシ 適量 ワイヤー：#22　9本
用具	カラースプレー：ゴールド 巻棒：細(直径3mm) ボンド　のり　セロハンテープ　筒(直径8cm)

1 リングを作ります
ワイヤー入りクルクル棒2本つないだものを筒に巻き、形作ります。

2 輪にしたクルクル棒を、セロハンテープで4カ所貼ります。

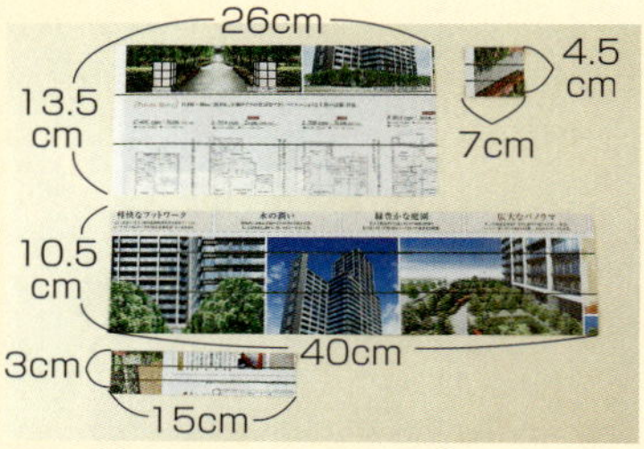

3 リボンを作り、付けます
リボン用のチラシを切ります。3等分したところに、ワイヤーを貼ります。

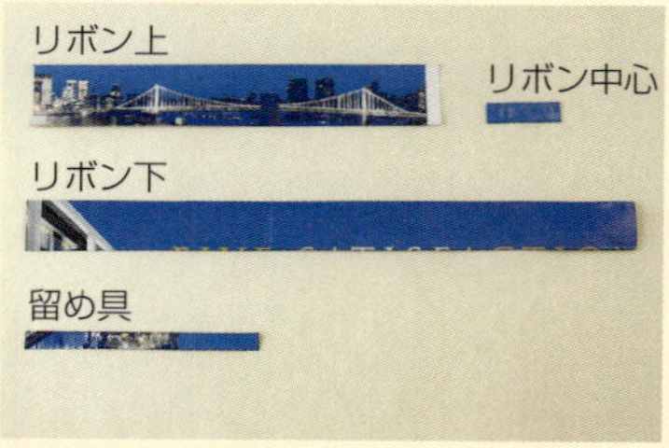

4 ワイヤーに沿って、折ります。

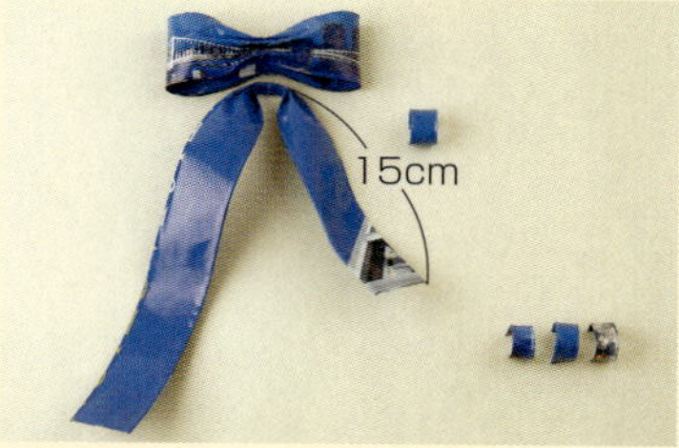

5 それぞれ形作ります。

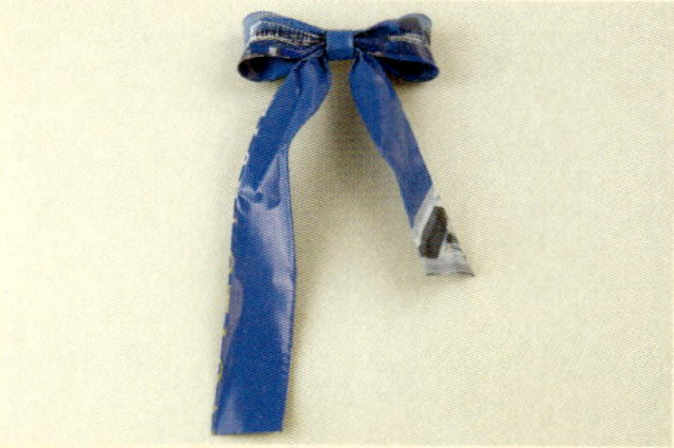

6 組み合わせてリボンのできあがりです。

7 5で作った留め具を2のセロハンテープをとめた位置3カ所にとめます。

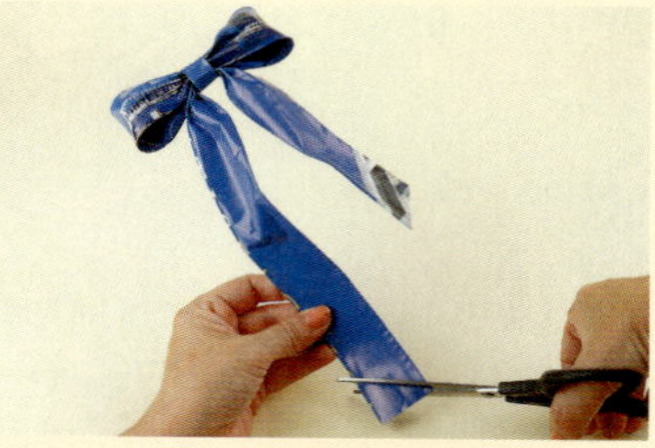

8 リボンの下を切り、形を整えます。

9 リボンをリングにワイヤーで付けて、できあがりです。

飾りを作る

形がきれいなリボン飾り

リボンのナプキンホルダー

紙とは思えない
仕上がり・・・

リボンの形を自由に
作れるのが
おもしろい・・・

リボンのナプキンホルダー

PAGE 173

形がきれいなリボン飾り

材料 チラシ：8cm×55cm 1枚(クルクル棒 細 1本)
リボン用チラシ 適量
ワイヤー：#22　4本
カラースプレー：シルバー

用具 巻棒：細(直径3mm)
ボンド　のり
筒(直径5cm)

1 リングを作ります

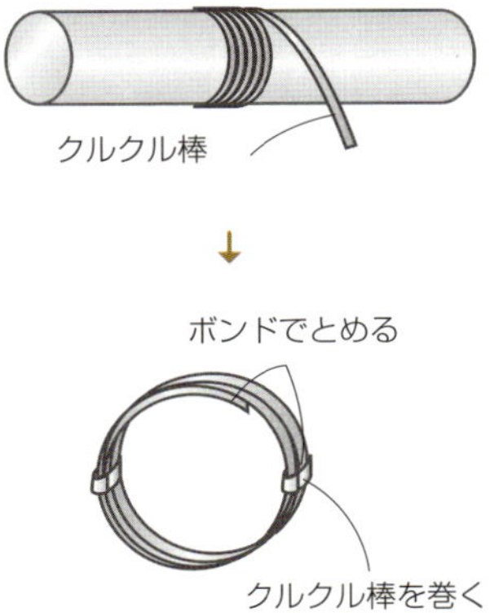

2 リボンを作ります

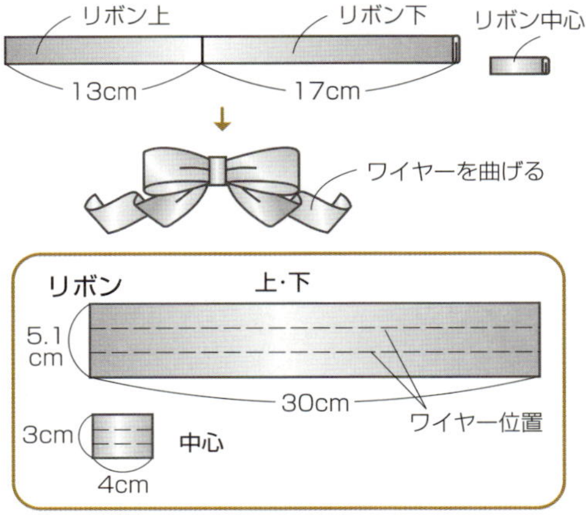

3 組み立て、仕上げをします

how to make P176

ビーズのストラップ

1時間もあればできる
かわいいストラップ・・・

誰が見ても広告チラシには見えない
驚きのアイテム・・・

飾りを作る

・・・

チラシの色で作るビーズ

色がきれいな広告は
ビーズに！

小さな紙からできる・・・
アクセサリーなら
１枚の紙から

クルクル丸めると
思ってもみない色に
仕上がったり

つなげると雰囲気が
違ったり

天然の仕上がり・・・

ビーズのストラップ

PAGE 174

チラシの色で作るビーズ

材料 チラシ：ピンク又はブルー　各適量
パールビーズ：直径4mm　各9個
ストラップパーツ：各1個
糸：適量

用具 のり　楊枝

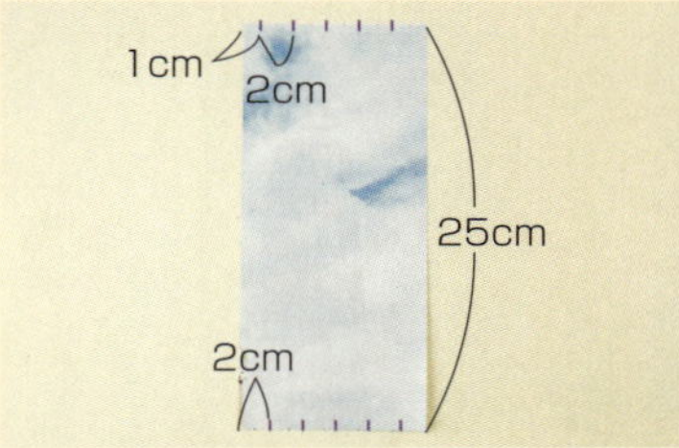

1 ビーズを作ります
チラシに印を付けます。

2 印に沿って、切ります。

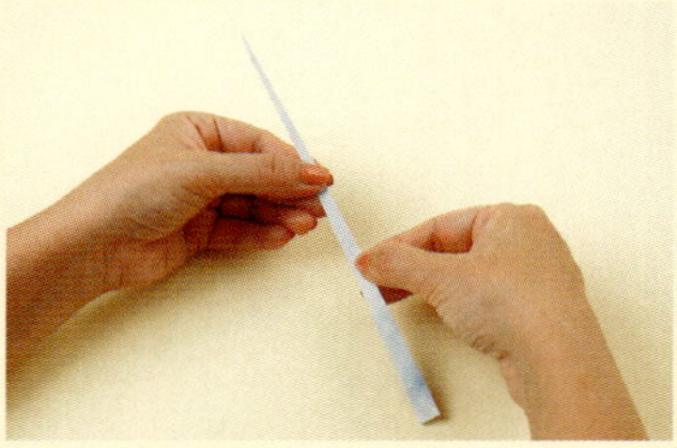

3 切ったチラシを半分に折ります。

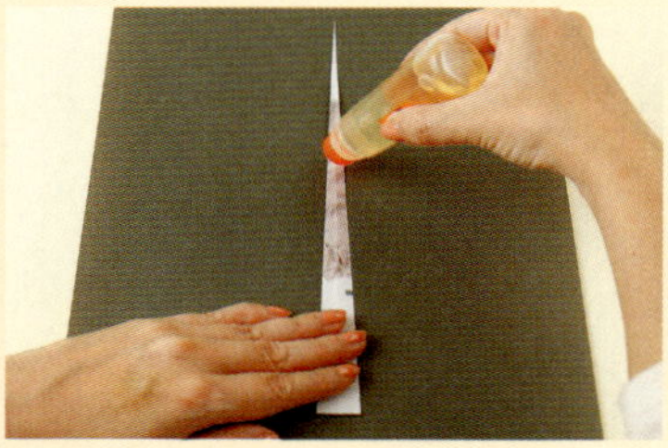

4 3で折ったチラシを開き、のりを付けます。
(下2cmはつけません)

5 三角形の下の辺から楊子に巻き付けます。3で折った線に合わせると中心がずれなくてきれいです。

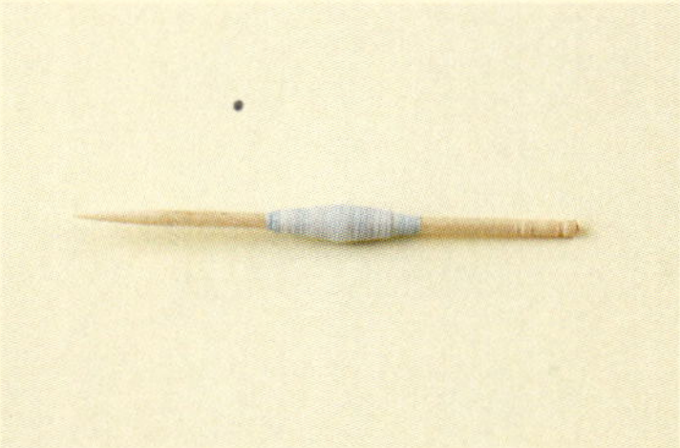

6 最後まで巻きます。

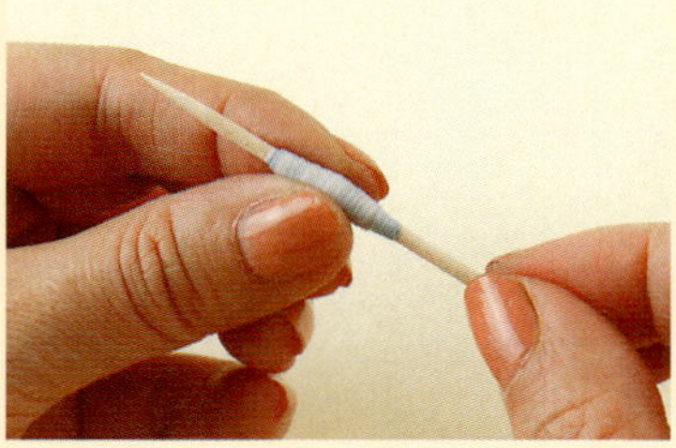

7 楊子を抜き、紙ビーズのできあがりです。

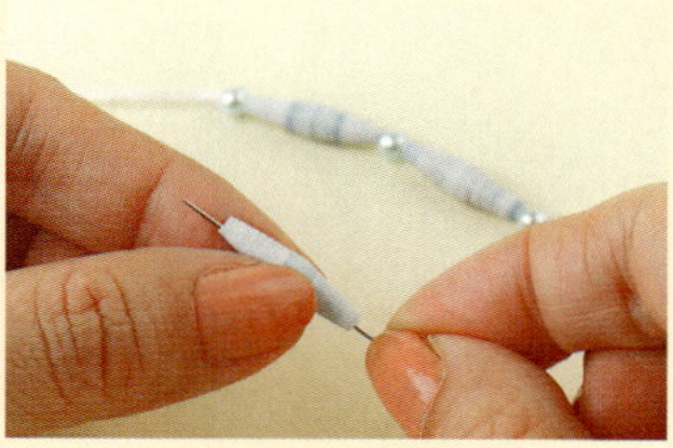

8 組み立てます
できあがった紙ビーズとパールビーズを交互に糸に通します。

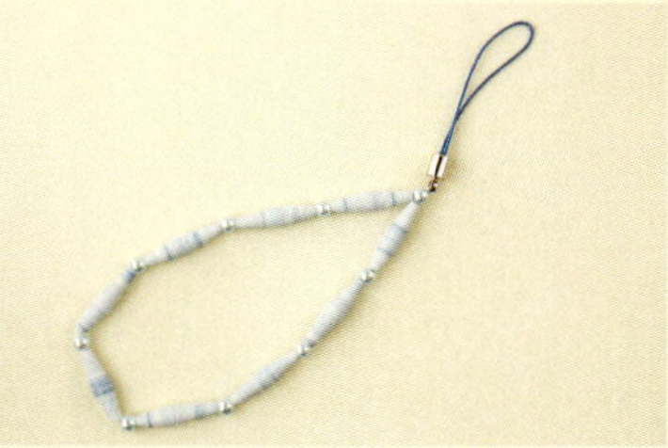

9 ストラップパーツを付けて、できあがりです。

チラシの色で作るビーズ

オレンジのビーズアクセサリー

小さなビーズだけど
インパクトは抜群・・・

驚きと
かわいさと
作る楽しさと・・・

オレンジのビーズアクセサリー

PAGE177

チラシの色で作るビーズ

材料
- **チラシ**：オレンジ　適量
- **パールビーズ**：直径4mm　45個
- **糸**：適量
- **ネックレスパーツ・イヤリングパーツ**：各1セット

用具 のり、楊枝

1 ビーズを作ります

42個作る

2 ネックレスを作ります

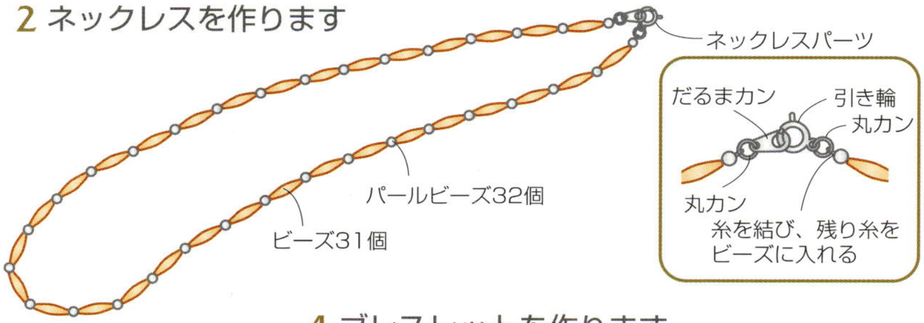
ネックレスパーツ
だるまカン
引き輪
丸カン
丸カン
糸を結び、残り糸をビーズに入れる
パールビーズ32個
ビーズ31個

3 イヤリングを作ります

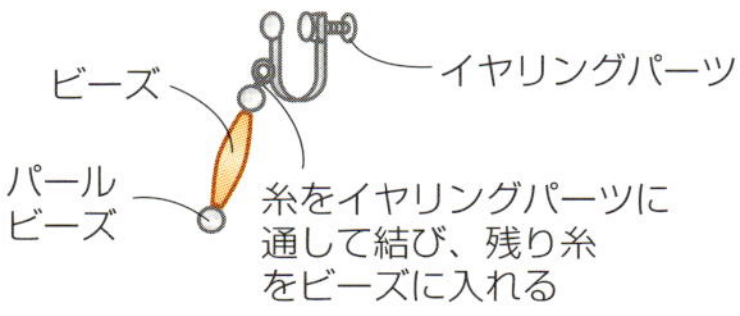
ビーズ
イヤリングパーツ
パールビーズ
糸をイヤリングパーツに通して結び、残り糸をビーズに入れる

4 ブレスレットを作ります

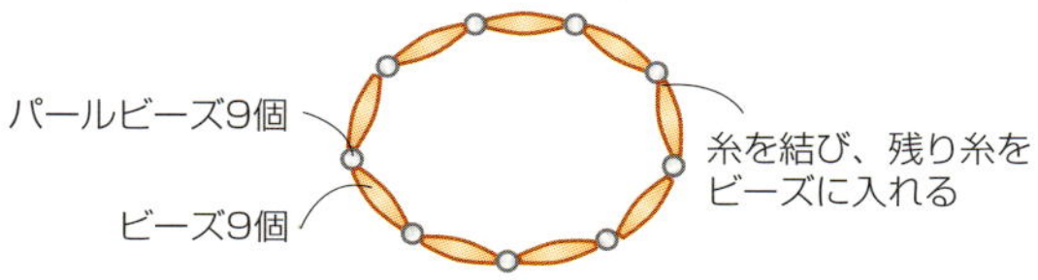
パールビーズ9個
ビーズ9個
糸を結び、残り糸をビーズに入れる

ブルーのビーズアクセサリー

空の色
海の色でできている

ブルーのアクセサリー・・・

how to make P180

飾りを作る

・・・

チラシの色で作るビーズ

ピンクのストラップ

チラシのビーズの間に
ゴールドのビーズをはさむ

それだけで
また、イメージ変わる・・・

how to make P180

ヘンプのブレスレット

ヘンプの
ナチュラルな感じと
チラシのビーズがぴったり！

不思議な魅力の
チラシのビーズ・・・

how to make P181

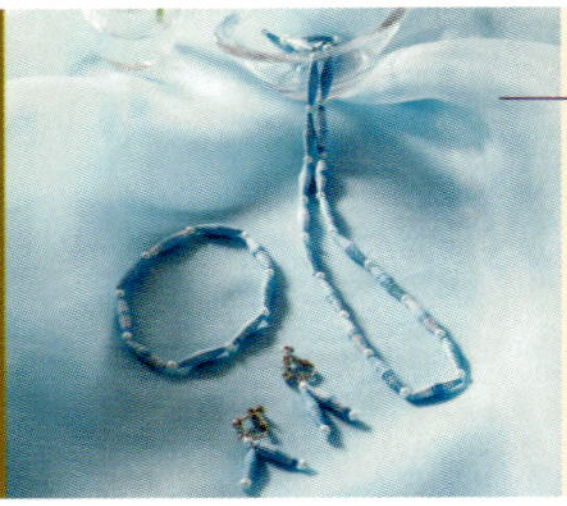

ブルーのビーズアクセサリー

PAGE 178

チラシの色で作るビーズ

材料
チラシ：適量
パールビーズ：直径4mm　40個
糸：適量
ネックレスパーツ・イヤリングパーツ：各1セット

用具
のり
楊枝

1 ビーズを作ります

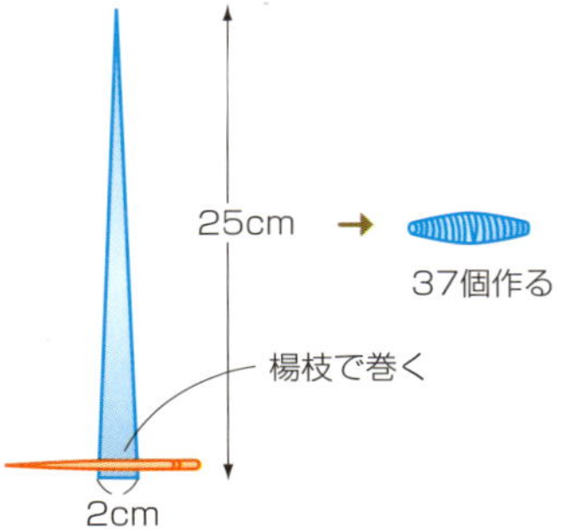

25cm
37個作る
楊枝で巻く
2cm

2 ネックレスを作ります

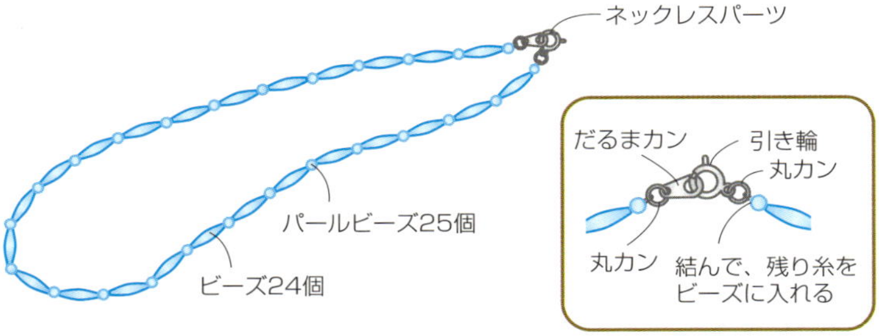

ネックレスパーツ
パールビーズ25個
ビーズ24個
だるまカン
引き輪
丸カン
丸カン
結んで、残り糸を
ビーズに入れる

3 イヤリングを作ります

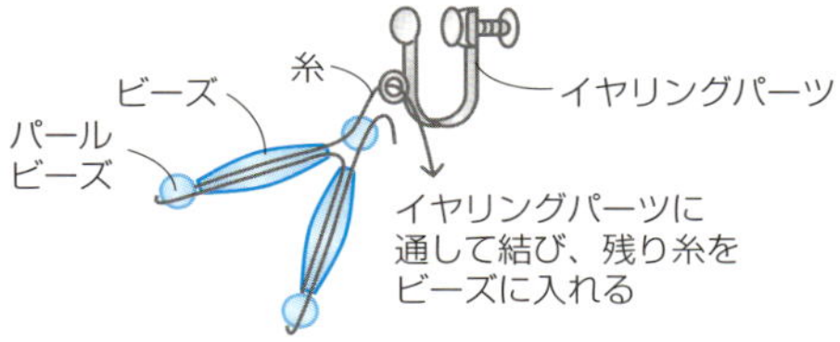

糸
ビーズ
パール
ビーズ
イヤリングパーツ
イヤリングパーツに
通して結び、残り糸を
ビーズに入れる

4 ブレスレットを作ります

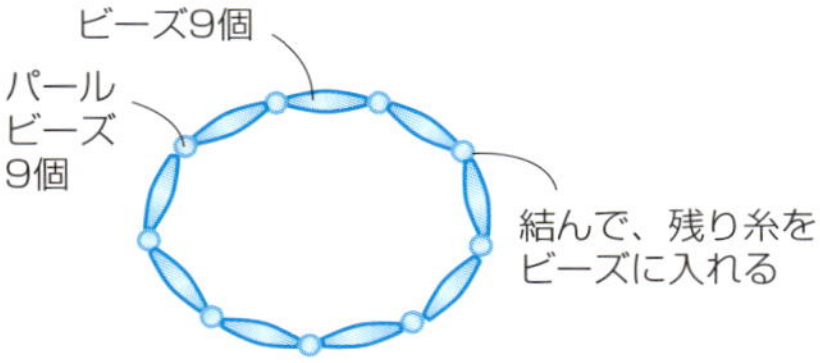

ビーズ9個
パール
ビーズ
9個
結んで、残り糸を
ビーズに入れる

ピンクのストラップ

PAGE 179

チラシの色で作るビーズ

材料
チラシ：適量
ゴールドビーズ：直径4mm　9個
糸：適量
ストラップパーツパーツ：1個

用具
のり
楊枝

1 ビーズを作ります

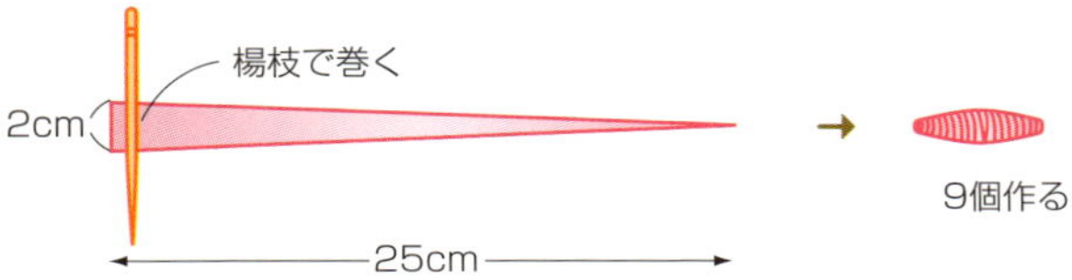

楊枝で巻く
2cm
25cm
9個作る

2 ストラップを作ります

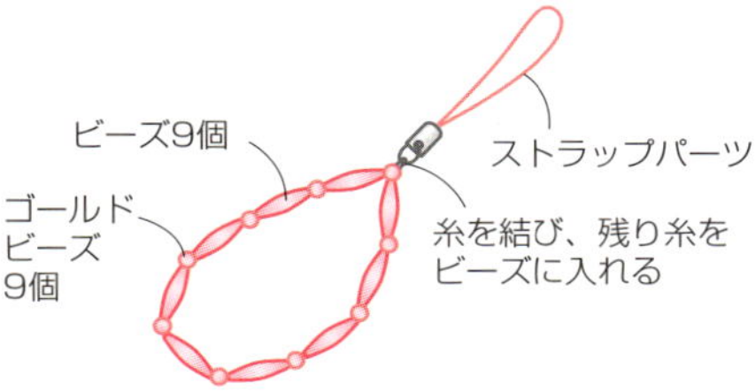

ビーズ9個
ストラップパーツ
ゴールド
ビーズ
9個
糸を結び、残り糸を
ビーズに入れる

ヘンプのブレスレット

PAGE179

チラシの色で作るビーズ

材料 チラシ：適量
ウッドビーズ：直径4mm　各9個
ヘンプ：適量

用具 のり
楊枝

1 ビーズを作ります

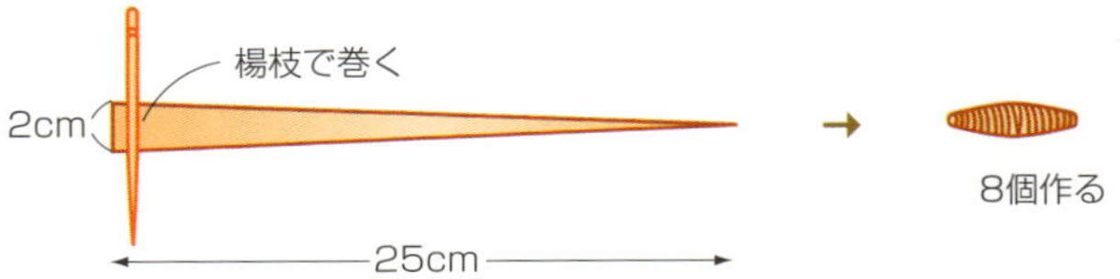

楊枝で巻く
2cm
25cm
8個作る

2 ブレスレットを作ります

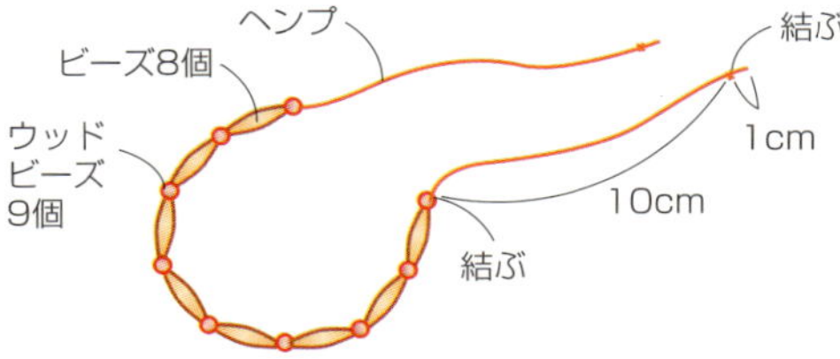

ヘンプ
ビーズ8個
ウッドビーズ9個
結ぶ
1cm
10cm
結ぶ

P166 ピンクの花　実物大の型紙
P73 お花の小さなバスケットの花型紙(70%に縮小)

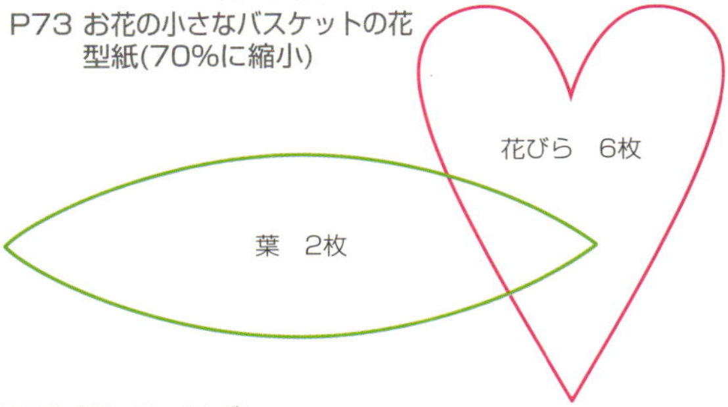

花びら　6枚
葉　2枚

P169 ブルーの花　実物大の型紙

花びら　5枚
葉
各2枚

P36 花かご　リボン

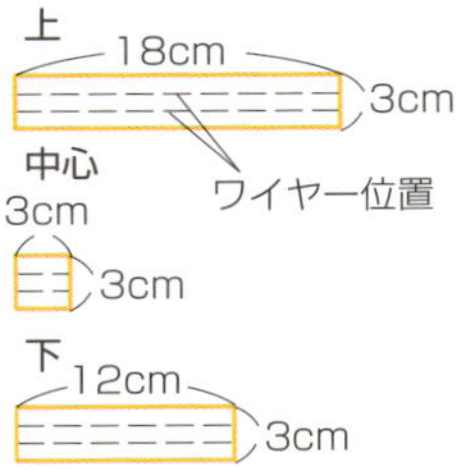

上
18cm
3cm
ワイヤー位置
中心
3cm
3cm
下
12cm
3cm

P107 リボンのバスケット　リボン

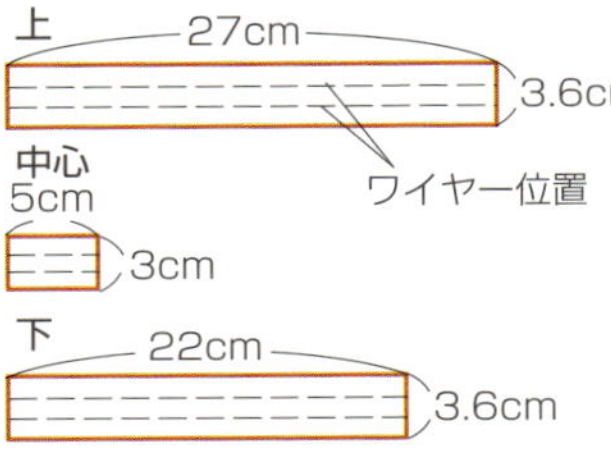

上
27cm
3.6cm
ワイヤー位置
中心
5cm
3cm
下
22cm
3.6cm

P143 白いリボンのバッグ　リボン

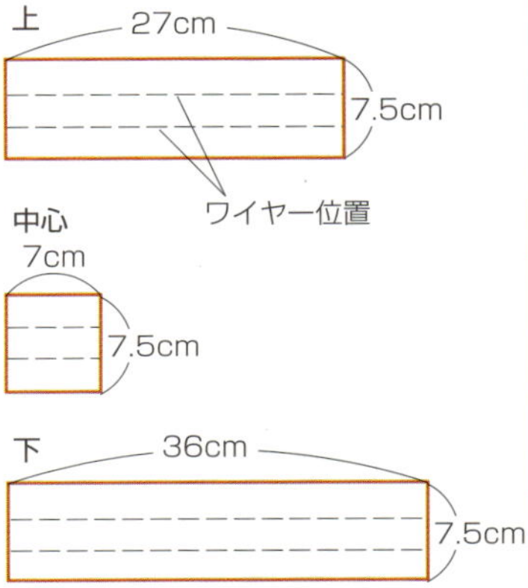

上
27cm
7.5cm
ワイヤー位置
中心
7cm
7.5cm
下
36cm
7.5cm

P99 リボンのフルーツかご　持ち手

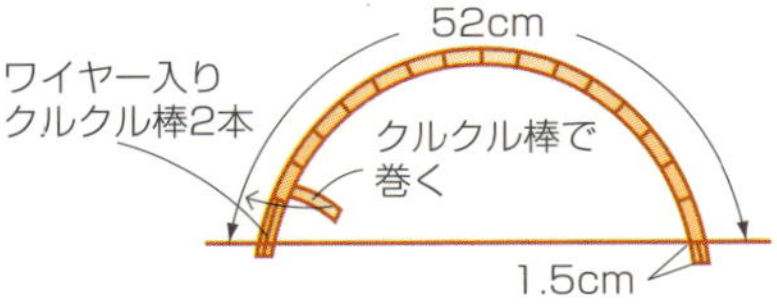

52cm
ワイヤー入りクルクル棒2本
クルクル棒で巻く
1.5cm

P99 リボンのフルーツかご　リボン

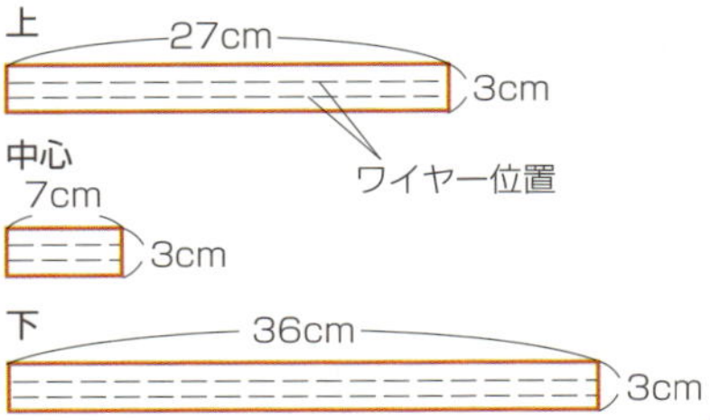

上
27cm
3cm
ワイヤー位置
中心
7cm
3cm
下
36cm
3cm

おわりに・・・

昔の人は
ごはんを作るのも洗濯するのも
大変だった・・・

でも、昔の人は工夫すれば
生活が豊かになることを知っていた

今、ものがあふれる時代も
同じではないかと思う・・・

工夫すること、ものを作ることは
生活・・・そして、心を豊かにする

広告チラシを
切って、丸めて、編む・・・

できあがったバスケットには
今の時代に大切な
工夫することやものを作ることへの
想いがいっぱい・・・

そんな想いを伝えたい

小さなのバスケットに
想いを込めて・・・

さあ、作りましょう！

作るのが楽しい
広告チラシのバスケット

作ることの楽しさを
味わいながら・・・

ゆっくり・・・
ていねいに作りましょう！

少しくらいゆがんでも
そこは手作りの良さ！

色を塗ると見違えるように
ステキに仕上がるので
安心して作りましょう

クルクル棒を作りましょう！

広告チラシで作った棒をクルクル棒と言います。これをつないでバスケットを編んでいくので、小さい棒でも大きなバスケットを編むことができます。

広告チラシ 厚すぎず薄すぎない厚さで、表面がつるつるしている紙を選びましょう。紙は巻棒の太さに合わせて下の表を目安に切ります。

巻棒 巻棒は専用の棒がありますが、毛糸の編み棒を利用してもできます。

クルクル棒の太さ	細	中	太
紙の大きさ	8cm×55cm	10cm×55cm	15cm×55cm
巻棒の太さ	直径3mm	直径4.4mm	直径6mm
編み棒の号数	4号	8号	12号

■ 紙を巻きます。

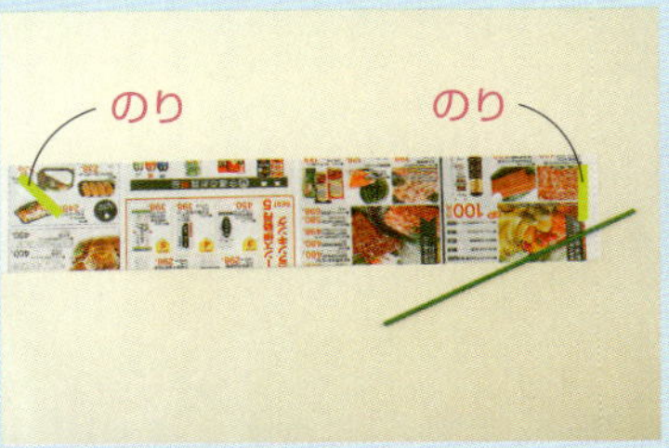

1 のりを付けます
紙が伸びないスティックタイプののりを使います。

2 巻きはじめます
巻棒を紙の対角線上に置き、その角度で巻いていきます。

3 巻棒をずらしながら巻きます
右手で押さえて、左手でずらします。

4 最後まで巻き、とめます
最後はのりでしっかりとめます。

5 巻棒を抜きます
できあがると約50cmになります。短いときは巻棒を置く角度で調整しましょう。

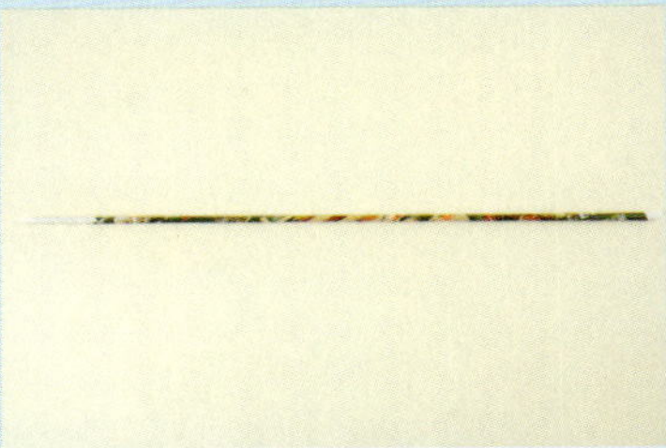

6 できあがりです
巻きはじめが太く、巻き終わりが細くなります。

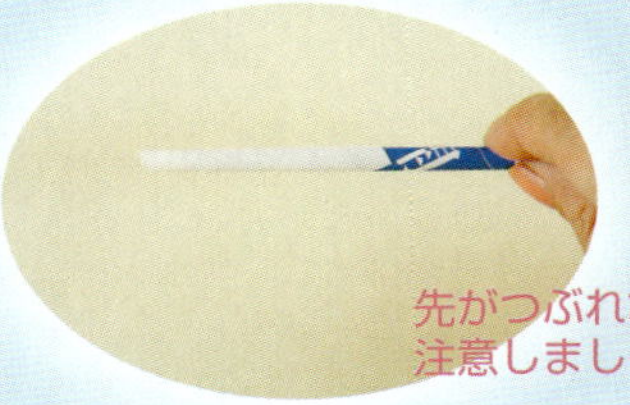

先がつぶれないように注意しましょう。

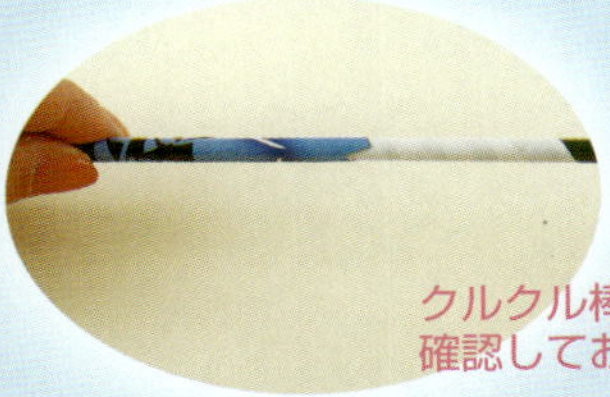

クルクル棒同士がつながるか、確認しておきましょう。

かごを作りましょう！

■ 用意するもの

クルクル棒

ワイヤー

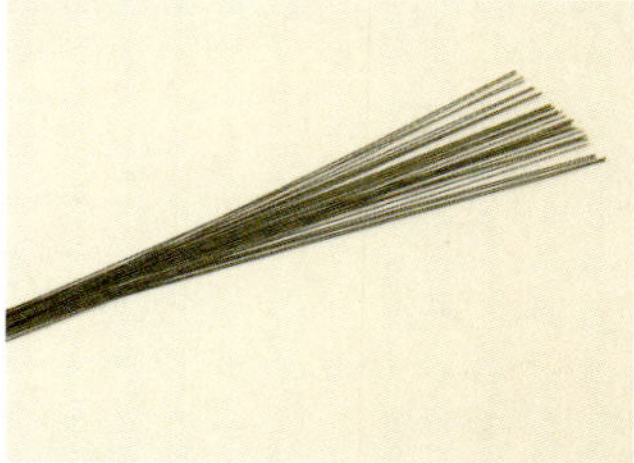

ボンド

◆この他、はさみ・洗濯ばさみを用意しましょう。

■ タテ芯を作ります。

タテ芯
かごの底から立ち上がってくるクルクル棒を「タテ芯」と言います。

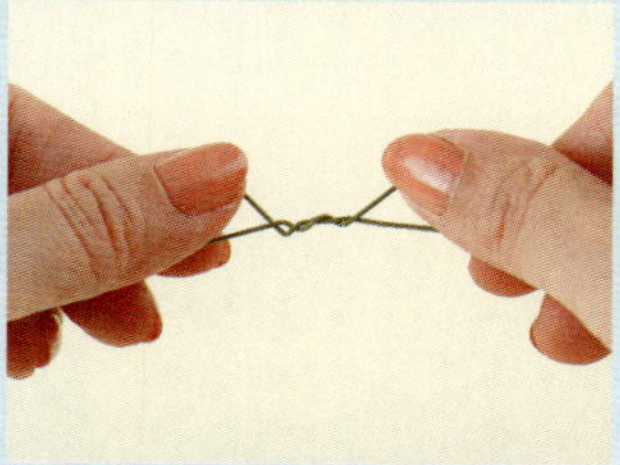

タテ芯になるクルクル棒にはあらかじめワイヤーを入れておきます。ワイヤーがクルクル棒より短いので、2本をねじり合わせてつなぎます。つなぎ目がでこぼこにならないように注意しましょう。

■ アミ芯のつなぎ方

アミ芯
かごをぐるぐる編んでいくクルクル棒を「アミ芯」と言います。

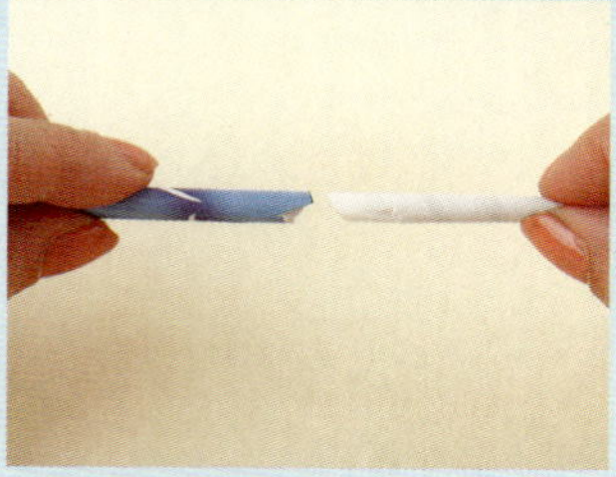

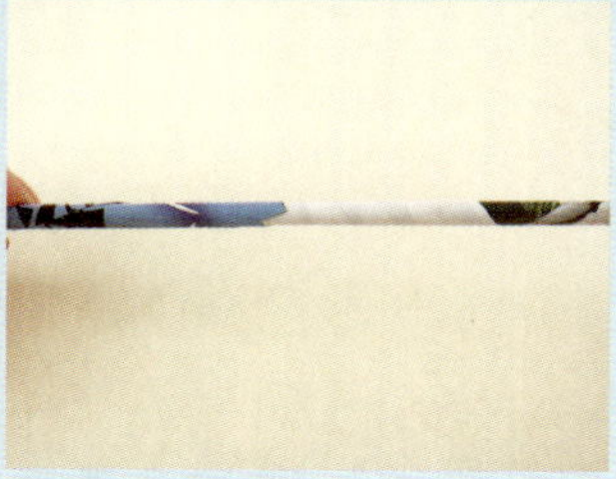

アミ芯は、継ぎ足しながら使います。クルクル棒は、巻きはじめと巻き終わりでは太さが違っています。細いほうにボンドを付けて、太いほうに差し込めば、どんどんつなぐことができます。

◆途中で外れないように3cmくらい差し込みましょう。

◆アミ芯には、ワイヤーは入れません。

底を組みましょう！

底の形には、丸・楕円・四角、この3種類があります。この3つを覚えると好きな形が作れ

丸底

小さい物：
十字組み
大きい物：
井桁組み

楕円底

楕円組み

四角底

折り返し組み

■ 十字組み

1 ワイヤー入りクルクル棒を縦に置きます。

2 1の上に新たなワイヤー入りクルクル棒を横に置きます。

3 タテ芯のうち右上の1本を根元で折り、アミ芯にします。

4 3のアミ芯を十字に組んだ根元を上、下とくぐらせます。

5 1周して根元を固定します。

6 同様に2周し、根じめが完成です。

■ 井桁組み

1 ワイヤー入りクルクル棒を井桁に組みます。

2 右上の1本を折り、交互にくぐらせます。

3 2周し、根じめが完成です。

楕円組み

1 ワイヤー入りクルクル棒を縦は間隔をあけ、横から交互に通します。

2 同様に縦には間隔をあけながら交互に通します。

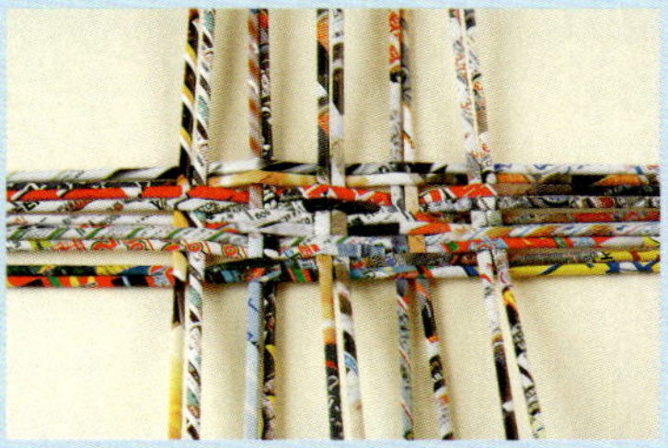

3 同様に横に交互に通し、楕円組みにします。

4 新たなクルクル棒を2つ折りにして、タテ芯2本組にかけ、アミ芯とします。

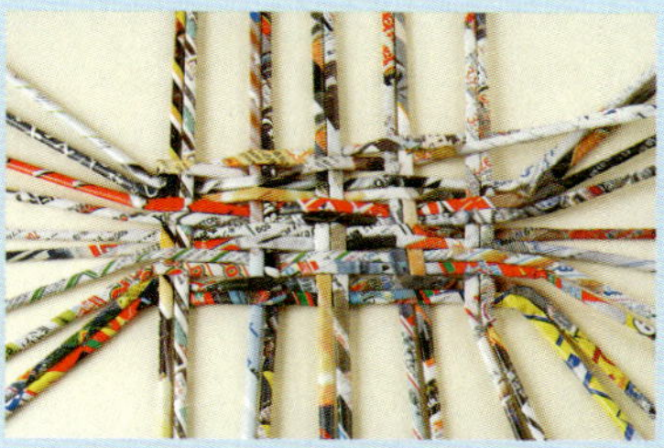

5 タテ芯はそのまま、サイドを放射状に広げながら、編みます。

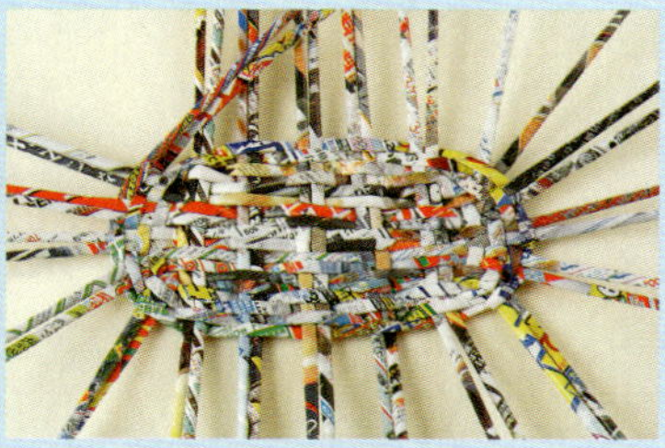

6 底の大きさまで編みます。

折り返し組み

1 ワイヤー入りクルクル棒を、縦は間隔をあけて上、下に交互に通します。

2 新たなクルクル棒をタテ芯にかけてボンドでとめ、アミ芯とします。

3 折り返しながらザル編みをします。

4 1.5〜3往復ザル編みをし、余分なアミ芯を切り、ボンドでとめます。

5 新たなワイヤー入りクルクル棒を入れます。

6 2〜5を繰り返します。上下左右に出ているクルクル棒がタテ芯となります。

◆折り返し組みは、なるべく隙間がないように作りましょう。

編みましょう！

■ 編み方いろいろ

ザル編み

アミ芯1本でタテ芯を交互に編み進みます。

追いかけ編み

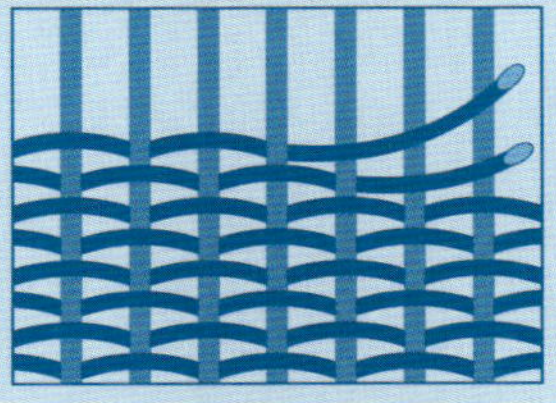

アミ芯2本でザル編みを交互に追いかけるように編み進みます。

縄編み

アミ芯2本をタテ芯の間でねじるようにして、編み進みます。

■ 縁のとめ方

かごどめ　タテ芯を隣のタテ芯に編み込んでいくだけで、縁がとまります。

1 タテ芯を倒して、隣4本のところまで届く長さに、全てのタテ芯を切りそろえます。

2 タテ芯の1本を仕上げの位置で倒して、隣のタテ芯に内側から外側にかけます。

3 さらに、隣のタテ芯に外側から内側にかけます。同様に全てのタテ芯を内、外、内とかけます。

4 最後から2本目のタテ芯は、隣のタテ芯にかけ、最初のタテ芯の編み目に通します。

5 最後のタテ芯は、最初のタテ芯と2本目のタテ芯の編み目に通します。

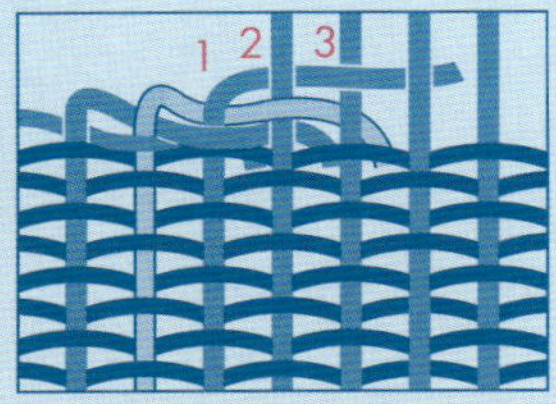

内、外、内と繰り返し隣へかけていくだけで、簡単です。

増し芯の仕方

増し芯　アミ芯やタテ芯を増やしたり、継ぎ足したりすることを「増し芯」と言います。

アミ芯の増し方

ザル編みから縄編みをしたい時など、アミ芯を1本から2本にする方法です。アミ芯の根元に新たなクルクル棒を1本差し込み、ボンドでとめ、2本にします。

タテ芯の増し方(長くする場合)

タテ芯が短くなった時に、長さを足す方法です。新たなクルクル棒を差し込んでつなぎ、ワイヤーを入れます。

タテ芯の増し方(底で増やす場合)

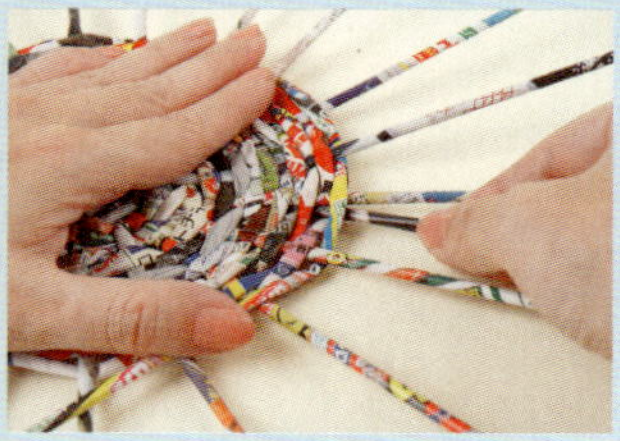

底を大きくするために、1本から2本にする方法です。タテ芯1本の根元に新たなワイヤー入りクルクル棒を差し込み、ボンドでとめ、増やします。

タテ芯の増し方(側面で本数を増やす場合)

側面を大きくするために、側面のタテ芯の数を増やす方法です。タテ芯1本の根元に新たなワイヤー入りクルクル棒を差し込み、ボンドでとめ、増やします。

きれいに仕上げるコツ

タテ芯をまっすぐにする①

タテ芯がまっすぐになっているかどうか、定規を当ててを確認します。

タテ芯をまっすぐにする②

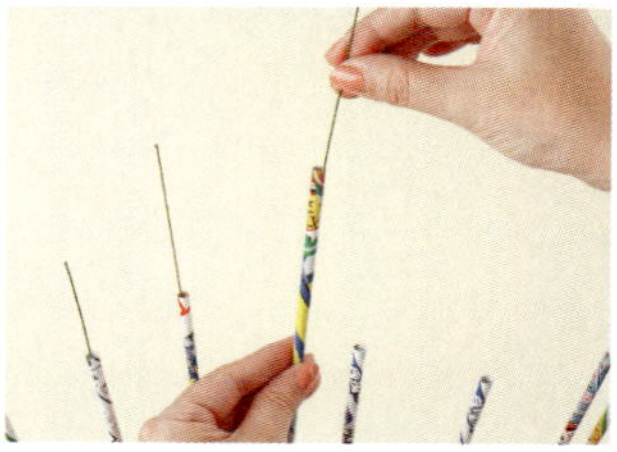

タテ芯にワイヤーを1本足します。

折り返し組みをまっすぐにする

折り返し組みは、下に線を引いた紙をしいて編みます。

底の立ち上げをきちっとする

底の立ち上げは、定規できっちり押さえます。

ボンドを押さえる

ボンドが乾くまで洗濯ばさみでとめます。

ラッカーはペットボトルに

ラッカーはペットボトルに入れて塗ると便利です。

色を付けましょう！

■ 用意するもの

ラッカー

広告チラシの柄が透けるのがポイントです。

スプレー

広告チラシの柄が見えなくなるのがポイントです。

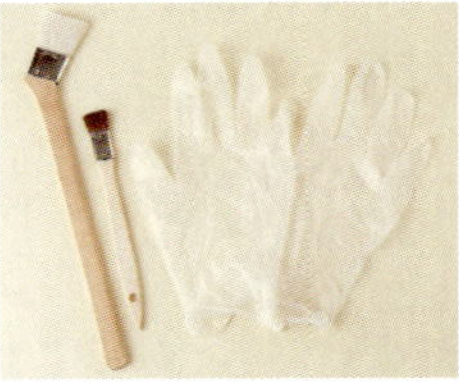

刷毛は小さめのと中くらいの大きさが便利です。ビニールの手袋をして塗ります。

専用のコート液です。色は混ぜて使うこともできます。

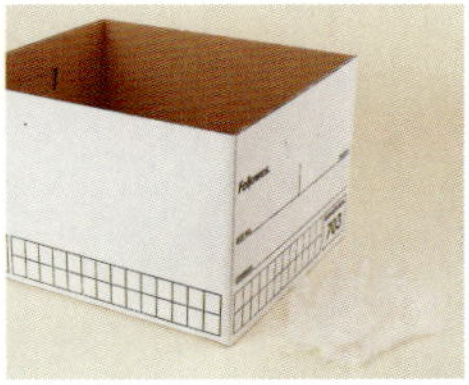

箱の中でスプレーするとよいでしょう。ビニールの手袋をしてスプレーします。

水性タイプが使いやすいでしょう。色がいろいろあるので、好きな色で塗ります。

■ 色の付け方

色を付ける時は、換気に気をつけましょう。

ラッカー

刷毛で塗ります。隙間も塗るようにします。
繰り返し塗ると、色が濃くなるので注意します。

スプレー

段ボール箱の中でスプレーします。液だれしないように、こまめに乾かしながらかけます。小さなものは、ワイヤーを使ってスプレーします。

●著者略歴

寺西 恵里子（てらにし えりこ）

(株)サンリオに勤務し、企画・デザインを担当。退社後も"HAPPINESS FOR KIDS"をテーマに手芸、料理、工作、絵本、子ども服、雑貨、おもちゃ等の商品としての企画・デザインを手がけると同時に、手作りとして誰もが作れるように伝えることを創作活動として本で発表する。リサイクル手芸では、牛乳パック・ペットボトル・空き箱空き容器などを「リサイクルは楽しい」をテーマに、生活小物から子ども達の工作まで、幅広くプロデュース。

実用書・女性誌・子ども雑誌・テレビと多方面に活躍中。
著作物は300冊を越える。

寺西恵里子の本
『おしゃれな牛乳パック＆空き箱クラフト』（PHP研究所）
『チラシで作るバスケット』（NHK出版）
『3歳からのお手伝い』（河出書房新社）
『初心者ママの通園グッズ』（辰巳出版）
『知育おもちゃベスト40』（ブティック社）
『サンリオキャラクターのかわいいフェルトマスコット』
（サンリオ）

PHPビジュアル実用BOOKS

広告チラシで作るバスケット＆雑貨

2008年9月2日　第1版第1刷発行
2011年10月4日　第1版第3刷発行

著　者	———	寺西　恵里子
発　行　者	———	安藤　卓
発　行　所	———	株式会社PHP研究所

東京本部　〒102-8331　千代田区一番町21
　　　　　生活文化出版部　☎03-3239-6227（編集）
　　　　　普　及　一　部　☎03-3239-6233（販売）
京都本部　〒601-8411　京都市南区西九条北ノ内町11

PHP INTERFACE — http://www.php.co.jp/
印刷・製本所 ——— 凸版印刷株式会社

ⒸEriko Teranishi 2008 Printed in Japan
落丁・乱丁本の場合は弊社制作管理部（☎03-3239-6226）へご連絡下さい。
送料弊社負担にてお取り替えいたします。
ISBN978-4-569-70154-7

◎装丁	渡邊 民人（TYPEFACE）
◎ロゴ制作	藤田 大督
◎撮影	奥谷 仁
◎プロセス撮影	花田 真知子
◎本文デザイン	宮崎 守
◎作品制作	森 留美子　鈴木 由紀
	関 亜紀子　やの ちひろ
	高橋 直子　堀口 菜穂
	田村 智愛　関 康子
	多比 伸子
◎作り方レイアウト	山下 雅美　吉田 千尋
◎編集協力	ピンクパールプランニング